Heroines and Harlots

Women at Sea in the
Great Age of Sail

海盗英雌

海 盗 与 大 航 海 时 代

David Cordingly

[英]戴维·科丁利 著

徐艳 译

上海书店出版社
SHANGHAI BOOKSTORE PUBLISHING HOUSE

目录

引言

从最早起，大海就一直被视为男性的领地。渔夫们用渔网和钓线在沿海劳作，而他们的妻子则待在岸上照顾家庭和养育子女。后来，航海家和冒险家们更是漂洋过海去寻找新大陆，期望以他们的发现闻名天下和发家致富。而他们船上的船员，连同那些紧随其后的成百上千艘商船和战船上的船员，都一直是男性。难道不是吗？

但近年来的研究却表明，曾有数量惊人的女性出过海。有些是作为船长的妻子或情人出海的。有些则是被军官和下层甲板上的水手偷运上船的。另有越来越多起个案曝光了穿着男性服装，并与水手共事过数月，有时甚至是连续数年的年轻女性。1807 年，国王冒险号上的威廉·贝里中尉被控与船员中的一名侍从犯下了“违反天性且令人憎恶的鸡奸罪”[1]。出现在军事法庭上的主要证人之一便是一名来自于康沃尔的叫做伊丽莎白·鲍登的 14 岁少女。她在冒险号的船员花名册上被列为三等侍从，并穿着长夹克和蓝

---

1 英国海军部档案 1/5383。本书海军方面资料多来源于此，不再一一说明。

裤子出了庭。她的同船水手花了6周时间才发现她的性别，而当时冒险号的船长却让她睡在一间独立的舱房里，并允许她继续在船上担任军官们的侍者。最著名的女水手汉娜·斯内尔则扮作男人，于18世纪40年代在陆军和海军中服役过4年半的时间，而当她最终决定揭示自己是女性时，她所有的同伴都惊呆了。

同样令人惊讶的是，在英国海军与美国海军中都常常能发现水手长、木匠和厨师的妻子随战船出海。她们像母亲一样照料船员中的男孩，而且在船只参加战斗时协助炮手和照顾伤员。我们也许无法确知准尉的妻子们究竟曾出现在多少艘船上，因为她们的存在是不被官方所承认的，但我们却能不时从老水手的回忆录里，或军事法庭的记录中得知她们的存在。而船上军医的日记则是尤为有价值的信息来源，因为它们记录了船上的女性是否曾在火炮边生下过孩子，或者来访的妓女又是否曾在船员之中引起过性病的爆发。国王不屈号的指挥官约翰·法伊夫上尉则于1812年非同寻常地将女性纳入了他为其船员所制订的一系列规定之中："准许属于这艘船的女性每周两次在集市日上岸。而她们一旦于其他日期上岸，或者在其他方面违反了船规，就不必再到船上来了。"[1]

1 见海军档案协会编行之《1731至1815年间的船上生活及组织方式》（奥尔德肖特，1998）中所收录的国王不屈号的船长规定。

19世纪时，许多商船的船长都将妻子带在身边出了海，有好几次，这些妻子还不得不在船长病倒时接管船只。这些女人中的一些被证明是真正的英雄。当丈夫在一场风暴中倒下时，玛丽·帕滕才19岁，并怀有4个月的身孕，而且那时他们已然靠近了合恩角。由于船员中没有其他人能够导航行船，于是她便接管了那艘与卡蒂萨克号一般大小的快速帆船，并驾驶该船绕过合恩角回到了旧金山。同样英勇的还有那些照管灯塔的女性。其中最著名的可能就是格雷丝·达林了，她于1838年帮助父亲划着一条敞篷船穿越了一场冬季巨风，并从诺森伯兰海岸线以外的一块礁岩上救起了一艘失事的桨轮蒸汽船上的幸存者。她成了国民女英雄，但其事迹与美国的灯塔守望者艾达·刘易斯的成就相比，就黯然失色了，后者在罗得岛的纽波特港照管了30年莱姆岩礁上的信号灯。其间，她救起了18条生命，有几次还是冒着生命危险这样做的。美国救生协会因其“毋庸置疑的勇气、展现出的镇定和十足的胆量”[1] 而将最高荣誉授予了她。

本书作者一开始只想对玛丽·帕滕和汉娜·斯内尔之类航海女英雄进行评述研究，但他很快发现，这一领域需要有更为广阔的研究视角。由于女性的生活是由她们在传统男性世界中的角色

---

1 美国救生服务系统1881年年报中的内容。转引自M.L.克利福德和J.C.克利福德的《照管灯塔的女人》（弗吉尼亚州威廉斯堡，1993）。

所决定的，因此去审视那个世界中男性的角色便显得很合逻辑。水手对他们的女人有何想法？当他们的船只驶过地平线时，他们仅仅是爱慕她们、离开她们并忘记有关她们一切的吗？水手们在何种程度上做到了不负他们在每个港口都有一个妻子的声誉？一个人究竟如何协调水手对女人的爱慕与对海上的女人会带来厄运的迷信？而所有那些关于美人鱼的水手故事又是怎样的呢？

这显然是个广阔的主题，有些发现也超出了预期。对于航海的男性的一般观点是，一旦他到了海上便再无闲暇顾及女人。航海者的日记里大多充满了对天气的观察、航海笔记以及对船只和船员的表现的记录。如果这名航海者具有探询精神，他还会记录不同寻常的鸟类、海洋生物以及海外岛屿和海港的样子。我们可以想象，一旦他在海上有了一点空闲时间，这名水手就会用它来修补船帆、系牢绳结、制作船模、赌博、喝酒、抽烟、跳跳角笛舞以及唱唱海上号子。可实际上，不管是过去时代还是现在，水手们都在花费大量时间想女人。他们中的许多人，即便不是用大多数歌曲和海上号子歌唱女人，也会在手上和胸前刻下专属于母亲或者情人的纹身；他们还会收集纪念品好带给家里的女人；更别提他们还会给他们的女人写信了。这些信件常常读来令人心碎，并显示出逍遥自在的水手也经常极度想家。他所期望的不过是赶快结束航行，这样他就能回到家中所爱之人的身边了。

当然也有许多人沉醉于水手生活所给予他们的自由和机会之

中。奥古斯塔斯·赫维上尉就充分利用了他的贵族身份，以及作为74炮战船指挥者的光鲜形象，与他在环地中海航行中所遇到的每个迷人女性上床。而一旦被允许在异国港口上岸，海军中和商船上多数年轻、未婚的水手都会不失时机地在码头的妓院和舞厅里寻求女人。这没什么好让人惊讶的，但我们却可以饶有兴趣地从19世纪的妓女和负责伦敦水手区的警察所掌握的证据中得知，每次上岸时，水手们总是去找相同的妓女，并将自己的工资托付给她们，而且只要他们一直待在港口，就总是像跟她们结了婚那样地对待她们。

那么被抛在身后的女性又会怎样呢？不得不说水手的女人注定是不会快乐的。"我真希望你是个牧师而非水手，"乔治·罗德尼上尉的妻子珍妮于1756年写道："那么我也就不会了解与我珍爱胜过生命的人分离的不安了。"[1] 对一些人来说，最坏的事情便是孤独。但对另一些人来说，则是长期的分离，以及对她们的丈夫与孩子的父亲会在海上失踪的持续、磨人的焦虑。这同时适用于上将的妻子和普通水手或一名苏格兰渔夫、捕鲸船杂役的妻子。而导致孤儿寡母为失去他们而哀伤的悲剧真是太常见了。

除了一些例外，整本书的视角仅限于北大西洋两岸，尤其是英国和美国那些主要港口上的航海者及其女人。即便偶尔涉及太

1　戴维·斯平尼《罗德尼》（伦敦，1969）。

平洋，也仅限于美国捕鲸船的航程，以及对塔希提妇女的短短一瞥，因为在库克船长和布莱船长到访过其中一个人间天堂般的岛屿后，她们便对后来的水手有着传奇般的吸引力。

整个主题是以航行的形式展开的，它始于停泊的船只，并关注了海港上水手女人的生活。然后我们继续观察了抓丁队围捕人员以填充启航前的船只，接着就跟着船只出海了。在海上时，我们发现在明显全都是男性的船员中，有一些女人伪装成船舱侍者或水兵，而且我们也发现了哪些女水手的故事是真的，哪些是虚构的。我们还跟踪了陪同丈夫航海的准尉之妻以及商船和捕鲸船船长之妻的生活。《没有女人的男人》那章始于对发生在海军战船上的同性恋事件的观察，它们是被 18 世纪的几场军事审判所披露的。这些审判的记录在描述所发生之事时尤为生动，并揭露了皇家海军对被第 29 条军规定罪的人所施加的严苛惩罚。

水手对海上女性的矛盾态度则在《女人与水》一章中得到了讨论。女人会带来厄运的老生常谈完全与几个世纪以来女性对海洋有神奇控制力的信念大相径庭。在基督教时代以前，遇到困难的水手会向相应的女神求救，而在基督教时代，他们则会向圣母玛利亚祈祷一段安全的航程，以使自己免于海上的危难。另一方面，我们还发现多数船上的破浪神像是表现女性的这一传统观念与事实相去甚远。女性破浪神像占破浪神像中的绝大多数其实是 19 世纪的现象，只因为比起早些时候的狮子、恶龙和勇士像，这些雕像更多地被保存了下来，才让我们以为女性形象在船头更为流行。

从破浪神像、女海妖和美人鱼，我们转移到了水手在异国港口上的行为。接下来当船只从海上归来时，我们便开始关注守卫着沿海的灯塔和一些照看过信号灯的女人的故事。我们以水手的归来作结，并了解到当他们不在时女人该如何过活。这么着，我们就又回到了航行开始时的海港。

码头上的女人

对于水手和他们的女人，英国画家托马斯·罗兰森是位敏锐的观察者，他的版画生动地展示了1800年左右伦敦码头小酒馆里的生活。他笔下的水手面容粗糙，饱经风霜，外带一副醉酒时或兴奋或戒备且色眯眯的表情。他们穿着蓝色短夹克、宽松的白衬衫以及松垮垮的裤子或者一种叫做“裙腿裤”的独特下装，脖系亮色手帕，头戴造型奇特的黑帽子。在漫画《派遣，或杰克准备出海》里，一名水手坐在一个年轻女子膝上，一手摸着她同伴的胸部，空着的手端起酒杯，正向身边两位拉着小提琴的乐师大叫喝彩。在另一幅漫画里，一名水手和他的女人在跳一支欢快的角笛舞，他们的同伴则在一旁喝酒、抽烟，并赞许地看向他们，还有一对男女正在地板上做爱，整个小酒馆弥漫着烟草和烈酒的气息。

罗兰森画里的女性年轻、漂亮且丰满，她们头戴饰有羽毛和缎带的小帽，优美的颈间挂着项链，身穿凸显她们美好身形的低胸高腰连衣裙。她们中的某些人是酒馆女招待，另外一些则是水手的妻子、情妇甚至妓女，但看上去都正享受着一段美好时光。

托马斯·罗兰森《派遣，或杰克准备出海》

上述小酒馆情境则跟大约50年后对伦敦东区生活的描述形成了强烈对比。布雷斯布里奇·亨明为亨利·梅休出版于1851年的著作《伦敦劳工与伦敦贫民》撰写了一章，中国埃玛则是他在采访沃平和莱姆豪斯两大水手聚居区时遇到的众多女性之一。[1] 她是位面色苍白、表情空洞的矮壮女人，住在拉特克利夫路边一条叫做蓝门广场的窄街里，由一个致力于阻止她因酗酒而丧命的古怪爱尔兰女人照料起居。中国埃玛这个绰号源自于她曾跟一名中国水手同居，而她本人却并非华人。她生于高斯维尔街一个杂货店主家庭，母亲在她12岁时去世，从此父亲开始酗酒，并于3年内死亡，埃玛搬去与姐姐同住，但很快姐姐也跟人私奔，留下她一人自谋生计。开始她找不着工作，看上去一切都糟透了，直到她遇到一名水手，并搬去与他同居。他们如夫妻般共同生活了6年，但不幸的是，像千千万万其他水手一样，他在西印度群岛感染上黄热病并死去。一名同船水手把他的死讯和一只装着他烟草钱的银制鼻烟壶一并带还给了她。

从此中国埃玛依靠出卖色相在街道间不停搬迁，在搬去蓝门广场不久，她遇到的一名叫作阿柏的中国水手成了她的常客。他出海时就把钱送给她保管，但那时她已经变成了一个无可救药的

1　该章名为“伦敦的淫业”。梅休的这本书初版于1851年，本书所据为1967年的版本。

酒徒。阿柏对她酗酒极不耐烦，有时还会采取一些激烈手段，曾常常把她手脚并捆着拉到街上去。“他会把我扔到排水沟里，朝我一桶一桶地泼水，直到我浑身湿透，但那都治不好我；我根本不相信有什么可以；我会为一杯酒去死，我必须喝，而且我根本不在乎做什么才能喝到那杯酒。”

当埃玛希望自己死掉时，她会间或出现忧郁症状。她曾数度打算投河自尽，但均以失败告终。有一次，她从牙买加区一座码头小屋的一楼窗户跳下，却被一位驶过的船夫用鱼钩钓了上来。正如她对采访者所说的那样：“我真倒霉，从小就倒霉。”

中国埃玛和罗兰森笔下的肉感荡妇分别代表了两种类型水手的女人：前者是被践踏的牺牲者的悲剧典型，她们吸引了维多利亚时代的教士和社会改革者的注意；后者则是传统上被唤作“漂亮南茜”或“普利茅斯甜心”等的迷人女孩，她们出现在无数水手的歌谣中。这两种类型在那个时代同时存在且都很典型，但她们也仅仅是每个港口上最常见的水手的女人。

其实我们最少听闻的就是水手的近亲，尤其是他们的母亲和姐妹，只是偶尔窥豹一斑。以“漫游的杰克”而闻名的约翰·克里默船长，生于伦敦东区的一个航海之家，并留下了一本记述他海上历险的日志。1700 年左右，他出生在位于泰晤士河南岸、伦敦塔下游约一英里处伯蒙德西的东巷里。其父拥有一艘商船，叔叔则是一名海军上尉。“至于母系那边，她是位制绳大师之女，家族在东巷后面拥有三座相连的制绳工棚，至今仍叫‘康托制绳工棚’。”[1] 工棚在旧时的伦敦地图上显示与堆木场并排相邻，在这些狭长的场地里，麻线被纽结制成船用和锚用绳索。杰克的父亲在 1706 年左右被法国人俘虏并死去，为他母亲留下了一所位于德特福德的房子和每年 14 英镑的收入。除了她有一位兄弟在皇家海军担任中尉，并曾于 1708 年将杰克招纳上他的女王多佛号以外，我们对杰克的母亲一无所知。

伦敦征税员和记者内德·沃德则提供了同时期另一个水手家庭的一瞥，其最出名却也最不可信的《木质世界解剖录》，是本描述皇家海军生活的讽刺小册子。他也曾为结集于 1703 年的《伦敦密探》撰写过一系列对伦敦生活的观察文章。虽然从未掌握关于海军的一手资料，但他却对伦敦的街道、酒馆、集市和习俗了如指掌。一次圣诞节前后，他跟朋友正沿着泰晤士河北岸闲逛，随后便钻进沃平区的一家酒吧要了碗潘趣酒解乏。

“我们进门后，第一个来搭讪的是个沃平女人，她深红色的脸庞和双下巴被白色棉布兜帽的帽边包裹着，我想象，她那火样的神情，就像烧红的铁块在擦热的银盘子里发亮。”这女人是酒吧女主人以及两名水手的母亲。她的一个儿子正闷闷不乐地坐在角落里抽一种难闻的短管烟。在给内德和他的朋友上完酒后，她

1 《约翰·克里默船长的日志，1700—1774》（伦敦，1936）。

托马斯·罗兰森的《沃平区》描绘了18世纪90年代水手酒馆里的一幅常见景象。沃平区是泰晤士河北岸位于伦敦桥和伦敦港之间的一处水手聚集区。

便开始连珠炮般责怪起她儿子的无所事事，抱怨说尽管她像教区里的任何女人一样辛勤工作，也供养不起他，催他赶快挪开屁股去跟一艘开往西印度群岛的船只签约。他也同意了，但还没离开酒吧，他的水手兄弟巴塞洛缪就夹着一顶装满大把钞票的帽子走了进来。他解释说船一到当斯他就拿到了工钱，然后上了艘当地的小船回到泰晤士。他热情地向他大声嚷嚷的胖妈妈致意。

“显然，没有哪个娼妇的水手儿子会像我一样，有个这么好的在岸上的妈妈了。噢，妈妈，让我喝一满桶潘趣酒吧，然后我们就像比斯开湾的两只粉色小猪一样，在美酒的海洋里遨游翻搅。”这位母亲跟她最心爱的儿子喝了一会儿以后，水手的妹妹贝蒂也进了酒馆。“接下来就是好一通亲兄妹间的乏味闲聊，即便是在殖民地偶遇的一对老友也不会在见面时表现得更加欢欣了。”[1]

这位沃平女店主是许许多多在泰晤士河沿岸和其他英国海港的酒馆里谋生的水手母亲之一。像今天一样，18 世纪的酒馆通常是由家庭经营的。多数情况下，男主人都只是虚有其名的管事者，真正在里面干活并为之定调的还是女主人和她的女儿们。在无数的版画中都可以见到，当水手们在欢度回船前几周的岸上时光时，她们为水手送酒，还加入他们的庆祝活动。也确实存在一

1 内德·沃德《伦敦密探》（本书所引版本为福利奥出版社本，伦敦，1955）。

些自己经营酒馆的女人，但为数不多，而且大都是酒馆前主人的遗孀。尽管根据1796年的《利物浦人名地址录》，不少于27%的持证食品供应者是女性，但多数地区的比例却远低于此。[1]

伦敦东区最引人注目的水手的女人并非女店主或水手的母亲，而是那些被内德·沃德描述为婊子或娼妓的女人。她们在以拉特克利夫路为中心的妓院里进行性交易。这条路位于沃平河岸码头的北边，约翰·斯托在1600年形容它是“一条建有一排排出租屋和小房舍的长街，或者说肮脏的直巷，水手和食品供应者就居住于此”[2]。多数水手都是未婚的年轻人，潮水把他们从千百艘停泊于“伦敦池”[3]的船上带到了岸上。他们寻求女人和酒精，而拉特克利夫路的建成则满足了他们的需求。17世纪时，那附近吸引了好几国的妓女，汇聚于此的佛兰德斯妓女以性技巧闻名，对寻常水手而言过于昂贵的威尼斯妓女则受到贵族和法院成员们的惠顾。

1650至1660年间，当地最臭名昭著的女人是达玛丽斯·佩奇，她被塞缪尔·佩皮斯形容为“水手们的大鸨母”[4]。她于

---

1 关于酒馆中的女人所扮演的角色，请参看彼得·克拉克《英国酒馆风俗史》（伦敦，1983）。

2 约翰·斯托《伦敦考》中的话，转引自史蒂芬·英伍德《伦敦史》（伦敦，1998）。

3 伦敦池：the Pool of London，即伦敦桥下的泰晤士河河段。

4 达玛丽斯·佩奇的生平资料来自E. J. 伯福德和乔伊·沃顿合著的《公开的美德与私下的罪恶：伊丽莎白时代至摄政时期的淫秽活动》（伦敦，1995）。

1620年左右出生于斯特普尼，十几岁就做了妓女，并在1640年嫁给了一个名叫威廉·贝克的男人。在后来的15年里，她从妓女转做了老鸨。她在拉特克利夫路的一家妓院主要是满足寻常水手和码头工人的需求，而在罗斯玛丽巷的一家则为那些付得起高级妓女嫖资的海军军官们服务。1653年，她再嫁给第二任丈夫，两年后又被带到克拉肯韦尔的治安官面前。第一项重婚罪的指控因为她的首次婚姻未经许可而被撤销，但第二项指控却严重得多。她被控在试图使用两齿叉实施人流时杀死了埃莉诺·普利，于是因杀人罪被判绞刑。但幸运的是，当时她怀孕了，在被陪审的女看守们检查过后，她逃脱了死刑并在纽盖特监狱里服刑3年。获释后，她又重操老鸨旧业，并于1669年在她位于拉特克利夫路的房子里富裕地死去。

18世纪伦敦航海贸易的稳定增长为伦敦桥下的大小码头带来了越来越多的船只。1800年发布的一项报告估计，在任一时刻，伦敦港都聚集着8 000条各类大小船只，水手们也随船而至。[1] 为满足需求，妓女供应量的增长不可避免。她们当中的一部分是因极度贫困而被迫从业的女孩，另一些则是宁愿出卖肉体也不愿一天干16小时洗衣或缝纫工作的年轻女子。根据丹尼

1 该项报告的作者为帕特里克·科洪，此处根据约翰·帕德尼《伦敦诸码头》（伦敦，1975）引述。

尔·笛福在1725年的观察，许多妓女都来自于伦敦年轻的女佣大军，通常在发现自己失业的情况下，她们为谋生计而当了妓女。“这就是我们的街道挤满婊子的原因。于是她们中的许多人都在四处漂泊，从妓院回归正经的服务业，然后再次流落回妓院。”[1]

尽管太多妓女都是暴露在构成其职业风险的疾病和暴力威胁下的被践踏的受害者，但显然也有许多女人对自己的人生保持着某种程度上的掌控。在18世纪80年代，弗朗西斯·普莱斯是伦敦一位皮革马裤制造者的学徒，这家有3个女儿。大女儿只是个普通妓女，但其他两个女儿都有更令人满意的归宿。17岁左右的小女儿有挺好的住处，一位绅士去那儿与她约会，二女儿则被一位东印度商船的船长所包养，“他不在时，她曾常常像这种女人通常会做的那样愉悦自己。”[2]

也有一个在家接客或者要去剧院或娱乐场所才能接触到的妓女阶层。那些希望被女性取悦的更有眼光的海军军官们追求着她们。这些女人的姓名、住址、体貌细节以及特殊技能，可在像《考文特花园杂志或爱欲之库》、《摩登男士伴侣》和《游骑兵杂志》这样的大型出版物中找到。第一份花名册产生于18世纪40年代，是由在“莎士比亚的脑袋”里工作的约翰·哈里斯手写

1 2　引自劳伦斯·斯通《家庭、性与婚姻》（伦敦，1990）。

汇编的，这家位于考文特花园区的小酒馆常被船长和东印度公司的主管们光顾。由于花名册广受欢迎，因此哈里斯将之付印，取名作《哈里斯氏考文特花园女士录》，其1758年版本热卖了近8 000份。哈里斯虽于1765年去世，但他最著名的花名册却每年更新、发行至18世纪90年代。大英图书馆里收藏了好几个版本，它们有着惊人的受阅量。这些薄薄的小册子所收录的一些女人则显示了水手的偏好。例如，乔治街24号的克罗斯比夫人就受到“尼普顿之子们[1]特别的恋慕”，她曾与一位年纪很大的船长结婚，老船长死后给她留下一笔足够离开妓院却仍不足以维持生计的年金，于是她就做了兼职妓女。哈里斯的花名册告诉读者，白天找她要去她家，晚上则要去一家她总坐在侧边包厢里的剧院。她被描述为有着一头垂至背部的黑色小卷发、一对慵懒的灰色眼眸以及一副中等相貌。她每次收费一个畿尼。[2]

住在沃平区“联盟阶梯”附近的格拉夫顿夫人则因“其主要且最好的客人是她尤为钟爱的海军军官，因为他们不会长留在家，而且总是满带着爱意和礼物归来”而闻名。她被形容为一名40岁的漂亮女人，比一打新手姑娘提供的乐子都多。定居伦敦以前，她因在朴次茅斯做过20年妓女而获得了大量经验。她的

1　尼普顿为罗马神话中的海神，尼普顿之子即指水手。

2　约翰·哈里斯《哈里斯氏考文特花园女士录：或1788年花花公子年历》（伦敦，1788）。

价格是5先令，这对多数海军军官而言很有吸引力，因为这个年代的顶级船长一天能挣20先令。

哈里斯的名录在描述一些女人的身体技能时经常使用到航海术语。其中最引人注目的例子体现在对安妮女王街的德文希尔小姐的描述中。在描述完她的姣好面容、碧蓝双眸、健康皓齿和美好身形后，读者被告知："许多战士都自愿成为她的囚徒，并付上一笔相当的赎金；据说她的港口被一道淡棕色的防栅牢固守护着，一块可爱的小地峡将之与泥潭分开。你尽可长驱直入，而一旦进去却是一段美妙的航行……她是那么的勇敢，以至于总在准备着来场战斗，也不在乎多快就与你短兵相接，而且还喜欢一桁端一桁端地交战，并被迅速登陆。"

到19世纪四五十年代，内德·沃德笔下和罗兰森画中伦敦东区酒馆和妓院里欢乐喧嚣的气氛已不复存在，取而代之的则是一片由贫民窟、破败的舞厅和邋遢的妓院所构成的黑色危险区域。妓女人数的增加和她们当中多数人接客的可怕环境引发了一系列研究和调查。1857年，专业治疗妇女性病的外科医生威廉·阿克顿出版了一本名为《伦敦和其他大城市的卖淫业，从道德、社会和卫生方面思考》的书。书中的讯息部分源自他本人的观察，部分源自警察提供的数据。他估计，伦敦的大都会警区有2 825家妓院以及大约8 600名妓女。而根据他的数据，超过三分之一的妓院都位于伦敦东区，且在拉特克利夫路附近区域分布得尤为密集。

阿克顿和其他观察者们得出的冰冷数据则由于布雷斯布里奇·亨明等人的描述而鲜活起来。亨明采访过悲惨的中国埃玛，一位熟知水手聚居区妓院和酒馆方位的地方警长为其调查提供了帮助。在一片极其肮脏破败的棚户区，他们走进了一名印度水手和他女人居住的房间。这名东印度水手一直躺在地板的草垫上抽食鸦片，身盖两条破破烂烂的毯子。他已被鸦片弄得呆滞不堪，整个房间都弥漫着鸦片那令人作呕的气味。唯一的家具就是张桌子。蹲伏在他床边的女人看上去像是一个活的破布包。她的脏脸未曾清洗，“手也又黑又脏，芥菜苗都能在上面被成功播种”。其他的出租屋则体面一些，布雷斯布里奇·亨明发现房间比他想象的要大。有时还设有挂着褪色印花棉布床帷的四柱床。壁炉架上摆着一些廉价瓦罐，上悬一面镀金或红木框的镜子。水手们对警长及其同伴的突然出现显得毫不在意，没有表现出一丝敌意。

他们二人也探访了拉特克利夫路的一家舞厅。舞厅位于一所酒吧的楼上，是一个有煤气照明的狭长房间。墙边摆着长凳，远处的角落则搭起一方乐队表演台。4 个头发浓密的大胡子乐师正坐在他们摆放乐谱的木架子后面。乐器由一管小号、两根长笛和一把提琴组成，奏出的尖锐且令人振奋的乐声回荡在整个房间里，促使跳舞的人满大厅地快跳着华尔兹。布雷斯布里奇·亨明惊讶于他们的优美舞姿，尤其是那些轻松自如地跳着华尔兹和波尔卡舞的外国水手。

虽然女人们并非专业舞者，却也沉着、得体。“她们一点都不像是来找乐子的，反而表现得太像做生意了，但看着似乎的确愿意并打算把生意与乐子结合起来，至少在环境允许的情况下享受一番。”他注意到那些女人并不是在舞厅里换的舞服，而是在家就打扮停当，然后身着华服在街上穿行，却并未戴着软帽。

梅休《伦敦劳工和伦敦贫民》的另一位撰写者约翰·宾尼注意到，在水手的女人这一群体中存在着两个阶层。较低的那个阶层根本就是小偷。她们会把水手带进一间咖啡屋或酒馆，往他的酒里灌入诸如鸦片酊一类的药物，然后打劫他。或者她们会选择一个烂醉在路上的水手，以性交为名引诱他进入一条暗街，然后偷走他的钱和其他值钱的东西。但较高阶层的妓女并不倚靠偷盗，而且也不为男性皮条客工作。

> 她们打扮入时，身穿带有裙衬的丝质或细羊毛长裙，头戴华丽地装饰着鲜花和缎带的软帽。许多女人都在长裙的前胸和后背饰有天鹅绒条纹，并佩戴嵌着一幅水手肖像的大型胸针。通常她们会按法国风尚把背后的头发梳至胸前。[1]

1　引自约翰·宾尼撰写的“小偷与骗子”，为梅休书中的一章。

她们中的多数人就住在拉特克利夫路附近的艾伯特广场、帕默塔和七星巷等街道。宾尼认为最好看的姑娘是伦敦东区的爱尔兰裔，为数不少的荷兰和德国妓女中有些也长得不错，另外一些则不行。这些外国女人都操着一口流利的英语，其中一个德国妓女对她的采访者解释了她是如何将自己视作来访水手之妻的。当时她正与一名船只停靠在码头上的英国水手同居。他们认识已经一年半了，他总是一上岸就与她同住。

> 他人挺好的，总是一到岸上就把钱全都给我。在一起时我拿着他所有的钱，却不像你们的某些英国女人那样很快把钱花光。如果我不管着点，他就会在一周之内挥霍一空。这孩子总是花钱如流水，把钱扔上街后便不再留神把它捡起来了。[1]

她说自己忠实于他，而他也信任自己。如果他下船时有 24 英镑，他们在一起过 6 周会花掉 15 到 20 英镑，等到离开时，他就会让她保管剩下的不论多少钱。她知道如果让他自己保管，他就难逃黑心商贩之手了。他总在一个廉价成衣商那里定购服装，那人会收他高价，让他走投无路。她对自己与其他水手的关系也

1　布雷斯布里奇・亨明“伦敦的淫业”。

罗兰森题为《海边商店》的一幅版画作品。

画面中的海军军官刚从停泊在港湾里的一艘船上下来，就在朴次茅斯的水岸边同妓女们谈起了价钱，他仿佛急不可耐地想要快点敲定这桩买卖一样。

很坦白：“我认识许多水手——6个，8个，10个，哦！比那还多。他们都是我老公。我没结婚，当然没，但他们在岸上时都把我当老婆。”然而，她也承认自己并不怎么在意他们，而且还有个在咖啡屋做侍者的情人。他是德国人，来自于她出生的柏林。

看来在上岸后去找同一个女人是水手们常做的事。大都会警区的总警长告诉布雷斯布里奇·亨明，水手们一上岸就会领取工资，然后去跟之前一直同居的女人生活在一起。他们会把钱交给那些女人并将自己暂时视作与她们结了婚。女人们通常也会忠诚地对待他们，一旦钱花光了，他们就出海再去赚些回来。

将伦敦的水手区跟纽约的做比较很有意思。在1800年到1820年间，纽约人口增长了不止一倍，达到12.3万左右，一跃成为北美的第一大港。大小各异的帆船聚集在城市码头上，它们的桅杆形成了一片由饱经风吹雨打的松木构成的茂林，涂着焦油的绳索和沾着盐渍的船帆一路沿南大街铺展开去。今天，一条高架公路从空中扫向华尔街那些闪光的摩天大厦，但在19世纪早期，那块码头还是个由仓库、帆布制品间、堆木场、鱼市、小酒馆、船具商店以及商人和船长住宅组成的大杂烩。许多马匹和马车在大量水手和码头工人中穿行。跟“伦敦池”边的码头一样，鱼类、焦油和马粪的浓烈气味跟还未从船上卸下的谷物、茶叶和香料等货物的馥郁芬芳混杂在了一起。

码头的建筑物背后是各色精美的砖墙宅邸、商店以及破旧的公寓、酒吧和舞厅。水手们尤爱光顾的区域以沃特街为中心，在那里可以找到水手的女人。1853 年，有报道指出，光是沃特街就有 38 个淫窝，138 名年轻女子在里面接客。[1] 根据马修·黑尔·史密斯的说法，那些女人是她们那个阶层中最卑微下贱的。她们俗丽、肮脏，佩戴着金属丝和黄铜制的首饰。“她们穿着短裙，露出手臂和脖子，外表像你所能想象的那样恶心。”[2] 同样因卖淫和犯罪而臭名昭著的还有樱桃街、福尔顿街和毗邻克里尔斯胡克的水岸区域。后面这片地区被归功于衍生出了“妓女”一词，[3] 而且那里确实有相当数量的男女暴徒。一位观察者认为，那里的女人狂喝滥饮、恶疾缠身、吸食鸦片，是暴虐行为和一切过激行为的牺牲品。

在某些方面，这些舞厅、出租屋和妓院跟与之对应的伦敦东区的那些很相似。舞厅里的三人乐队用小提琴、班卓琴和小手鼓演奏着喧闹欢快的音乐。酒吧里挤满了饱经风霜的水手，他们无所顾虑地大方花费着自己的薪水。“兜里有钱的水手明显讨厌独

1 蒂莫西·吉尔弗伊尔《厄洛斯之城：纽约城、卖淫业与性的商业化，1790—1920》（纽约，1992）。

2 转引自吉尔弗伊尔《厄洛斯之城》。

3 此处“妓女”的英文原文为 hooker，为“妓女”这个词的一种口语表达，主要使用于北美英语中，得名自纽约著名的红灯区克里尔斯胡克（Corlears Hook），即前句所提到的地区。

自喝酒，”威廉·桑格曾写道：“他们总是邀请一个房间里的男男女女跟他一起喝。”[1] 但似乎伦敦和纽约的确存在一个差别，那就是暴力程度以及大街上妓女和嫖客招摇过市的方法。在沃平、斯特普尼和莱姆豪斯，多数犯罪和卖淫都发生在紧闭的大门后或者暗巷里。而在纽约，它们则常常在体面的居民和震惊的邻居的众目睽睽下发生。

1839 年，一个巡夜者抓捕了爱德华·霍根和凯瑟琳·赖利，因为他们当时正在奥利弗街一处住所的前阶上无耻媾和。艾伦·鲁宾逊曾说，由于妓女们惯于半裸着坐在前廊上，导致她在沃特街的出租屋里住不下去了。1847 年 3 月，《国家警察报》报道了对乔治·比奇经营一家非法活动场所的审判。比奇住在沃特街 304 号，怀有敌意的邻居对他发动了一场猛烈攻击。住在 309 号的约翰·鲁宾逊抱怨说比奇家是城里最肮脏的地方之一。那是个醉酒狂闹之处，最最声名狼藉的男女在他家纠集，说着淫秽和渎神的脏话。住在樱桃街的罗伯特·莱格特确认说比奇家已经搞了好多年的闹饮，他曾看见小偷和妓女迟至周六凌晨还出现在他家里。而最生动的描述则来自于查尔斯·迪韦林，据说他便是主要上诉人。他和妻子、幼女住在对街的 318 号，他说曾看到女孩们

---

1 威廉·桑格《世界娼妓史：其广度、起因与影响》（初版于 1858 年，本书所引为 1939 年纽约版）。

在比奇家裸体跳舞，周六晚上“她们就在他家的台阶上脱掉男人的裤子，这是常有的事”。但对比奇最要命的指控却是他手头有些 11 岁的女童，而且他自己就与一个 13 岁大的小姑娘同居。

儿童卖淫在 19 世纪 40 年代的纽约很是普遍，它常常发生在女人经营的妓院里。比奇被捕的当月，一个名叫简·怀特，绰号“号角”和“厨子”的女人，因在其位于瑞德街的家中操纵着一个未成年人卖淫的网络而被带到了治安官跟前。许多女孩被父母叫去当地的酒吧、营业所和商店里贩卖水果和糖果。她们会被有着变态口味的无耻男人引诱到简·怀特家，“以实际的卖淫来完成她们的堕落”[1]。这些女孩靠卖淫一天能挣个两三美金，但多数都得交给怀特。同年 5 月，玛丽·安·斯特林因在罗斯福街 27 号经营一家道德败坏的妓院而被捕。6 名 12 到 16 岁的女孩被发现在她家悲惨地卖淫。[2] 警官威廉·贝尔报告说，一个在前街码头边一家废品店工作的 15 岁小女孩常常在附近的一艘远洋运煤船上卖淫。[3]

然而这种女孩并非全是受害者，纽约卖淫业的一个惊人特征便是能掌控自己生活的妓女数量。例如，露西·安·布雷迪就只是偶尔做做妓女。她于 1820 年左右出生于纽约的一个贫困家庭。

---

1 2　1847 年的《国家警察报》。
3　吉尔弗伊尔《厄洛斯之城》。

在十几岁时，她常去剧院并开始跟在那儿遇见的男人发生性关系。父母把她送入接纳失足青少年的收容所，但她却跑掉并过了一年滥交的生活。她曾与一名蒸汽船船长共度3晚。另一个男人为在橘子街的一家妓院里与她共度一晚而付给她5美金。还有一次，她在一家牡蛎餐馆碰到了一位女性朋友，然后她俩就搭上两个男人，并将他们带去了橘子街的另一家妓院。她曾被当局逮捕并被禁止上街了一阵子，但一经释放她就开始重操旧业。多数时候，她都在给人做侍女，可一旦需要更多的钱就转而去卖淫。[1]

许多纽约的妓女在年华老去后会经营自己的场子，报纸时常报道她们因开设一家非法活动场所而被捕。她们中的有些人是很难对付的角色。玛丽，或者叫“流氓的姘头斯蒂芬斯”，被描述为一个淫窝的经营者，她因企图用一把六膛手枪射杀一名叫做布里格斯的男子而于1846年的圣诞节被逮捕。布里格斯在她家大叫大嚷且拒绝离开，所以她就朝他脸上开了枪。他也真够走运，玛丽开的这枪正好是空膛，尽管后来发现另外五膛都上满了火药和子弹。[2]

数名纽约妓女变成了富有的房地产所有人。因经营美国最大妓院之一而闻名的玛丽亚·威廉森，终于在1819年存够钱，以3 500美金买下了她的妓院和附近的房产。到1820年，她已在教堂

---

1 吉尔弗伊尔《厄洛斯之城》。
2 1847年1月2日的《国家警察报》。

街拥有5家妓院，总价值高达1万美金。在当了数年妓女后，范妮·怀特于1851年买下默瑟街的一家妓院。两年后，她的房产价值11 000美金，私有财产价值5 000美金。而后她跟已婚的丹·西克尔斯坐船去了欧洲，他当时已被任命为驻英公使詹姆斯·布坎南的秘书。1854年当她从欧洲回来时，又重新经营起了默瑟街的妓院。此后，她增加了好几处房产，有些是她数不清的追求者的赠礼，后来还跟埃德蒙·布兰克曼律师结了婚。1860年她去世时，共在城里拥有3所宅邸和总价值估计在5万到10万美金之间的其他私有财产。[1] 放在今天，她可就是个百万富婆了。

伊丽莎·鲍恩·朱梅尔则更为成功。她于1775年出生在罗得岛的普罗维登斯，是个妓女的女儿。她很小也做了妓女，并在19岁时搬去纽约，在那儿加入了一个剧团。她必定极富魅力，否则也不会迅速成为全城的话题。1804年她嫁给了斯蒂芬·朱梅尔，他是名成功的法国红酒商，曾为她在哈勒姆建起一所宅邸。在丈夫死后，她接管下他的生意，并证明了自己是个如此精明的女商人，以致终于成为传说中最富有的美国女人。

19世纪40年代纽约最著名的妓女是朱莉娅·布朗。30年代时，她开始是在臭名昭著的阿德琳·米勒夫人的妓院里卖淫，不

---

1 玛丽莲·伍德·希尔《照看他们姐妹的人：1830至1870年间的纽约淫业》（洛杉矶、伯克利、伦敦，1992）。

久便自立门户。1842 年她在伦纳德街拥有了一座华丽的豪宅。她流连于最最时髦的舞会和派对，人称“朱莉娅公主”。

而这些女人还只是冰山一角。近年来对纽约卖淫业的研究表明，许多其他女人靠经营妓院和出租屋过着优裕的生活。玛丽莲·伍德·希尔证明，在 1840 到 1860 年间，至少 24 名妓女拥有 5 000 美金或更多的私有财产。而且她和蒂莫西·吉尔弗伊尔曾研究过城市档案、报纸和 19 世纪改革者的著作，这些材料都表明，对许多女人而言，卖淫业不仅是个人致富之道，有时还是跻身上流社会的入口。

但旧金山却别有一番景象。它在所有的西部港口中最为臭名昭著，因为它为来访水手和在 1849 年“淘金热”时和之后涌入城市的男人提供了妓院、夜生活和光怪陆离的娱乐活动。而之前，旧金山不过是个比棚户区好点的镇子，充斥着木棚、粗制滥造的帐篷和墨西哥土著印第安人的泥巴屋。1847 年 6 月，它的全部人口估计不会超过 459 人，大多数都在 20 到 40 岁之间。而在接下来的一年里，随着金子被发现，约有 5 万人怀揣着发财梦来到此处。到达这座迅速繁荣起来的城市的船只数量急剧增加：1851 年 10 月是 451 艘，第二年则共有 1 147 艘船只入港并下锚停泊，或是在唯一的码头沿岸找个地方停靠。[1] 出租屋、酒吧、小

1　弗兰克·索尔、约翰·H. 吉洪、詹姆斯·尼斯比特《旧金山年鉴》（纽约、旧金山、伦敦，1855）。

酒馆和赌场在码头边或偶尔也在沙滩泊船的甲板上匆匆开设起来。奈安蒂克号帆船的一侧开了扇门，里面被改造成一个小客栈，而且两侧都涂有“提供住宿和木材仓储”的字样。尤菲米娅号双桅船则变成了一座监狱。

从新奥尔良和美国东海岸运来妓女解决了女人的严重短缺。一大批妓女甚至从法国被运了过来。墨西哥女人也大量涌入，而且也存在对于中国女人的活跃交易。最漂亮的中国内陆女孩被卖入接待人数激增的富商的妓院，而沿海的渔家女则进了常被水手和金矿矿工光顾的劣等淫窝。到了19世纪60年代，旧金山已发展为一座繁华的海边城市，而其犯罪、暴力和卖淫程度也与那些历史悠久的口岸相持平。

“最放荡无耻的男女成群出没于我们城里的某块地方，那里的名声比纽约的五点街和伦敦的圣吉尔斯好不了一点。入夜后，太平洋街的上街区挤满了小偷、赌徒、妓女、醉酒的水手和类似人物，他们常去街边林立的酒吧，并以最可怕的纵酒狂欢度过夜晚。”这段话摘录自《旧金山先驱报》上一篇生动的文章。

太平洋街是所谓“巴巴里海岸”的中心地带。[1] 它从蒙哥马

1 下文关于旧金山生活的资料来源于赫伯特·阿斯伯里《巴巴里海岸：关于旧金山底层社会的野史漫谈》（伦敦，1934）；斯坦·赫吉尔《水手城》（伦敦，1967）。此处的“巴巴里海岸”与非洲的那条海岸无关，是19世纪下半叶到20世纪初旧金山的一个红灯区，那里汇集了各种舞厅、歌厅、酒吧及妓院。

利街和卡尼街的交汇处一直穿过前街通向海边。每个富有冒险精神的水手都渴望一尝那里的欢愉，从而得以向同船水手吹嘘自己的经历。尽管许多水手都曾挨打、被抢，甚至染上恶性性病，但这一事实似乎并未削减“巴巴里海岸”的吸引力。除去必然存在的赌坊和酒吧，“巴巴里海岸”还囊括了各式各样迎合来访水手性需求的设施。那里拥有小乐队或管弦乐队的舞厅以女人为主要卖点，那些女人不论年纪和长相，都被叫做“漂亮的服务员小姐”。她们穿着俗丽、暴露的演出服，一般就是些黑丝袜、超短裙和低胸装。只要多付区区 50 美分，一些舞厅的主顾就被允许剥下姑娘的衣服，看她们全裸。一位有魄力的墨西哥富豪老板几乎抢占了这一惯常做法的先机，他为手下“漂亮的服务员小姐”引进了一种服装，这使他自信能比竞争对手占上风。除了像今天类似场所常做的那样提供袒胸露乳的姑娘，他还有不穿下装的姑娘。她们的演出服仅仅由红色短夹克、黑丝袜、奇特的吊袜带和红拖鞋组成。但由于姑娘们抱怨太冷以及难以控制蜂拥前来看这“奇观”的男人，他不得不在数周后放弃了这一尝试。

那里的“美乐迪恩”得名自它里头最先用美乐琴，即一种脚踏的小簧风琴演奏的音乐。这些场所提供烈酒和粗俗甚至淫秽的舞台剧表演，兽交行为也并不罕见。贝拉联盟是最有名的“美乐迪恩”。在舞台上表演的姑娘被要求在幕间卖酒，如果客人想跟她们发生性关系，他们就会退入一间保留着挂帘隔间或凹室的房间。那里的音乐厅跟“美乐迪恩”差不多，提供从女同性恋行为到常规唱歌跳舞的舞台表演，女性表演者有诸如“咆哮的手钻”、“迷路的小鸡”、“简·格雷女士”、“飞奔的奶牛”和“跳舞的母牛”等花名。后面这两姐妹原先是体格巨大的洗衣妇，她们发现做舞台表演比洗衣服赚钱多了。后来，“飞奔的奶牛”攒够钱在太平洋街开了一家自己的场子，任何想要占她便宜的男人都必须先用头磕碎一个酒瓶子。

无论那里的舞厅、“美乐迪恩”和音乐厅提供怎样的娱乐活动，在里头工作的女人通常都兼职卖淫。那里也有并不打算提供音乐和舞蹈的妓院，共分为三种类型：“雅室”里是些年轻漂亮的姑娘，她们短时收费 2 到 10 美金不等，整夜则收取 20 美金；“栅栏”又小又脏又危险；“牛院”则是一幢建筑物里“栅栏”的集合，有多达 300 名妓女。当地历史学家本杰明·埃丝特尔·劳埃德在其问世于 1876 年的著作《明暗旧金山》里一段谴责性的描述中总结了他的感受：“‘巴巴里海岸’萦绕着种种低贱与邪恶。小偷、夜贼、流浪汉、皮条客、荡妇、凶徒和谋杀犯在这里全都找得着。”他形容说，老头子和黄脸婆在那些舞厅和音乐厅里喝着劣质的烈酒，抽着发臭的烟草，唱着淫秽的歌曲。他总结道：“那里尽是放荡、堕落、污秽、恶疾、挥霍导致的疯狂、悲苦、贫穷、财富、谩骂、渎神和死亡。那里也是张嘴要吞噬腐坏的乌合之众的地狱。”

只有少数在旧金山码头区工作的女人能够保持一定程度的独立，其他大多数在酒吧、舞厅和妓院里工作的美国、墨西哥、中国和欧洲女人都是被侮辱和被剥削的对象，她们是这个由男性主导的异常艰苦的世界的受害者。虽然正如我们所见，别处水手的女人并不全像这样，却也不得不承认，码头上妓女的生活非常艰难、危险，而且未来对她们来说希望渺茫。那么，为何这么多女人要做妓女，而她们又都是些什么人呢？

19 世纪的观察者们在她们是谁这个问题上达成了共识。这些年轻女子来自于劳动阶层。对纽约卖淫业最详尽的研究由威廉·桑格博士发表于 1858 年。桑格是纽约市布莱克韦尔岛医院的住院主治医师，曾被指派去调查城市贫民的性病感染程度。他把原先一份简短的报告变成了一部宏大著作，书名为《世界娼妓史：其广度、起因和影响》。这一研究基于从 2 000 多名妇女那里获得的信息，并提供了对她们生活的卓越见解。但其局限却在于它所依据的信息由警方提供，而他们似乎只关注妓院里的女人。站街妓女被大量忽略，雏妓也莫名其妙地被遗漏了，尽管我们知道，大批 15 岁以下的女童曾参与卖淫。

桑格的研究清楚地表明了绝大多数成年妓女都在 18 到 23 岁之间。剩下的多在 24 到 30 岁之间，30 岁以上妓女的数量急剧减少。但他的研究也曾令人讶异地提到过一位 71 岁仍在卖淫的老年妓女，还有一位甚至已经77岁了。纵观他所研究的2 000名妇女的职业，933人在变成妓女前曾做过侍女，499人与父母或朋友同住，剩下的大都是制衣工、女裁缝或针线工一类的人。这些数据跟伦敦米尔班克监狱牧师G. P. 梅里克所做的类似研究相呼应，他在研究过程中采访了超过10万名妇女。[1] 在一项对14 790名妓女交易和职业的分析中，梅里克发现，8 001人是家庭侍女，2 667人是缝纫女工，1 617人是工厂里的女交易员，1 050人是酒吧女侍，其余则是街边小贩、家庭教师、舞女或无业人员。梅里克还曾拿出数据来表明，大多数妓女的父亲是木匠、劳工、小店主、工头、机修工、士兵、水手、印刷工和农民。他们中很少有人是专业人士、机构官员、大商人或大船主，仅有13人据说是绅士。梅里克还对这些妇女的阅读和书写技能做过测试，发现3 237人是文盲，2 293人文化水平低下。

对于妇女从事卖淫的传统解释是她们曾遭男人引诱后抛弃。但在桑格研究的2 000名妇女中，只有258人给出了如上理由。最多的525人说是遇上了灾荒才上街卖淫的，515人则将之归结为“倾向”问题。桑格解释说，“倾向”并不意味着她们想做妓女，而是因这样或那样的理由身不由己：有些是被其他妓女劝服

1　G. P. 梅里克牧师《执业于堕落者之中——狱中见闻录》（伦敦、纽约、墨尔本，1891）。

的；有些则因生活遇到挫折而酗酒，且需要靠钱来满足她们对酒精的强烈渴求。梅里克的数据也有类似的发现。在一张包含着16 022名妇女的列表里，3 363人辩解的理由是贫困和失业导致的必要，5 061人因种种原因自愿离家，2 808人被其他姑娘带入歧途，3 154人曾受引诱而不得已才上了街，另外1 636人则正是维多利亚时代小说家们钟爱的类型：她们在婚姻的誓约下遭到背叛，“从而失去了人格尊严，为她们的情人和亲人所抛弃，觉得自己别无选择，只得在‘堕落者’中寻求庇护和生计”。曾让许多姑娘自愿离家的理由显然跟今天的差不多：家庭内部的争吵和紧张；父母一方或双方酗酒；父亲或其他男性亲属施加的暴力或性虐待；或者希望逃离家庭的限制和束缚。正如一个来自于康涅狄格州的17岁姑娘所言：“妈妈脾气很坏，家里又旧又黑，死气沉沉。”[1]

桑格举了几个因贫困而被迫卖淫的年轻女子的例子。尤其是其中一例总结了水手的妻子经常遇到的问题。一个只可辨别其姓名首字母为C. H.的女人告诉桑格，她很小的时候父母就去世了。17岁时她嫁给一名水手并生了3个孩子。女儿死了，但两个儿子都活着。直到最小的孩子出生，他们一家都还过得很滋润，但之后丈夫却开始酗酒。他不再养家，还离家出走，她已经有整整

1　吉尔弗伊尔《厄洛斯之城》。

6个月没看到他或听到他的消息了。她的大儿子现在5岁，小的只有18个月。她曾试着靠洗衣和其他工作过活，但一周从未赚到两三美金以上。于是她带着两个孩子来到纽约，“靠卖淫挣的钱养活他们。我来这儿真只是为了养活他们”。

梅里克和桑格一致认为，卖淫会给其实践者的生命带来可怕代价。据桑格估测，一名妓女自从事卖淫开始，之后的平均生命不会长过4年。梅里克也得到了类似的数据：“我发现从开始‘站街拉客’以后，她们活的平均年数约为3年零6个星期。”梅里克对妓女高死亡率的解释是作息不规律、饮食不规律、全天候出门在外、断断续续的短时睡眠和精力的持续消耗。

虽然太多妓女的生活呈现悲惨的下螺旋形状，但仍然存在一些鼓舞人心的妓女典型，她们把挣得的钱变成了很大的优势。我们已经关注过购买了私有财产，有些还成了富婆的纽约妓女的典型。朱迪丝·沃克维奇在她对英国普利茅斯和南安普敦港卖淫业的研究中表明，女性并非总是男性性虐待的可悲受害者。[1] 她们中的许多人都能掌控生活。她们为自己的身价讨价还价，还建立了

---

1 朱迪丝·R. 沃克维奇和丹尼尔·J. 沃克维奇《“我们并非山野兽类”：普利茅斯及南安普敦传染病侵扰之下的淫业及穷人阶层》，收录于《克利俄强化意识》（纽约，1976）。并可参看朱迪丝·R. 沃克维奇《淫业与维多利亚社会：女人、阶层与国家》（伦敦、纽约，1980）；琳达·M. 马洛尼《码头边的妓女：1800至1900年间的淫业与美国海事社会》，收录在《船只、航海与社会：海洋史论文集》（密歇根州底特律，1987）。

能让她们在这个由男性主导的世界里互相支持的网络。她们常常成对去接客，这样既保护了自己不被暴力的客户所伤害，也让她们能胜过并打劫喝醉的水手。她们中的许多人成了出租屋主，这在使得一些女人变得富有的同时，也给了她们某种程度的自主。

水手的告别

每当战舰离港，“开航旗”就会升至桅顶。这一信号便意味着“全员上船集合——船只即将起航”。那些被允许上岸的水手赶紧大口喝完最后一杯酒，跟他们的女人告个别，然后带着水手储物箱径直赶往码头。他们必须在那里找条能送他们登舰的小船，因为战舰此时正停泊在航道上。

水手们不享有登岸休假的权利，在战争时期，许多船长因为害怕水手弃船逃跑而不允许他们上岸。在那样的情况下，通常就会允许妻子们摆渡来船上。而常常，上船的当地妓女数量比妻子还要多，大胆的船夫们将妓女摆渡上船，并指望水手来支付她们的渡资。为符合海军规定，水手们挑选上船的女人会被登记为他们的妻子。只要她们人在港口，这些合法与不合法的“妻子”就被允许登上停泊的船只。她们跟水手共用吊床，而且从当时的报告和图片上判断，她们就像岸上小酒馆里的女人一样，跟水手一起欢快地跳舞、喝酒。可一旦开航旗升起，她们离开的时间也就到了。

无论水手跟妻子的告别发生在岸上还是船上，这一主题总能激发人们的想象，并被无数广为流传的绘画和诗歌所记载，这在战争时期尤盛。尽管许多绘画及随附诗句太过富于感伤和爱国情怀，却将大量时代情绪传达给了我们。创作于1739—1748战争[1]期间的两幅画作非常典型。第一幅叫做《水手的告别》，展现了一名水手跟情人站在岸边的情景，远处正停着一艘船。年轻姑娘环抱着情人的脖子，并将头轻靠在他肩上，而水手指向的船上，信号旗已在桅顶飘扬，作为开船信号的上桅帆正冉冉升起。下面的诗句就印在画的下方。

> 看，看，长旗飘飘！瞧，风也正好，
> 温柔告别的情人被无情地征召。
> 哦，可怕的信号！前桅帆也已弯下身；
> 瞧，他们还在互相发泄着心中苦懑。
> 大船在等待，船员们正淘气地招手；
> 他们垂死挣扎在最后的辞行时候。

第二幅画叫《水手的离别》，展现的是一艘战舰下甲板上的一幕情景。年轻水手正跟他的姑娘在一个炮眼边紧紧相拥，透过

1　1739—1748战争：即“詹金斯的耳朵战争”，是英国与西班牙自1739至1748年间发生的军事冲突。从1742年起，有关战争成为奥地利王位继承战的一部分，以西班牙全胜而告终。

18 世纪末众多以“水手的离别”为母题而风行一时的版画作品之一。
年轻的水手将手伸向大炮和英国旗的方向，表明对情人的爱恋与为国家而战的责任感在他心中发生着剧烈的斗争。

炮眼还能看到猎猎飘扬的英国国旗。另一名睡在吊床上的水手丝毫没有注意到这温柔的一幕正在下面发生。跟前一幅画相同，水手的衣服和女人的裙子，连同周围的细节，都被仔细摹画了出来。而这幅画随附的诗歌则反映了年轻女子的想法：

哦，他走了，吾爱已去，
也带走了我心中渴求，
哦，愿我约翰避开弹雨，
这便是我的全部希求。

这些绘画与“七年战争”[1] 和法国大革命战争[2]时期的类似画作一样广受欢迎，以至于它们常被转化为瓷砖、瓷壶、瓷碗、瓷盘和瓷杯上的装饰。在这类流入许多家庭的最富魅力的物件中，有一种成对出现的陶器：其中一个刻画的是水手正跟流泪的姑娘告别，另一个则展现了水手归来时他们欢聚的场景。1798年产自利物浦的一只奶油色陶壶上有一幅叫《水手的辞行》的装饰画，它下面的文字进一步确认了促进这些物件生产和销售的

1　七年战争：发生于1754年至1763年之间的战争，当时欧洲主要强国都参与其中，影响覆盖欧洲、北美、中美洲、西北海岸、印度及菲律宾。

2　法国大革命战争：1792年到1802年间新建立的法兰西共和国与反法同盟之间的一系列战争。

爱国主义精神："只有祖国发出的那不可抗拒的召唤才能把我同亲爱的波莉的怀抱分开，我已将我的荣誉和生命与它融为了一体。"

也许对水手的告别最生动的描绘就是托马斯·罗兰森所画的《朴次茅斯角[1]》了。这是舰队出海时朴次茅斯码头的一个全景缩影。清新的海风吹拂着晾晒在室外的衣物，到处都是喧闹与混乱。水手们正推着木桶或提着储物箱包前往岸边，那里还有两个人抬起一名妇女放进了一艘小船里。一个只有一条腿的水手正拉着小提琴，狗儿在他身边狂吠。在"航船"小酒馆的门口，一名军官正同家人告别。他一手搂着漂亮的妻子并亲吻她，另一只手朝被女仆抱在怀中的婴儿挥别。另一个孩子正拽着他妻子的裙裾。旁边一个普通水手跟姑娘告别的方式可没这么高雅。他把她推得背靠木桶，这样就能把腿架到她身上了。画的左边，一个喝醉了的女人袒露着胸部，朝躺在她脚边地上大笑的水手抛去媚眼。

罗兰森毕竟是带着幽默的超然来看待这一场景的，但对必须回归海上艰难生活的男人，和被独自留在岸上的女人而言，离别则充满着愁绪。航海在最好的情况下都是一种冒险的职业，更何

1 朴次茅斯角是英国汉普郡朴次茅斯市老朴次茅斯区中伸向水面的一个岬角形地带，又叫"香料岛"，纳尔逊的海军曾在这里抓过壮丁。

托马斯·罗兰森《朴次茅斯角》

况在战争时期，每个人都知道，人是会在战斗中丧生或致残的。就算他们能够在大海的威胁中幸存，也很有可能连续几个月见不到家人。有时甚至是几年。范妮·博斯科恩很爱她的海军上将丈夫博斯科恩，曾给他写过最最动人的家信，但在18年的婚姻中，她却有整整10年都生活在他出海时的持续焦虑状态之中。科林伍德上校，是纳尔逊在特拉法尔加的副指挥，曾与萨拉·布莱克特幸福地结合并育有二女。科林伍德在1803年春天给岳父写信，告诉他自己从1793年起在家待了一年，孩子们对他很陌生。

水手的告别中有种情形常为流行印画和民谣所强调，那就是抓丁队把水手从妻子或情人身边夺走。吉尔雷画过一幅场面野蛮的漫画，名字很讽刺，叫《主体的自由》，画的是大街上一队凶恶的水手正带走一个战战兢兢的市民。他口袋里的剪刀暗示着他是个裁缝。一名看上去很愤怒、很强势的妇女拉住了正要把她丈夫带走的水手的头发和一只耳朵，她身后的另一名妇女则将拖把捅向了抓丁队。

出版商卡林顿·鲍尔斯发行于1785年的一幅带有不同情绪的画作描绘了一幕残忍场景。一个穿着考究的年轻男子在安慰着一个满眼泪光的女人，她正为情人即将被迫与她分开而心烦意乱。一名手持棍棒的海军军官将手搭在年轻男子肩上，还有两名水手在背景中假笑。随附的诗句解释了正在发生的事情：

可是，我好痛苦！抓丁队来了这里，
还要强行带走我的爱人
就当我们刚刚把婚礼
定在美好的明日清晨。

为海军强制征兵的抓丁队，的确因常常把年轻男子从妻子和情人身边拖走而臭名昭著。水手和市民都憎恶他们。其实也只有少数海军军官喜欢用强制征兵的方法，他们认为一个志愿者抵得过 3 个被抓的壮丁。但从英国海军成立之初就存在的强制征兵制度，直到拿破仑被打败以及对法海战结束后才不复存在。[1] 为何海军如此严重依赖于强制征兵？这一制度如何运行，又对被强迫的男人和在男人被绑出海后留在岸上的女人有什么影响？

这一制度的根本原因就是在战争时期，海军需要给船只配置大量人员，却没有足够的志愿者满足需求。1793 年对法战争开始时，名义上的海军军力为 45 000 人，其中 36 000 人是水手，9 000人是水兵。而到 1812 年，人数则增加到 14.5 万，占据英国

1 海军抓丁队的出现可追溯至都铎时代甚至更早。抓丁队（press gang）这个词中的“press”（今义为压迫，或指压迫的力）源自拉丁文的 praestare（义为保证金）及法文的 prest（义为借贷或预付款），指的是为国家或政府公事而预先支付给某人的款项。18 世纪末，这个词演变成了“impress”，跟着一名军官执行这一任务的队伍后来就被称为 press gang 了。

男性总人口的2.7%。[1] 这一比例并不算大（陆军需要6.7%），但海军理想上是需要有经验的水手而非农业劳动者或罪犯。英国的优势在于拥有一支庞大的具有海军编制的商船队伍，总人数在12万左右，理论上她可以从中抽兵（实际也常常如此），但商船在战争时期比在和平时期更为重要，因为它维系着全国的贸易，能够帮助解决陆军和海军开支。

许多年轻人的确志愿加入海军，部分出于爱国主义原因，部分出于冒险精神，部分也出于海军开出的丰厚酬金。1797年，酬金数额是70英镑，相当于一个普通水手5年半的总收入。尼古拉斯·罗杰引用数据表明，在1770到1779年间的普利茅斯，全体船员中只有6%是被强征来的。[2] 然而到了1800年，海军却不得不严重依赖于强制征兵以满足人员需求。

强制征兵有好几种不同的执行方式。第一种是由征兵部运作的陆上征募形式。自从1793年被正式确定为固定建制之后，征兵部就开始在不列颠和爱尔兰的51个港口组建起了抓丁队。抓丁队由队长或指挥官（通常被叫做监管队长）领导，他们负责在特定区域里征兵。下属的数名中尉负责管理出去寻找新兵的队员。在每片区域里都有一个供志愿者报到的集合地，强征来的人

1 尼古拉斯·布莱克和理查德·劳伦斯《纳尔逊海军配图指南》（伦敦，2000）。

2 N. A. M. 罗杰“杰克·奥布里的海军世界”，收录于《帕特里克·奥布赖恩：评述及书目》（伦敦，1994）。

则被看管在那儿直至武装护卫押送他们登舰。伦敦的集合地一个在希尔塔，另一个在伦敦塔边上的圣凯瑟琳教堂，选择它们是为了方便征收伦敦池里数百艘船上的水手。

第二种更高效的征兵方式是拦截过往的商船。有时，当商船到达港口时，战船就并排靠上去执行任务。有时，这一任务则由雇来征兵的供应船上的海军小分队执行。一般说来，这些供应船是配有一名海军军官和一队武装水手的双桅横帆船或单桅纵帆船。50 吨及以上级别的商船上的船长、大副和水手长由官方免除了受征义务，煤矿工、特定等级的渔民和所有外国人也是如此。但是，免除之说常被忽略，我们发现商船船长们曾竭力避免把船只停靠到确知有抓丁队正在抓人的港口，有时还会使用枪支和轻武器阻止海军小分队在海上登上他们的船只。

尽管抓丁队在各大港口的街道上抓人时很少遭到实打实的抵抗，但也有水手的亲朋好友曾尝试从队伍里救下他们。威廉·斯帕文斯是一名前商船水手，当他的船从一趟去俄罗斯的商业航行中回到赫尔时，他被迫加入了海军。他们派遣他成为 68 炮船国王白金汉号的船员，在结束了去西印度群岛的巡航后，这艘船受命返回英国去抓人服役。他们驶入了以反抗抓丁队而闻名的利物浦港，然后派出一队士兵上岸。他们抓了 16 个人，但其中只有一人被证明是水手，于是他们抓了他，而把其他人放了。第二天，也就是 1759 年 7 月 25 日，船长派了一队 18 人的士兵上岸，

1780 年一幅描绘抓丁队工作场景的漫画

其中就包括斯帕文斯。他们先抓了几名流浪汉，然后又在海关遇上了狮子号的船员，小分队毫不费力地拿下17名水手，却在将这些强征来的人从街上带回船上时遭到了愤怒暴民的夹道攻击。斯帕文斯描述道，好几百名妇女、老人和男孩成群结队地跟在他们身后，用石头和碎砖攻击他们。白金汉号的水手朝人们头顶上开了枪才成功到达码头，“但事实证明那些妇女十分大胆，一直跟着我们来到低潮位，她们的膝盖都差不多陷进了泥里”。[1]

这次人们营救壮丁的行动是失败了，但在布里斯托尔，妇女们却获得了成功。布朗上校是负责在格洛斯特为海军征兵的监管长官，格洛斯特位于离布里斯托尔几英里外的塞文河上游。1759年5月，他不得不上报了一起丢人的事件，在事件中，两名妇女负责解救了被抓丁队抓走的14名男子。在8日当天，他安排将从格洛斯特地区抓来的20人沿河转运至国王路锚地。麦金利中尉被派指挥转运船，随行有好几名全副武装的抓丁队成员。海德中尉手下的其余成员则乘坐一只小船，跟随转运船驶离了城镇，开到河口上。

9日清晨，转运船在国王路下锚。有酗酒问题的麦金利中尉决定乘此机会跟船上的大副一起上岸。他很不小心地将舱口朝壮丁关押区打开了，但因为他们都是挨个拷在一起的，就想当然地

1 《查塔姆老兵威廉·斯帕文斯的自述》（劳斯，1796）。

以为他们没有逃跑的机会。他错就错在让两名壮丁的妻子上了转运船。趁着他在岸上，这些妇女做了一把斧头和一把短柄小斧，从而让男人们得以成功逃脱。布朗上校后来得知，看守这些人的门栓只需用斧头砍个6到7下就会解体。

同时，麦金利中尉却已醉倒在河岸边，还把剑给弄坏了。当他最终回到停泊在河口外的转运船上时，发现20名壮丁中的14人已经带着船上的全部枪支乘小船消失了。几周后，他又在格洛斯特醉酒闹事。他一路沿街踉跄而行，一边叫嚷着淫词秽语，从而引发了当地居民的一场骚乱。当他朝一名旁观者的胸膛开了一枪时，就被巡警逮捕入狱了，“除了几千人的侮骂以外，他本人未受其他伤害”。

另一位征兵官则在布里斯托尔地区遭到了几名意志坚定的妇女的羞辱。麦肯齐中尉负责指挥雇佣船联合兄弟号，该船就停泊在国王路锚地。1805年10月，他在布里斯托尔郊区的皮尔村寻找合适的人强征入海军。刚一踏进约瑟夫·胡克开设的小旅馆，他就发现了一名水手并打算带走他，然而却遭到了胡克夫人及其女儿和一名女服务员的攻击。这3个女人救下水手，还帮他从后门逃跑了。在后来写给他上司巴克上校的报告中，他抱怨说，女人们猛烈袭击了他，还扯坏了他的制服。让他尤为愤怒的是，约瑟夫·胡克全程就在那里看着，一点都没打算阻止他家人对自己的攻击。

女人们会反对强制征兵一点也不奇怪。她们的男人被毫无预警地从身边带走，常常留下一所房子和几个孩子让她们供养，还没有任何收入。玛丽·克里德怀孕了，住在布里斯托尔格里芬巷詹姆斯女士家的出租屋里。1806 年圣诞节后的几天，她给海军部秘书长写了下面一封信：

> 先生，您一定乐意将我现在的悲惨状况送达海军部的各部委委员：我丈夫病得很严重，根本不适合服役，却被这儿的抓丁队抓走了。我现在大着肚子，除他以外别无生路，他也还要赡养老父老母，如果任由一位医生给他做次检查，就会发现比起上船他更适合待在医院，因为他的右手已经完全失去功能了。[1]

玛丽·克里德的丈夫约翰在一艘西印度商船上担任侍从，尽管被评定为陆上工作者而非水手，但在布里斯托尔负责征兵事务的监管队长却认为他是个“非常有能力的壮汉”。他妻子的请求最终被拒绝，约翰·克里德被迫加入了皇家海军。

同一年的早些时候，商船贝齐号上 31 岁的水手长约翰·雅各布斯从一次去西印度群岛的护航中回到布里斯托尔，他的商船

1　英国海军部档案 1/1537。

被卢卡斯中尉指挥的船只拦截，雅各布斯发现自己被迫加入了海军。他的妻子玛丽·雅各布斯立即给海军部写信，并乞求部委们接收一个顶替他位置的人，因为“他是我和4个孩子的唯一生活来源”。监管队长注意到约翰·雅各布斯虽是瑞典人，却因在布里斯托尔结了婚而有义务被强制征兵。信件背后的潦草批示表明，玛丽·雅各布斯同样因为海军而丢了丈夫。

1806年7月，露西·卡斯尔代表她的丈夫威廉，在布里斯托尔的王子街给海军部写信，那时威廉已被抓丁队抓走并被关押在海军双桅横帆船女巫号上，并将关押到他能被派遣到普利茅斯一艘战船上服役之时。卡斯尔夫人解释说她丈夫是个美国本地人，但她的请求却因他与英国女人结了婚而被驳回。自他被关押在女巫号上起，威廉·卡斯尔就给有关部门写了封情词哀婉的信件，在其中指出他妻子正怀着孕，她和他们的孩子处境悲惨且无人供养。监管队长注意到威廉·卡斯尔才22岁，以前就是一艘商船上的大副，而且“是个各方面都适合服役的一级水手，因此不能被释放”[1]。

其实最让商船水手和他们的家人苦恼的并非暴力的强制征兵，而是一个更糟的事实，即这些人被阻止见到他们的朋友和爱人。“这对人类情感而言显然令人震惊，”威廉·斯帕文斯写道，

1　海军部档案1/1537。

“一名水手在结束了一段历经无数苦难的长途航行之后，正准备回到家乡，心怀立刻看到亲爱的妻子和孩子、某些亲戚或可敬的朋友的愉快希望，却被迫离家去战斗，可能还会丧命，再也无法享受那些亲密关系。”另一名被强征的商船水手威廉·理查森认为，海军拦截回航商船的行为简直跟黑人奴隶制一样糟糕，他还指出，如果一个人抱怨不能见到他的妻子或亲朋好友，他可能会受到的鞭打将“比驱赶黑人者的抽打还要酷烈，而且一旦弃船逃跑，他就会被绕船鞭打到奄奄一息”。他认为如果人们在长途航行后能被允许放上几周假，他们很快就会厌倦岸上的生活，从而更满足地回到船上。

同样的信息出现在许多水手的回忆录里，而且这就是1797年诺尔兵变背后的一个主要不满因素。由理查德·帕克起草的9篇文章中的一篇曾被呈递给海军部各部委，它用尤为克制的语言表达了水手的诉求：

> 归港战船上的每个人，应该都有自由（每次有一定数量限制，如此也不会危及战船职责）去看望他们的朋友和家人；每人都将被允许一个方便的时间。[1]

1 查尔斯·坎宁安《诺尔兵变记》（查塔姆，1829）。

一些更仁慈的军官对这些人的处境有所领会，当情况许可时，他们的确允许休假上岸。1755 年6 月，霍克上将收到了一封17 人联名的请愿书，他们已经航行去东印度群岛两年了。他们的船是在英吉利海峡上被一艘海军小船拦截的，而且他们全都自愿服役。(丰厚的奖金促使许多商船水手自愿为皇家海军服役。)在这样的情况下，志愿者们会同被强征来的人受到同等对待，于是他们马上被派遣到位于斯皮特黑德的舰船锚地，并被送上了罗德尼上校指挥的乔治王子号。这些人聚在一起给霍克写了封很有说服力的信件陈述他们的情况，并解释说："我们已经离岸许久，航行异常乏味，我们当中一些人的妻子、家人正因我们的长期不归而备感伤心，另一些人则出于私人考量，我们大家最最谦卑地恳求阁下您，请您恩准我们休假 3 或 4 周……" 霍克为他们担保，取得了海军部的许可，并命令罗德尼上校准许他们休假 3 周。这当然决非孤立的个案，可一旦战争的需求给上校和上将们施加了让战船出海的压力，他们就会对允许水手上岸和冒着让他们弃船逃跑的风险持一种明显迟疑的态度。

然而关于英国抓丁队的恐怖已经写了够多了，以致人们常常忘记在大西洋的另一边，这一机构也以类似的规模运作着。事实上，强制征兵正是1812 年战争的其中一个起因，美国以"自由贸易和水手权益"之名开战。这场战争易于被英国史书所贬低，部分是因为它被导致拿破仑兵败滑铁卢的一系列欧洲事件掩去了光华，部分是因为英国在对抗诸如宪法号护卫舰等强大的美国战船的行动中，遭受了数次可耻的海上战败。

整个18世纪，英国战船都曾派出抓丁队去美国东部沿海港口为皇家海军征兵入伍。在1745年到1746年的5个月中，14炮船国王雪莉号上的抓丁队在波士顿强征了92人。1771年，国王阿瑞托萨号则在弗吉尼亚沿海的巡航中抓获了31人。最严酷的一次突袭是发生在1757年纽约的夜袭，那次海军派出了3 000名水手并强征了800人。[1] 结果近一半的人却因不合要求而被释放，但类似这样的操作却点燃了社会各阶层的怒火。商人害怕贸易受到影响，城镇居民看到他们的社区因为这么多身强体健的人被抓而遭受灭顶之灾，女人失去了丈夫和儿子，水手们本身也不再觉得待在自己的城镇里是安全的。

美国的报纸和市民大会的档案记录中常常可以看到对抓丁队突袭行为的正式抗议、暴乱和种种暴力回应。1747年11月，波士顿爆发了一次持续3天的暴乱。一群愤怒的民众，其中包括黑人、雇工和数百名水手，猛烈攻击了地方议会所在的市政厅，并下令逮捕强制征兵的军官和释放被他们抓走的人。在这次暴乱过

1 杰西·勒米希《大街上的杰克·塔尔：美国政局变革中的商船水手》，《威廉与玛丽》季刊第25册，1968年。

程中，他们围攻了行政长官的住所，控制了一名海军中尉，攻击了一名治安官，还给他的代理人上了脚镣。1765 年 6 月的罗得岛纽波特，500 名水手、男孩和黑人在遭受了 5 周的强制征兵后开始哗变。

1776 年美国独立战争后，英国殖民地纷纷获得独立，皇家海军再也不能强征美国水手入伍了。理论上，任何一位英国船长在美国港口或美国船只上的操作都仅限于搜查海军弃船逃跑者，也就是说他们只能找回已经被抓住的人而不能重新强征抓人。但实际上，海军却继续强征着美国水手。英国反驳称，出生在英国的人仍然是英国公民，这适用于出生在赢得独立前的美国的任何人。在一次保护本国公民的努力中，美国政府为水手们颁发了一种叫保护书的证件，该证书顶部印有美国的盾形纹章，并持有一名公证人或海关官员签署的声明，以证实其持有者为美国公民，且"任何时候在海上和陆上都应被尊重"。为了识别起来方便，持证者的姓名、年龄和身高都包含在上面。而实际上，许多美国水手发现，这张保护书根本起不了保护作用。

一名美国水手成为抓丁队攻击目标的经历被威廉·内文斯船长的回忆录记述了下来。[1] 他于 1781 年出生于缅因州的丹维尔，曾被训练成为木匠，但在 17 岁那年，他成了一艘从利物浦航行

---

1 《四十年海上自述》（缅因州波特兰，1850）。

到波士顿的双桅横帆船上的船员。在数次乘坐不同的商船航行去西印度群岛以后，他登上了由基尔比船长指挥的捕鲸船埃塞克斯号，从波士顿出发，于1800年2月抵达巴巴多斯。这艘船收益太差，以至于在付清工资后就把船员解雇了，于是内文斯打算乘坐一艘驶往波士顿的纵帆船回家。一天夜里，他跟几名同船水手一起上了岸，为防御抓丁队，他们还特意用棍棒武装了自己。在一整晚的寻欢作乐以后，他们中的4个人闲逛到沙滩上，去吹吹凉爽的海风并发散掉他们喝下的罗望子潘趣酒的酒劲。然而他们却出其不意地被一名军官以及10或12人的武装水手所包围，并被拉到一艘小船上。在那里他们发现了另外10名被强征来的水手。小船被推下岸，载着他们划向停泊的船只中间，直至抵达一艘英国战船——18炮船库阿涅号的边上。第二天上午，船上的船长审问了内文斯。当内文斯告知他自己是美国人时，船长要求看看他的保护书。内文斯从口袋里掏出证件，船长看了一眼就说："你是爱尔兰人。你能从事什么拥有保护书的职业呢？爱尔兰有许多个内文斯，却没有一个是出生在美国的。"说完这些，他就把保护书撕了并扔向船外。内文斯设法向基尔比船长传了条信息，船长登上战船，确认内文斯是美国人并要求将他释放。这位英国船长发誓说他在爱尔兰就认识内文斯的父亲。他宣称内文斯是名可恶的爱尔兰叛徒，并让基尔比船长将船驶离。看到自己的处境毫无希望，内文斯就请基尔比将他的水手储物箱带回家去，并恳求对方如果自己在一年内回不去就把它们送给他的父母。“做完这些安排，”内文斯写道：“我便向自由道了别，并安心开始了免费为大不列颠服役几年的生活，以这种并不那么糟糕的前景展望来聊以自慰。”他注意到，那一时期英国海军的每艘船上都有不少美国人，尽管有些逃跑了，但多数却在鞭打的威胁下被迫服役。

威廉·内文斯决定逃跑，当库阿涅号行驶到圣基茨岛的时候，他的机会来临了。为防止船员弃船逃跑，上校让船在离岸3英里处下了锚，但内文斯看到有艘美国单桅战船停泊在库阿涅号和海岸之间。他跳下船向那艘美国帆船游去。但不幸的是，海浪把他从船旁卷走，他被迫继续游了近两小时才到达另一艘船边。这是艘开往纽约的苏格兰双桅横帆船——格里诺克的萨莉号。船长同意带上他，于是他终于回到了波士顿，并在那儿跟一个来自于利物浦的英国姑娘结了婚。

在航海时代的大量史料中，有许多关于成为抓丁队牺牲品的男人的记载，但关于丈夫被抓走的妇女的记载却寥寥无几。然而，有两名妇女的经历却如此不同寻常，以至于被详细记述了下来。她们就是：玛格丽特·迪克森，她不同寻常的故事在《纽盖特年鉴》上被刊载了出来；以及安·帕克，一个身处英国航海史上最为声名狼藉的事件之一——诺尔兵变中心的女人。

安·帕克和诺尔兵变

水手的妻子往往背负着她们所不应承受的焦虑和悲伤，不过很少有人经历过安·帕克那样的痛苦。在她丈夫被处决前不久，她刚刚抵达希尔内斯。对她而言，登上国王桑威奇号去探望他并和他说上最后几句话已经太迟了，却正好亲眼看见了他的尸体被吊在船的桁端上。理查德·帕克赴死之时并不知道他的妻子就在上千名旁观者之中，他们聚在那里看着一出引起全国关注的戏剧的最后一幕。[1]

除了她在处决前后几天表现出的英勇决心，我们对安·帕克所知甚少。她娘家姓麦克哈迪，是个农民的女儿，来自于苏格兰村庄布勒马尔。尽管我们对她丈夫知道得更多，但情况却相互矛盾。根据多数记录，1764 年左右他出生于埃克塞特城里一个受人尊敬的家庭。他受过良好的教育，19 岁那年却在普利茅斯被

1　关于诺尔兵变和安·帕克生平的资料来自:《理查德·帕克的完全庭审与辩护记录》(伦敦，1797)；威廉·杰克逊《纽盖特年鉴》(伦敦，1818)，第六卷；国王间谍号及其他船只船长的航海日志；J. R. 哈钦森《水上与陆上的抓丁队》(伦敦，1913)；查尔斯·坎宁安《诺尔兵变记》(查塔姆，1829)。

抓丁队抓走了。他先是被关押在一艘海军小船上，后被转移至伦敦，并在那里被迫成为74炮船国王恒河号的船员。对一个被强征来的人而言，他被提拔为海军候补少尉真够不同寻常，不过这也暗示了他之前可能有过商船上的航海经验。一份资料坚持说他因不道德行为而被免去恒河号上的职务，转至斗牛犬号上做了名普通水手。他一直在斗牛犬号上服役，直到1784年6月因病被遣送进哈斯拉尔医院。之后，他又为海军服了几年役，并被提拔为海军军士或少尉。

帕克本人的证词则提供了一个关于他早期生活的截然不同的版本。从中我们了解到，他出生于1767年4月16日，1782年作为候补少尉加入海军，先是在调停者号上服役，后来才是恒河号和斗牛犬号。他承认自己于1784年离开了斗牛犬号，因为他在船驶向西印度群岛时生病了。随后他加入了商业船队，但从1787年到1793年，“我时而在海军时而又在印度船队（东印度公司船队）”。随后他加入斯芬克斯号，在船没带上自己就启航后，又加入了国王保证号，却因未按规定收起吊床而遭解雇。后来他被送上赫柏号当了大副却辞去职务，并于1794年11月被免职。

帕克在苏格兰定居下来，在那儿遇上了安·麦克哈迪并结婚。他妻子的兄弟给了他笔津贴，像他之前和之后的许多人一样，无业却有钱可花的结果是让他过上了赌博和挥霍的生活。他

理查德·帕克（1767—1797）

很快就花光了全部资产，并于1796年因欠债23英镑而被捕关入爱丁堡监狱。后来他因同意自愿为23个畿尼加入海军而被释放出狱。在爱丁堡的利斯港，他与志愿者和壮丁们一同被向南转移至诺尔，并于1797年5月初注册为国王桑威奇号上的临时雇员。

帕克在一个重要时刻重新加入了海军。在对他们的悲惨处境抱怨了数年以后，斯皮特黑德海峡舰队上的水手们联合起来进行抗议，他们于1797年4月15日向海军部递交了一封请愿书，在其中要求更好的食物、归港后上岸休假、为伤者支付医药费，以及最重要的——给他们涨工资，因为从1653年起工资就始终一成不变。高级军官对他们的诉求很是同情，毕竟在国家同法国作战时，他们需要一支由忠诚之师组成的有战斗力的海军部队。在8天之内，海军部同意了全部要求，但在5月7日舰队被命令出海时，水手们却拒绝服从他们的长官，因为他们不相信海军部所做的承诺。随后一项议会法案被匆匆通过，5月14日，海军上将豪爵士抵达朴次茅斯，带来消息说，所有人的要求都将被满足，而且斯皮特黑德的兵变者们也将被赦免。

与此同时，不安却已传遍了停泊在诺尔的船只，帕克成了水手代表里的领军人物。在斯皮特黑德所做的让步此时已被法案扩大到整个海军，但诺尔的水手们还要求更加公平地分配奖金、在船只出海前支付工资欠款，以及去除战争法规中最严酷的部分作为附加条件。诺尔兵变始于5月12日。上午9点半，水手们爬上桑威奇号的张帆杆，发出三声高呼，并立马得到了最近的指挥者号上船员的响应，而它的指挥官威廉·布莱早于8年前就在他的邦蒂号上经历过一次兵变了。桑威奇号上的人员将前甲板上的炮对准了后甲板，于是军官们只得别无选择地交出了船只。当天晚些时候，水手们一致推选帕克为他们的领导者。接下来的几天则是一片混乱。大多数其他船只都参加了兵变。帕克在希尔内斯的契克斯旅馆里召开了几次会议，他和他的兵变者委员会草拟出9大要求呈递给港口的海军上将。帕克似乎已经尽了最大可能去监控叛变水手的野蛮行径，尽管并未发生流血事件，却仍不能阻止一定数量的抢劫和其他过激行为。水手们从谷物岛上偷走了羊，打劫了他们抓住的渔船，并因此引起了当地居民的惊恐，以至于许多受人尊敬的家庭为安全起见而送走了他们的女人和贵重物品。

6月4日，在这个舰队通常为国王庆生的日子里，一些水手趁机报复了最不受欢迎的军官。一场模拟审判在国王蒙茅斯号的甲板上举行，继而4名海军军士和一名海军候补少尉遭到鞭打。好几名军官被涂上焦油、插上羽毛，并用小船载着在停泊的船只间划来划去。首相威廉·皮特的雕像被水手们挂在桁端上，用长枪短炮乱射一通，这就不可避免地引发了真正的处决正在进行的谣言。同时兵变者们也开始拦截泰晤士河的航运，企图封锁伦敦。但水手们不久就开始改变主意了。斯皮特黑德的兵变者们已经赢得一些重要让步，但他们很快就认清了当局并不打算同意附加要求的形势。海军部召集船只将诺尔的舰队包围起来，于是兵变开始瓦解。军官们重获船只的指挥权，桑威奇号的船员们将帕克当作囚犯交了出去。他立马被送往梅德斯通监狱。6 月 22 日，他发现自己上了设在国王尼普顿号上的军事法庭，该船就停泊在格林海斯边的泰晤士河上。对兵变的罪魁祸首而言，只可能存在唯一的判决——他被正式判处死刑。为自己展开辩护的帕克“以一种不屈不挠、毫不畏惧的沉着态度”聆听了判决，“这激起了每个人的震惊和钦佩”。

安·帕克在得知她丈夫接受了奖金并重新加入海军后，便急忙赶往利斯，可等她抵达时，载着壮丁和志愿者的船只早已驶离了港口，正朝南开往泰晤士河。她留下来等待进一步的消息，但在听说诺尔兵变和帕克被囚后，就立马踏上了从苏格兰到伦敦的漫长旅程。当她抵达首都时，她丈夫已被审判和宣告有罪了。在正式处决的前一天，她成功前往圣詹姆斯宫，经由莫顿伯爵向王后递交了一封请愿书。观察者们注意到她的举止与她的不幸处境非常相称。她一直等到下午 5 点，但宫里并未传来任何回应，于是她放弃了缓期执行的全部希望，随后动身去探望她丈夫。

圣詹姆斯宫距离舰队停泊的梅德韦河 35 英里。她成功地在一辆四轮马车上弄到了一个位置，马车嘎吱嘎吱地沿着泰晤士河南岸朝东驶去，一路穿过达特福德、诺思弗利特和格雷夫森德。

晚上 11 点时她到达了蜷缩在诺曼城堡和大教堂下的罗切斯特老城，然后急忙赶往码头，找到了一名往希尔内斯运送蔬菜货物的船夫。他同意第二天一早带她过去。

在她丈夫被处决那天的 4 点钟，船夫帮帕克夫人登上了他的小船，然后他们就随着潮水顺流而下。当弯曲的河流变宽汇入梅德韦河口时，黎明的第一束光从阴暗的天空中迸射而出，在他们两边的草地和泥滩上大片大片地闪现。清新的东风扑面而来，尽管时间尚早，河上已开始熙熙攘攘。当地渔船出发去了泰晤士河口的渔场，大小贸易船只也向肯特、萨福克甚至更远的港口驶去。

6 点钟时，他们可以远远地看见诺尔的舰队锚地上船桅林立。梅德韦河在注入泰晤士河前的最后一片流域就叫诺尔。那天早晨停泊于此的 20 多艘战船被希尔内斯堡垒的枪炮拱卫着。快 7 点钟的时候，他们来到了国王桑威奇号边上。这艘巨大的 90 炮木船如高塔般耸立。它一般都是整个舰队的旗舰，但不久前海军上将却将旗帜移交给了国王间谍号，现在桑威奇号由莫斯上校指挥。帕克夫人要求许可她同丈夫说话，而当值的哨兵却拒绝允许她上船，还命令船夫把船开走，并威胁他说如果不照做就朝他的小船开火。

尽管帕克夫人绝望地乞求着他，可船夫却不打算危及自身或船只安全，转朝河对岸几百码外希尔内斯的低矮堡垒和造船厂驶去。他向她保证，当天是不会有什么处决的，因为任何停泊的船上都没有飘起黄旗。黄旗就是警告舰队和旁观者们一场处决近在眼前的信号。

一等他们上岸，帕克夫人就跟要塞码头台阶上的另一个船夫讲好，说服他把自己带回桑威奇号。8 点钟准点，正当她被划向停泊着前导船只的布莱克斯德克斯时，从旗舰间谍号上传来了一声枪响。她远远眺望着，惊恐地看到致命的黄旗在那艘船的桅顶升起，紧接着国王桑威奇号的前桅也立马挂上了另一面黄旗。当他们再次靠近，她疯狂地向哨兵重申着她的请求：让她上船，这样她就能跟丈夫说说话了。由于对最近的兵变记忆犹新，所有在场的军官都意识到，处决兵变的罪魁祸首可能引起更多的麻烦。哨兵被严格命令不许放任何人上下船，因此他们再次拒绝了她的许可。船夫告诉她自己不能再等下去，因为他已经答应去接一些先前预订过他服务的人了。

码头上这时挤满了期待看到处决的男女老少。谷物岛的岸上已经竖起了供观众使用的看台，越来越多的游艇、小汽艇和划艇正聚集到桑威奇号附近。推挤着穿过岸上好奇的观众群，安·帕克雇了第 3 个船夫，并又一次渡河划向停泊的船只。可一当她靠近桑威奇号，就看见一队人正从后甲板向锚架上竖起的一块平台行进，锚架便是船头附近支撑船锚的重梁。在队伍的中央，她清楚地辨认出丈夫的模样。理查德·帕克身穿一套黑色丧服，双手被缚。甲板上的人见他比平时看上去更苍白一些，却径自保持着非比寻常的镇定自若与不屈不挠。一等她辨认出他熟悉的模样，并意识到他仅有几分钟可活，安·帕克便尖声叫道：“噢我亲爱的老公！”然后昏了过去。几分钟后当她醒转回来，远远望向旗舰，她只见身着黑袍的牧师已转身离开了她的丈夫。

当她躺在小船底部昏迷不醒时，理查德·帕克已经与聚集起来的船上的同伴们简短地说过话了。他双膝跪下并祈祷，复又站起身来说道：“我准备好了。”看守犯人的典狱长将浸过油脂的绞索套上他脖子，却做得那么笨手笨脚，以至于帕克对站在近旁的副水手长说：“请你来吧，因为他似乎根本不谙此道。”副水手长很专业地将绞索固定在穿过它的绳子上，这就预示着一切都准备好了。帕克转过身去，最后一次望向他那些聚集在前甲板上的同船水手们。他朝他们点了点头，带着充满深情的微笑说道：“永别了。”然后他转向莫斯上校询问火炮是否已填装完毕。他被告知的确如此。

“火绳点着了吗？”

“一切准备就绪。”

帕克又问是否有哪位绅士肯借他一条白手帕，那样他就能给出信号，片刻之后，一位绅士走上前去递了给他。帕克朝他鞠躬致谢并登上了绞刑台。一个头套盖在了他脸上，而他依然坚定地走向了平台边缘。他扔下手帕，然后迅速把手插进了上衣口袋里。当穿过绞索的绳子晃悠悠地把他吊在空中的时候，船头的火炮发出了震天响的轰隆声，引起对岸回声一片。伴随着爆炸声的

18 世纪一幅描绘理查德·帕克临刑场景的插画作品

是一片腾空而起的火药烟云，但停泊船只上的千名水手和岸上等待的大批人群都紧紧盯着悬挂在旗舰前桅桁端上的黑色人影。人们注意到帕克的身体似乎在剧烈抽搐了几秒钟以后就一动不动地吊在那里了。

尽管有近3 000人观看了理查德·帕克的最终结局，但他的妻子却不在其中。她正毫无意识地躺在小船里，混杂于围绕着战船的几十艘小船之中。后来她形容自己“什么也看不见，除了似乎漂着层鲜血的大海以外”。

她第3次被划回岸上。尽管几乎被震惊和悲伤压垮，但她还是下定决心要跟丈夫在一起，于是又雇了第4艘小船。当她再次被划向旗舰时，她看见他的尸体正被放到甲板上。她在靠近时被告知，尸体已由小船带回希尔内斯的岸边埋葬了。

这似乎就该是故事的结局了，但安·帕克却继续展示了不顾一切的英勇决心，正是这种决心在某些时候能让似乎失去了一切的人继续奋斗下去。她费了番功夫才成功弄到海军中将斯凯芬顿·勒特威奇接见她的机会，他最近已被任命为希尔内斯舰队的总司令。她告诉他自己想把丈夫的尸体从要塞墓地里迁出。勒特威奇问她为何要带走丈夫的尸体，她回答道：“要让他像绅士一样被埋葬，就像他曾被教养成的那样。”

安·帕克深知她的丈夫决非一个罪犯，希望他能得到体面的葬礼和教堂的赐福。勒特威奇将军却毫不同情一个臭名昭著的兵变领导者的妻子，便直截了当地拒绝了她的请求。由于无法通过官方渠道达成心愿，帕克夫人只得诉诸孤注一掷的方法。她丈夫的埋葬地位于要塞的围墙边，那里刚被一圈高约 10 英尺的新栅栏围了起来。她试图找出是谁在保管栅门的钥匙，却没有成功，因此她一直等到夜幕降临才返回墓地。10 点钟左右她遇到了 3 名妇女，并成功劝服她们帮助自己挖出丈夫的尸体。这些女人很可能是水手的妻子或妓女；希尔内斯船厂的管理人曾时常抱怨这块地方是“婊子和混子们日夜常聚之地”[1]。当岸上四下无人时，这 4 个女人翻过栅门，进入了被围起来的区域。

尽管理查德 · 帕克的棺材被埋在一个很浅的坟墓里，女人们却没有工具，徒手在地上挖了起来。她们从地底抬起棺材，带着它越过围栏，并费了番功夫才成功将它举过栅门。她们把棺材放到外面的地上，为了不让它被巡查附近路闸的哨兵发现，就一直坐在上面度过了后半夜。清晨 4 点钟，要塞的吊桥被放了下来，一辆运鱼的二轮马车轰隆隆穿过大门上了外面的马路。帕克夫人在跟车夫搭讪后发现他正要去往罗切斯特，于是说服他以一个畿尼的价格把棺材载上了车。到达城里后，她又找到一个四轮马车车夫，他同意以 6 个畿尼的价格把棺材带去伦敦，并运送到小希

1　见艾萨克 · 科芬 1800 年 7 月 17 日至 8 月 5 日的信件，转引自 1950 年 1 月的《航海者之镜》。

尔塔区女王街上的“桶箍与马掌”旅店。帕克夫人在那儿租了间房，还安排将棺材存放在那儿。

诺尔的水手兵变及紧随其后的对理查德·帕克的军事审判被广泛报道，并引起了各阶层人民而不只是船员及其家人的大量关注，尤其是在伦敦。在帕克的尸体被其寡妻带去东区的消息传开后，人群开始在“桶箍与马掌”旅店外聚集。一些更没良心的妇女似乎还跟要看帕克尸体的人收过费。周一时好奇的人群已太过庞大，以致当地的治安官都被迫介入进来。安·帕克被兰伯特街的警官叫了过去，在那儿她被问道为何要将她丈夫的尸体从希尔内斯的埋葬地移走。她说她只是希望把他带回他在埃克塞特的家或者她在苏格兰的家，那样她就能像基督徒一样安葬他了。她还被问道她正向人们收取尸体参观费的流言是否属实。这时她突然泪如泉涌地回答说：“难道我看上去像个没有人性的怪物吗？”接下来的问话确认了这项指控毫无根据。治安官们担心某些人可能借葬礼之名引发骚乱，因此决定棺材应立刻被移入奈廷格尔巷的济贫院，然后在第二天上午葬到奥尔德盖特教堂的墓园里。然而当晚人群继续在米诺雷斯聚集，由于害怕第二天会形成暴动的集会，治安官们安排在清晨1点时将尸体从济贫院移至怀特查佩尔区圣玛丽教堂的墓穴里埋葬。

7月4日周二下午，安·帕克被允许参加她丈夫的葬礼，葬礼由怀特查佩尔区圣玛丽的教区牧师赖特先生举办。按照她的特殊要求，棺材盖打开了，她被允许见她丈夫最后一面。仪式结束后，她签署了一项声明来确认葬礼已正式举办。[1] 毫无疑问，教区的牧师和官员们为将他们自己隐藏在对于程序的任何调查事件之中，要求安声明她对她丈夫被埋葬的方式，以及对自己从他们那里得到的待遇都极为满意。她同意这样做了。下面的记载仍可在教堂登记簿的葬礼标题下找到："1797 年 7 月 4 日，理查德·帕克，肯特郡希尔内斯，33 岁。死因，处决。"

安·帕克的故事显然非同寻常，因此并不能被视为水手女人的典型经历。在 18 世纪成百上千名服役于海上的水手之中，极少数曾因兵变被吊死，而且要找到另一个千里迢迢赶去解救丈夫的尸体并以基督徒的方式埋葬他的水手之妻则更为困难。但这个故事确实以一种出乎意料的戏剧形式压缩了一出悲剧，而这出悲剧便是如此多水手的妻子和家人的宿命。由于她丈夫恶名远扬，

1　这份声明被全文照录在《纽盖特年鉴》的报告中：
伦敦，1797 年 7 月 4 日：
本人安·帕克，已故理查德·帕克的妻子，
在此声明，因我特为
请求，本日我那故去的丈夫的尸骨
在怀特查佩尔区圣玛丽教区牧师及
教堂管理者的允准之下，于该教区教堂的墓地落葬；葬礼
亦如仪施行；本人对于
葬礼之形式及该教区牧师及官员
给予我之万般优待心满意足。
（签名）安·帕克。

以及诺尔兵变在当时曾引发热议并被广泛报道，我们才得以瞥见安·帕克一生之中的短短几天。然而那天也在场的其他水手及其家人又是怎样的呢？

理查德·帕克被处决的那天早晨，梅德韦河上停泊着 14 艘战船。它们中的大多数都配有五六百名水手，因此我们可以推断，大约 8 000 名水手和水兵曾聚集在他们战船的甲板上看着帕克死去。他们中的多数人是不被允许上岸的，一旦他们停留在港口就会被圈禁于他们的船上。只有军官和长期服役的忠诚之士才会被允许上岸消磨时光。余下的人则必须忍受这种生活，对更年轻的、适应力更强的人而言，它虽然艰难却还能忍受，但对上了年纪的以及不习惯被圈禁于船上的新水手而言，船只却无疑是个漂浮的地狱。

1800 年 6 月，理查德·霍尔正在诺尔，他曾在国王西兰号上给他的妻子写信。他告诉她这里比监狱还糟糕：“早知这里这么差劲我一定不会进来。如果能上岸，我愿意付出所有，即便那是 100 个畿尼。”他说他们每天都用鞭子打人，其他许多人都会不惜一切代价只为上岸。他最后写道：“亲爱的，请你尽一切可能照顾好孩子，愿上帝保佑他们健康成长直到我回来，这没什么好担心的，还请尽快给我回信。”[1]

1　彼得·肯普《英国水手：下层甲板社会史录》（伦敦，1970）中全文照录了这封信。

上校们非常清楚，许多水手都是被强征入海军的，因此有充分的理由相信一旦获准上岸，他们就会逃跑。在 1795 年至 1805 年间，更多的人因为弃船逃跑而非醉酒、偷盗或其他罪行受到军事审判。对弃船逃跑的惩罚非常残忍：普遍做法是鞭打 200 或 300 下，但在个别情况下甚至处以绞刑。

理查德·帕克为领导了一场针对海军生涯某些最坏方面的抗争而付出终极代价，并留下一名寡妻。而另一名被强征水手妻子的故事也同样富有戏剧性，但却有个大团圆结局。玛格丽特·迪克森于 1700 年左右出生于马瑟尔堡，那是个坐落在福斯湾上的小渔村，距离爱丁堡只有几英里远。[1] 她父母虽穷却保证她受到了良好的宗教教育，她也不负所望精通于各类家务。她在适龄时嫁给一名当地渔夫并为他生了几个孩子。1726 或 1727 年的某个时候，抓丁队在一次为寻找新兵而对福斯湾进行的海军定期扫荡中抓走了她丈夫。

玛格丽特·迪克森孤身一人被留下，于是就与另一个马瑟尔堡人有了段露水姻缘，并且怀了孕。她是如此害怕引发丑闻（当地有个习俗，与人通奸的妇女将在教堂里领受公开斥责），以至于打算将她怀孕的状况隐藏至最后一刻。她在分娩时都是独自一人。由于无法从邻居那儿得到帮助，她昏死了过去，而且无法回

1　玛格丽特·迪克森的生平资料来自《纽盖特年鉴》。

忆起她到底是生下了一个活着的孩子还是一个死胎。当在她家附近发现一个死婴时，她便被控谋杀而遭逮捕，并被送入爱丁堡的监狱。在审判她时，一名外科医生给出了一个要命的证据。他将孩子的双肺放入水中，发现呈漂浮状态，根据他的观点这便意味着孩子在生下来时还是活的，因为它将空气吸入了肺部。于是玛格丽特·迪克森谋杀罪名成立，被判死刑。

随后几天在牢中，她承认了自己与人通奸的罪名，却坚决否认曾谋杀自己的孩子，“或者哪怕只是生出一点如此十恶不赦的念头”。她于1728年在爱丁堡被绞死，然后她的尸体就被发还给了朋友们，他们把她放在一副棺材里，用二轮马车送去马瑟尔堡埋葬。由于天气闷热，负责这辆车的人决定在爱丁堡外的胡椒磨村停下来喝杯酒。正当他们喝着酒，其中一人看见棺材盖动了。他们跑过去把它挪开，却在被绞死的女人坐起来时吓了一跳。多数目击者纷纷惊恐地跑开了，但有个人却很镇定地把她带进室内，给她放血，然后把她放到了床上。第二天早上她苏醒过来，还在充分康复后成功走回了自己在马瑟尔堡的家。

由于苏格兰法律规定，同一个人不能因同一项罪名而被罚两次，因此既然已经接受过应得的惩罚，那么她现在就是个无罪者了。同时她的水手丈夫也回到了马瑟尔堡，而因为一个被处决者的婚姻关系已自动解除，他们就于数天后再结了一次婚。据《纽盖特年鉴》记载，她仍然否认曾谋杀自己的孩子，我们也获悉

“她最迟于1753年还活着”。

玛格丽特·迪克森的复活看上去也许是个奇迹，但实际上的确存在一些18世纪时人们在绞死后幸存下来的记载。大概如果下降不足以弄断他们的脖子，他们便只会暂时窒息，并昏迷上一阵子，当绳子的压力解除时，就能完全复活过来。

女水手：真实与虚构

1815 年 8 月，一本名为《路易莎 · 贝克奇遇记》的书在波士顿出版。书中的女主人公是位年轻的马萨诸塞妇女，故事是用她自己的话讲述的。[1] 她描述了自己如何被一名当地商人之子引诱和抛弃，并为了让她那受人尊敬的双亲免于蒙羞而离家出走。她冒着严寒步行到波士顿，那里一个善良的女人可怜她，给了张床让她过了一夜。那女人还叫她避开城里妓女聚居的区域，警告她皮条客们正在不停寻找新的受害者。

路易莎心情沉重地出发前去寻找一份在体面人家做家庭女仆的工作。她将自己描述为“一个瘦削的年轻女性，衣衫单薄，在漫天的暴风雪中，单手拎一条只包着几件衣服的大手帕”。尽管又冷又饿、头晕眼花，她终于还是到达了位于波士顿西部高地的

1　路易莎 · 贝克的生平资料来自由丹尼尔 · A. 科恩编订并撰写简介的《女水兵及其他作品》(波士顿，1997)。该书包含了三段式的完整版的露西 · 布鲁尔小姐（又名路易莎 · 贝克或露西 · 韦斯特太太）的故事，雷切尔 · 斯佩里太太撰写的《对于路易莎 · 贝克新近撰作的简短回应》，以及《阿尔迈拉 · 保罗奇遇记》。科恩在路易莎 · 贝克故事的众多版本之中选择了 1816 年第十版的文本，认为该版本最为完整。

一所房子，在那儿，她受到了一名主妇和一些她认作女儿的姑娘们的欢迎。在主妇的询问下，她说明了自己离家的原因。她被允许待在那儿直到生下孩子（孩子没能活下来）并恢复健康。可当她表达了要离开这所房子、回到朋友身边去的时候，这女人却露出了险恶嘴脸。她告诉路易莎必须支付她跟自己待在一起的这些天的费用，还威胁要揭穿她曾被引诱的秘密。路易莎被劝说道，她已经别无选择了，除非肯以家里其他姑娘用的方法去取悦绅士们，她这才意识到了她们都是妓女。

这所房子位于臭名昭著的红灯区——黑人山，书中专门花了好几页纸来描述这一地区及其居民。作者描述说，姑娘们在舞厅里用下流的姿势努力取悦着她们的主顾，还介绍了娼妓的不同等级。从以某种方式生活的不同妓女往下一直分到她所形容的"拱门女巫"，其看家本领就是诅咒、喝酒和猥亵："她们的同伴主要由最下等的水手以及游荡的穆拉托人[1]和黑人构成。"

1812 年，在花了 3 年时间学会如何吸引男人的注意，以及"可能在变得满不在乎之前已经开始作恶"以后，她遇到了一位私掠船上的第一中尉。他曾在一次夜聊中说到自己如果是名想去看看世界的女性会做些什么：他说他会打扮成男子的模样，并自信女性也可能经由陆路和水路去海外旅行，而且不会暴露性别。

1　穆拉托人：即黑人与白人的混血后裔。

路易莎立马下定决心要离开这家妓院。她为自己穿上了一套水手服，然后溜出门去，一路穿过城区。在菲什街上，她走进了一间正为一艘停泊在港的美国护卫舰招募船员的屋子。她是以水兵身份登的记，这就使她避免了作为水手的新船员们不得不经历的脱衣检查。第二天她上船了。“我采取了预防措施，提早戴上一副紧身内衬，小心翼翼地从不拿开，还用贴身的背心或绑带缚住胸部，便成功对船上的所有人瞒住了我的性别。”

1812 年 8 月，他们从波士顿出发驶往圣劳伦斯湾，一路俘虏了两艘商船，当获悉一支英国小舰队正在大浅滩[1]时，他们便向南航行了。19 日他们发现一只英国护卫舰并展开追击。路易莎当时正位于船顶，她发觉自己异常镇定并渴望有所表现，而非对战争的前景感到害怕。当他们一进入射程范围以内，英国船只就从舷侧开炮，却终于功亏一篑。下午 6 点钟的时候，两艘船并排靠在了一起，战争随之进入白热化阶段。路易莎从她位于船顶的地方向下面甲板上的敌船水手开射火枪。当一颗霰弹击中并打碎了她的枪托时，她的一名同伴看到了发生的状况并说道：“别介意，乔治，你已经赢得了足够的荣誉，回港时肯定能受到漂亮姑娘们的欢迎！”

战斗开始半小时后，那艘英国船只的主桅和前桅都倒在了甲板上，船长也投降了。船上的船员全部被俘，船本身则被点着了

---

1 大浅滩：位于北美洲纽芬兰岛东南岸的大西洋浅滩。

火，在 3 点一刻时发生爆炸并沉入海里。英国方面 15 人死亡，63 人受伤。而美国人这边仅 7 人死亡，13 人受伤。

获胜的护卫舰回到波士顿进行检修，路易莎也跟同船水手们一起上岸享受去了。她曾不止一次地跟她以前待过的那家妓院的姑娘们混在一起，但她的伪装却如此有效，以至于她们都没认出她来。船一准备好，他们便于 12 月出发前往南美洲的海岸开展巡航，并在那儿遭遇到另一艘英国战船。一场激烈的战斗就此展开了，在向对方狂轰滥炸了近 4 小时的霰弹以后，英国船只因伤亡惨重而投降。在战斗过程中，路易莎总共开射过 19 次火枪，并由于已经掌握如何准确地瞄准目标而取得了一定的成效。战斗结束后不久，当她顺着船桅索爬下去的时候，却因一个没抓住而跌出船外。一只小船被放下水去救她，而一当他们把她带回到甲板上，同船水手们就要奉命脱下她的湿衣服，并替她换一套干的。正当他们快脱下她的衣服时，她却充分恢复过来阻止了他们过分的举动。她成功地穿上了衣服，没有暴露自己的性别。

路易莎当了 3 年水兵，参加过 3 次战斗，且从不曾擅离职守，尽管她在海上和在岸上都能自由混在一群船员当中，却没有哪次有人怀疑她是个女人。如今她离家已近 6 年，在拿到工资和奖金后她决定放弃自己的男性伪装。她去波士顿采购了一番，买了身合适的外套，这样便能重拾她以前体面的年轻女子的身份。当她回到自己家时，她父母一时都没认出她来，可在她提及自己过去的事情后，他们终于认出了她就是他们失散已久的女儿。他们对她的归来表示欢迎，并泪流满面地听完了她的奇异经历。在书的最后一段里路易莎解释说，她之前并不想把她新近经历中的那些最坏方面公之于众，但一位朋友却劝服了她，说她的故事可以为其他年轻人提供一个范例和一个警告，那就是“除非得到父亲的许可，否则可千万别听信爱的誓言”。她更进一步说明，她并未提供一切能让读者知晓她自己或她父母真名的细节。

尽管她身份成谜，波士顿人却毫不困难地辨认出她曾服役的合众国护卫舰就是美国军舰宪法号。这艘巨大的44炮船在赢得了一系列对皇家海军船只的惊人胜利后，于1815年返回波士顿港。宪法号是在1812年8月时遭遇38炮船国王孤立号的，孤立号打断了它的桅杆，并以路易莎故事里所描述的方式迫使这艘船投降了。同一年晚些时候，她在巴西的海岸线以外参加了对国王爪哇号的激烈战斗，并将这艘船完全变成了一具残骸。其英国指挥官兰伯特上校被宪法号主桅楼上的一名海上狙击手用火枪弹射杀，这就不得不让路易莎故事的读者们联想到她也许在战斗中扮演过极其重要的角色。在接到海战结束的消息后，宪法号还曾相继俘获了22炮护卫舰库阿涅号和单桅帆船黎凡特号。

《路易莎·贝克奇遇记》毫无意外地极度畅销。它虽是靠着当时的爱国主义热情赚钱，却也提供了可能是关于黑人山，即今日比肯山妓女生活的第一手资料。几个月之内一本名为《露西·

布鲁尔（化名路易莎·贝克）奇遇记》的续集出版了。作者解释说她极不情愿地出版了第一本书，但“大出意外，其流通量如此巨大，且人们探究与精读之热望又如此强烈，以致我不得不违背已下之决心，同意再版以作自传”。现在她承认自己的真名为露西·布鲁尔，出生于马萨诸塞州的普利茅斯小镇。她概述了自己早年所经历的奇事以及与“住在山上那些邪恶妓院里的恶心娼妓们”共度的3年可怕时光，也简要叙述了自己作为水兵的经历，并确认她所服役的船只正是宪法号护卫舰。

在她从海上归来并与父母同住了一阵子以后，她以往的经历却让她焦躁不安，于是她决定继续去旅行。她再度换上男装，乘坐公共马车前往纽波特。同行人员中有一名海军候补少尉、一位船长、一位令人尊敬的老绅士和一个17岁的姑娘。他们中途停下来进入一家小旅馆吃饭，船长和候补少尉却在那儿喝醉了。他们用粗俗的笑话和下流的语言来羞辱那姑娘，直到露西喝止了他们。候补少尉为她所激怒，掏出一把匕首在自己身前不停晃动，并暗示自己曾用这小小的武器在海上抵御并压制过强劲敌手。露西向他发起决斗的挑战，但这候补少尉却在看到对方上了膛的手枪时一下子勇气尽失。他被迫向那姑娘道歉，并在他们抵达纽波特时匆忙开溜。露西则继续旅行，直到在纽约遇上了那位她保护过的姑娘。她叫韦斯特小姐，由哥哥陪伴在侧。他们出身于一个富裕的纽约家庭，露西在回波士顿之前与他们共度了一段时光。

她曾扮成一名军官回黑人山故地重游，甚至去拜访了那位经营妓院的鸨母，正是在那儿她学到了卖淫的第一课。那名老妇被她的伪装大大戏耍了一番。露西对自己的这一番冒险深感满意，于是又一次回到了她亲爱的父母的平静家中。

1816 年 5 月，露西故事的第 3 部分以《可怕的比肯，致年轻一代的男女》之名出现。这次，书名页给出的作者为“露西·韦斯特夫人（原露西·布鲁尔小姐）”。这一卷描述了韦斯特小姐英俊的哥哥——查尔斯·韦斯特如何在读过露西·布鲁尔的自传后，发现了维护他妹妹名誉的年轻人的身份。他从纽约给露西写信说想见她，不久后又乘坐四轮马车抵达她父母的农庄之中。在经历其他奇情险事之后，他们喜结连理，露西最后用一些说教性的故事和思考总结了她的这本书。

然而这还不是这段传奇的终章，因为 1816 年夏天，露西待了 3 年的那家妓院的鸨母雷切尔·斯佩里夫人也出版了她那方面的故事。在一本名为《对于路易莎·贝克（化名露西·布鲁尔）新近撰作的简短回应》的小册子中，她揭露说那 3 本出版物的作者其实是叫伊丽莎·鲍恩。她还指出，鲍恩小姐根本就不是为老鸨所败坏的不情愿的无辜者，相反她却曾如此长足地涉猎了卖淫的技艺，以致凭借其女性诡计诱骗了无数青年，而且她还曾是舞厅里午夜狂欢的狂热参与者。斯佩里夫人甚至通过叙述 1806 年春天，她丈夫如何在波士顿灯塔附近的一起划船事故中溺亡，留下3个小孩给她抚养一事来为其职业正名。她和孩子们挨饿的状况迫使她在山上开了间出租屋。她保证她那里的女性寄宿者在晚间有客时都很安静且表现良好，而且她们在日间也为她的缝补工作提供了很大帮助。她举出鲍恩小姐可耻行为的种种范例，并拒绝相信她已为过去的生活做出真诚忏悔。她以下面的话作为小册子的结语："因此我现在正为公众展示整个事件的真实情况——就让正直的人自去检验和判断吧。"

我们并不确知公众是怎样看待露西·布鲁尔的奇遇故事的，但我们却知道她的故事广受欢迎，以至于在1816至1818年间，有9个版本相继问世，各部分还被整合成了一卷本的《女水兵》，出现在了《路易莎·贝克奇遇记》的6个版本以及《露西·布鲁尔奇遇记》的3个版本之后。许多读者似乎都是痴迷于女英雄鲜活生命的女性。在流传下来的一本的封面内侧，一名妇女写道，《女水兵》是"一本确实很有趣的书"，并给这些文字加了下划线以示强调。由于一些记叙中早已出现扮成士兵加入美国陆军去打仗的女性[1]，因此很可能当时的读者就认为这是段关于一

---

1 德博拉·桑普森·甘尼特在1778年加入了美国陆军，当了三年兵，见琳达·格兰特·德保《女元勋：革命时代里的美国女人》（波士顿，1975）。其他例证可参看《女志愿者；或伊丽莎·艾伦小姐的生平与奇异经历》（辛辛那提，1851），及洛蕾塔·珍妮塔·委拉兹贵支《战斗中的女人：一份关于英勇战绩、奇事险情与各地旅程的记载》（1876年初版，1972年重版于纽约）。关于军人妻子所扮演的角色请参看保罗·E. 科珀曼《1755至1783年间在美国的英国指挥官及士兵妻子》，刊载于《军队历史研究学会会刊》第60卷。

名女性在美国海军中类似经历的真实记述。

现在我们已经知道这些故事全是虚构出来的，它们其实出自一名男性之手。美国历史学家小亚历山大·梅德利科特曾在20世纪60年代表示，根本没有证据表明普利茅斯县的任何一座镇上存在着路易莎·贝克、露西·布鲁尔、露西·韦斯特或者伊丽莎·鲍恩，而在美国军舰宪法号的花名册上也找不到一个姓或者叫乔治的水兵。丹尼尔·A·科恩教授的进一步研究则充分证明了这些小册子的背后推手是一位名叫小纳撒尼尔·科弗利的有魄力的波士顿出版商。正是他一手策划了它们的出版以及随后的营销，但他却不是作者。他为自己雇了名散文和诗歌写手以供驱使。这便是纳撒尼尔·希尔·赖特——一名年近30的诗人和印刷工，他为养家糊口接手了多项任务。据说赖特“能够根据情况需要，同样轻松地驾驭严肃或是诙谐的题材”。作为写手，他显然相当有才，因为他关于露西·布鲁尔奇遇故事的叙述极有说服力。深受丹尼尔·笛福的传统影响，他隐藏了自己的身份，并且十分狡猾地将真实事件和真实地点与全然想象出来的人物捏合在了一起。

受《女水兵》成功的鼓舞，科弗利又在1816年9月出版了另一个关于女水手的故事。这本书叫做《阿尔迈拉·保罗奇遇记》。与科弗利的早期出版物相同，它也常被当作一段真实的记述，可实际上这个故事比露西·布鲁尔的故事更难令人相信。它也是以自传形式写成的，描述了阿尔迈拉·保罗如何在 1790 年出生于新斯科舍省的哈利法克斯[1]。15 岁时她嫁给威廉·保罗，并跟他生了两个孩子。当她丈夫在 1811 年的一场海战中丧生后，她决定亲自出海。她把孩子们留给了她母亲，自己则扮成男人加入英国快艇海豚号做了厨师的副手。她以杰克·布朗为名，随后参加了许多英美船只间的战斗。

在接下来的 3 年时间里，她从许多困境中幸存下来。因为被船上的厨师虐待，她就把他踢下船去以示报复。为了这一罪行她被下令处以鞭刑，却因在受刑过程中穿了件衬衫而没有暴露性别。她也曾从主桁端上掉下来摔碎过头骨，最终却复原了。她还曾在地中海上被阿尔及利亚的海盗俘虏，最后却在阿尔及尔被英国领事释放。后来她去了朴次茅斯，还跟当地一个在特拉法加尔战役中失去水手丈夫的女人结了婚。在这寡妇发现自己是跟一个女人结的婚以前，阿尔迈拉·保罗又上了艘开往牙买加的船。她在德马拉拉生了热病，却在一名黑人护士的帮助下再度康复。然后她航行至利物浦，在那儿上了岸并被当地的姑娘所追求，她们试图“用爱的表达和对我的关心，把我诱骗到她们钟爱的港口，在那儿她们就能更轻易地引诱我花上几个畿尼后再离开了”。她

1　新斯科舍省是加拿大东海岸一个几乎四面环水的省份，哈利法克斯是其省会，并为世界重要港口。

后来又回到地中海，成了马其顿人号上的一名船员。但她却在巴尔的摩弃船逃跑，为避免被当成弃船者逮捕她又重拾女装。然而，在跟水手们一起待了3年后，她非常不愿离开他们的陪伴，于是就成了港口红灯区的一名妓女。6周后她旅行到纽约，然后又去了波士顿，并在那儿加入了西波士顿山的妓女行列。这个故事结束于她因付不起房租而被关进了波士顿监狱。

尽管阿尔迈拉·保罗的奇遇故事似乎将我们对此类故事的轻信度拉到了极限，但露西·布鲁尔的故事却决不牵强。我们可以为布鲁尔生活中的绝大多数事件找到其在现实生活中的参照：许多女水手因为被引诱和怀孕而离家出走；许多水手的妻子为养家糊口而做了妓女；至少有一处关于一名女水手绑住胸部以隐藏其性别的记叙；许多妇女扮成男人参加了海上战役；而且至少有3名女水手后来出版了她们对于自己以往生活的记述[1]。《女水兵》故事的出版商或其作者很可能曾读过或听说过以上记述并用到了它们，就像丹尼尔·笛福将遇难船员亚历山大·塞尔扣克的生平引以为他创作鲁滨逊·克鲁索的灵感一样。

在皇家海军中服役的最著名的女性莫过于汉娜·斯内尔和玛丽·安妮·塔尔博特了，她们的生平将在下一章中再作介绍，但

---

1 这3名女水手包括汉娜·斯内尔（其书1750年初版）、玛丽·安妮·塔尔博特（其书初版于1804年）与玛丽·莱茜（其书初版于1773年）。

也有很多其他女性，她们的生平也同样引人入胜。美国作家苏珊娜·斯塔克曾研究过20名妇女的故事，可以确定，这些人都于1650至1815年间在皇家海军中服过役，通过船长日记、船员花名册和当时报纸上刊登的文章，斯塔克才能将事实从虚构中分离出来。[1] 在所有女水手中，以其航海事业给人留下至深印象的还是威廉·布朗——一名在英国战船上度过了12年时光的黑人妇女，她大多数时间都在担任前桅楼指挥官这一极其重要的职务。对她的详细描述出现在1815年9月伦敦的《年刊》上："她是个聪明、苗条的人，身高5英尺4英寸，具有相当的勇气和强大的行动力；她的外貌对一个黑人来说已相当英俊，看上去在26岁左右。"这篇文章还说"她以她的方式展现了一名英国水手的所有特征，并极其欢快地将她的格罗格酒带给最近一起用餐的伙伴们"。

布朗是名已婚妇女，在一次与丈夫的争吵后于1804年左右加入海军。她在夏洛特王后号上服役过几年，这艘3层甲板104炮船是皇家海军最大的船只之一。夏洛特王后号上有850名船员，通常都充当舰队的旗舰。能在这样一艘船上担任前桅楼指挥官，布朗必定具有过人的勇气和能力。桅楼守望员的职责是在各种天气条件下爬到高处卷起或树起最高的风帆（上桅帆和顶桅

1　苏姗娜·J. 斯塔克《女水手：航海时代船上的女人》（伦敦，1996）。

帆）。前桅楼指挥官则必须带领一队水手登上前桅的横桅索，然后登上前桅中段的横桅索，再顺着离甲板100多英尺甚至更高的桁端下来。这些人不得不脚踏晃动的脚缆，拉起或张开沉重的帆布风帆，这在天气好的时候已经够困难了，而在暴雨和巨浪中就更是一项艰巨且危险的工作。

1815年的某个时候，布朗被发现是个女人，她的故事也被报纸所刊登，但这似乎并未影响到她的航海事业。她还因此挣到了一大笔奖金，并前往萨默塞特坊的偿付局领钱。她丈夫曾试图把这笔钱从她手中骗来，但他成功与否就不得而知了。我们只确知布朗又回到了夏洛特王后号，重新成为其中一名船员。这条船的船员花名册上有一条记载：“威廉·布朗，一水[1]，1815年12月31日登船，首任，原居地，爱丁堡，32岁。”这说明她被评定为了一级水手，并确定其年龄为32，而非报纸上所登载的26。1816年1月，她被任命为艏楼指挥官，这是一个更为高级的职务，但通常并不需要爬到高处。1816年夏天，她和其他一些水手从夏洛特王后号上被转移到74炮船孟买号上；根据孟买号的船员花名册记载，威廉·布朗是6月29日上的船。由于其后数年的船员花名册已经散佚，我们便不知道从那以后她身上到底发生过什么了。

1　一水：AB，即Able Bodied Seaman，意为一级水手。

威廉·普罗瑟罗，跟虚构出来的露西·布鲁尔一样，是一名水兵，这便说明她是作为战士而非水手在船上服役的。但关于她的资料却出奇的简单。国王亚马逊号的船员花名册告诉我们，二等兵威廉·普罗瑟罗在1760年12月1日登船，并于1761年4月30日被遣散。亚马逊号是一艘由巴兹尔·基思上校指挥的6等22炮船。1761年4月20日，它正位于雅茅斯，上校在他的日记中写道："一个化名为威廉·普罗瑟罗的水兵被发现是女人。她已在船上服役9个月了。"亚马逊号的副军医J. C. 阿特金森则提供了进一步的信息片断。他说她是"一位随爱人一起出海的18岁威尔士姑娘"。

玛丽·莱茜的非凡生平跟露西·布鲁尔和阿尔迈拉·保罗的一样被详细记载了下来，但其重要差别就在于，前者在很多地方都与留存下来的文献相符。[1] 她的故事于1773年在伦敦初版，书名为《女造船工传……她的自著》，其美国版本则以同一书名于1807年在纽约出版。玛丽·莱茜于1740年1月12日生于肯特郡威克姆的一户穷苦人家。她是3个孩子中的老大，曾在一所慈善学校受过良好的教育。12岁左右她开始在阿什镇从事家政服务，并在随后的7年中为许多家庭工作过。一桩得不到回应的风流韵

1 关于玛丽·莱茜生平的大多数原始文本都在斯塔克的《女水手》中得到了引述，斯塔克以当时船只的船员花名册和其他英国海军部的文件证实了莱茜是确有其人的。

事使她如此心神不宁，以致决定离家出走，她换上男装便孤身上路了。她搞到一件旧的长礼服、一条马裤、一双长袜、一双便鞋和一顶帽子，然后在1759年5月1日那天的清晨6点钟离开了家乡。一当她走到外面的田地里就换上男装，并把自己的衣服留在了树篱下面。她经由坎特伯雷一路到达查塔姆，那里便是皇家造船厂的基地之一。她得知90炮船桑威奇号即将起航，却尚未招满船员。于是她便跑上船去，向炮手介绍自己名叫威廉·卡文迪什。他给了她一些饼干和奶酪，并建议她去木匠理查德·贝克那儿应征，他立即让她做了自己的仆从。她的职责包括为他整理床铺、取啤酒、煮牛排和清理鞋子。贝克脾气急躁，会突然暴怒并责打她。当不在船上工作时，贝克就和妻子住在查塔姆的一所房子里；贝克夫人显然比她丈夫对玛丽·莱茜好得多。她给这个年轻的木匠伙计提供了“一件干净的衬衫、一双长袜、一双鞋、一件大衣、一件马甲、一条格子手帕，以及给我在海上戴的红色睡帽”。

1759年5月20日，桑威奇号为装载火炮而朝下游开去。3周以后这艘船出现在诺尔以装载余下的船员，6月21日又顺着泰晤士河口而下，穿越了英吉利海峡，加入霍克上将在布雷斯特以外的舰队。7月，弗朗西斯·吉尔里少将登船，并在后桅上升起了他的旗帜。他的旗舰舰长和船上750人的指挥官是理查德·诺伯里。

在英法七年战争期间，皇家海军实施了一项拦截行动，其中包括对法国船只聚集的港口进行持续封锁。从1759年夏天一直到1760年秋天，国王桑威奇号加入了在阿申特岛以外海域巡航的英国战船延长线。比斯开湾一直以其风暴闻名，那里的天气每两个月左右就会变得很糟，以至于船只不得不开回英国，停泊在普利茅斯进行检修、装载新鲜食品，以及让生病和疲惫的船员恢复健康。玛丽·莱茜学会了如何在暴风中脱险，有一次却患上了极其严重的风湿性关节炎，甚至不能行动，只得在船上的医务室里待了好几周。1760年秋天，当桑威奇号在朴次茅斯的时候，她又一次因关节炎发作得厉害而被送进了海军医院。等她康复时，船却已经开走了。

现在她只得作为编外人员加入了皇家君主号。这艘100炮船是港口的护卫舰，在斯皮特黑德长期离岸停靠。尽管船员们就待在看得见陆地的掩护水域，但他们却很少被允许上岸。玛丽在这艘船上待了一年零九个月。幸运的是她结交了许多朋友，其中最值得注意的是一个年轻女人，她正与一名叫做约翰·格兰特的水手在船上同居。她写道："这年轻女人与我非常亲近，由于她极度喜欢我，我们便曾常常像小孩子一样在一起玩耍。"但格兰特却没有以如此天真的眼光来看待她们的友谊，他变得如此愤恨，以致将满心嫉妒全发泄到了那年轻女人的身上，他毒打她，还威胁要把她送上岸去。

尽管玛丽在自传中提供了一幅英国战船上生活的生动画面，但她却惊人地极少提及自己在掩饰性别时可能遭遇的任何困难。她可能暴露的少数情况之一发生在皇家君主号上。她在甲板上工作时被绊倒了，并从一个敞开的舱口上掉了下来。她的头伤得很厉害，还被送去了医生那里。

> 当我恢复意识时，我很清楚要是医生在我身上查看伤情，就肯定会发现我是个女人，但幸运的是，他碰巧是位中年绅士，不是爱打听的人，而我的同餐伙伴们在这些年也有所长进，不像年轻人那样活跃了，于是便没有把我翻转过来或脱下我的衣服。

现在玛丽决心要成为一名造船工的学徒，而多亏了她以前同船水手的推荐和她自己的决心，才实现了这个目标。1763 年 3 月，她被指派给亚历山大·麦克莱恩作学徒，他是 84 炮船皇家威廉号的代理木匠，而这艘船已退出现役，正待在朴次茅斯造船厂里。麦克莱恩当时跟他的情妇以及其他几名准尉和他们的妻子住在船上，但后来他又在岸上租了间房子。

在接下的三、四年时间里，玛丽一天要在造船厂干够 12 小时，晚上还去参加醉酒狂欢。作为一名工匠，她必定兼具毅力与相当的能力，因为她不仅在长时间和高强度的工作中存活了下来，而且赢得了男人们的尊敬。她记载说，他们会说她是“船上最好的男孩”。她也继续吸引着女人。麦克莱恩的情妇明显很喜欢她，有一次还“过来坐到我的膝盖上，一边轻抚着我的脸，一边告诉水手们她要对我做什么，于是在场的人全都忍俊不禁地看她坐在一个她以为是如此年轻的男孩的膝盖上”。她与一个叫萨拉·豪的漂亮姑娘特别要好，她“跟我在一起时非常随意和亲密”。她也和一名叫做贝齐的妓女调过情，后来还与女服务员萨拉·蔡斯成了如此亲密的朋友，以至于她的同事们都以为她俩很快会结婚。玛丽告诉我们，她俩在一起时亲密无间，甚至一致同意她们中的任何人都不能在没有得到对方同意的情况下跟别人出门。

当她还在桑威奇号上时，曾给她的父母写信并说明她的情况。1767 年，她自 19 岁时离家出走后第一次去看望了他们。她将自己的奇特经历对他们和盘托出，但这却造成了一个不幸的后果，因为当她回到朴次茅斯时，她们家的一位朋友也来住在城里，并让人知道了造船工的学徒威廉·钱德勒其实是个女人。这一流言在造船厂里广为传播，其他一些学徒想要通过搜她的身来发现真相。她为之效力的两名造船工救下了她。他们把她带到一边，非常严肃地盘问她说，她把真相告诉他们总好过把自己暴露在那些造船厂男孩的暴力之下。虽深感震惊，他们却发誓保守她的秘密，还向造船厂的人保证威廉是个男人，并指出如果他是个姑娘就不会被那么多女人追求了。

玛丽在1770年春天取得造船工的资格，并被正式颁发证书以确认她已结束了学徒期。可悲的是，在6年海上生涯和7年学徒生涯中幸存下来的她，却遭受了风湿性关节炎的又一次发作，其造成的严重后果就是让她几乎不能走路。而当她充分恢复并回归工作后，却在帮忙拆除一艘40炮船时严重扭伤，既而发现她再也无法胜任这份工作的强度要求了。她除了离开造船厂并向海军部申请一笔伤残补偿之外别无选择。海军部的部委们在1772年1月28日研究了她的情况后批准了这份申请。下面的报告一定是曾出现在海军部备忘录的卷宗中最为特殊的一条了：

> 玛丽·莱茜的请愿书已被阅知，它陈述说，1759年她换上男装伪装了自己，登上国王陛下的舰队，在那里服役至战争结束，然后在皇家威廉号上履行了七年木匠学徒的义务，后又进入朴次茅斯造船厂，此后一直在那里做造船工；但她发现自己的健康体魄已为这一如此艰辛的职业所损害，为将来计则必须将之放弃，因此，恳请得到一笔津贴来维持后半生的生计：
>
> 已解决，考虑到这名妇女情况的特殊性，其真实度已为朴次茅斯造船厂的管理人所证实，允许向她发放一笔与退休造船工所得相当的补偿金。

这标志着玛丽·莱茜作为威廉·钱德勒生活的结束。她的自传则突然结束于她在德特福德遇到一个男人，这位斯莱德先生向她求婚了。一直以来她都打算保持单身，但最后却因深信是上帝之手将他们带到了一起而决定接受他的请求。她的丈夫冷静而勤勉，这本书就在玛丽期待并享受着婚姻状态所提供的最大幸福中结束了。尽管玛丽·莱茜故事的主要事实都与当时的文献相符，但这一干净的结尾则很可能由其出版商提供，他乐意让读者对她女同性恋式的调情感兴趣，却觉得这本书必须有个道德的结尾。

玛丽·莱茜、威廉·布朗和威廉·普罗瑟罗的奇遇故事抛出了一系列有趣的问题。究竟有多少其他妇女在大航海时代变装成男人出海？她们怎样才能在与同船水手如此贴近地生活在一起时仍如此长时间地骗过他们？一个女人到底为什么要离开家庭和家人，让自己经受那些恶名远扬的海上生活的艰难与危险？而且为什么整个变装女性的主题会让人们如此着迷，以至于对女水手的虚构性记载变得最为畅销，水兵的号子和歌谣为她们而创作，而它们甚至出现在了伦敦舞台上的戏剧和音乐剧中？

我们永远不会知道有多少女人扮作男人出了海，因为我们仅有的可作为证据的案例就是那些某名妇女的性别以某种方式被揭露并公开，或者某名妇女在离开海上后出版了自身故事的例子。一定曾有许多女人扮作男人去航海，其性别从未被发现，并跟她们从未出过海的姐妹一样籍籍无名地生老病死。苏珊娜·斯塔克在其研究中披露了20个17、18世纪时皇家海军中看似真实存在的女水手的案例，以及两份大多是虚构出来的记载。另外15个商船和渔船上的女水手的案例则被报纸上的文章、《海军编年史》的报告以及一些其他资料所记载，然而所有这些的准确性都不能被保证。由于皇家海军最高曾在1810年达到14.5万人，而同一时期的注册商船海军也在12万人左右，显然女水手的数量的确很少，这就难怪一旦被发现，她们的故事总能找到登报之路了。

女水手之真实案例的惊人之处还在于她们如何能够在几周、几月，有时甚至是几年的时间里骗过船上的男人。表面上看，这对女人而言几乎是个不可能完成的任务。任何曾在国王胜利号或美国军舰宪法号的甲板下待过的人，都会回想起其顶部空间不足和空间狭窄。胜利号和宪法号已在当时最大的船只之列了，因此一艘更典型的战船，比如，74炮船上的生活就更为局促。军官们尚能享用由木头或帆布屏风制成的小舱，但普通水手却毫不夸张地像叠罗汉一样住在一个低矮如洞穴般的空间里，那里全是成排的火炮。休息的守卫则睡在悬于甲板横梁下的吊床上。一名女水手可能会发现自己睡的吊床就离两侧正在打鼾的水手睡的吊床不到几英寸远。水手们坐在吊床下面的储物箱上，或者背靠炮架躺在甲板上。他们围着悬挂在火炮间的临时餐桌聚餐，一般是6人一桌或组成一个伙食团。其中一人要从船上的厨房为伙食团取来食物，他们则用木碗分食肉汤或腌牛肉。

一艘74炮船上约有550到650名船员，他们中的多数人都集中在后甲板的前部区域，约占其总长176英尺的一半。船的尾部主要有船长舱，确切应叫做大舱房，以及军官、准尉们的宿舍和舱房。剩下的没被火炮占据的区域则装满了锚索、空帆和装着各种动物的圈笼。牛、羊、猪和鸡占绝大多数，但因许多水手也豢养宠物，所以狗的狂吠声、鹦鹉跟猴子的尖叫声与鸡的咯咯声和牛的哞哞声全混在了一起。多数船上还会有一些猫，它们的职责就是减少老鼠的数量，这些潜藏在黑暗角落里的老鼠会吃光所有没好好保存在桶里的食物。

尽管甲板下面的生活潮湿、昏暗，且充满焦油、舱底污水和未清洗的尸体的臭味，但甲板上面的生活却以一种完全不同的方式同样险恶难当。女水手在甲板上将经受水手长的打骂以及在各种天气条件下行船的体力要求。即便在天气好的时候，她也必须不停地拉动粗绳，并爬到高处去操纵船帆，而在天气恶劣的时候，则更要冒着暴雨和猛烈的盐雾穿过湿滑的巨大甲板。如果被要求这样做，她就必须沿着船的横桅索一直向外爬到桁端上，而桁端还会以令人眩晕的弧度在海上缓慢地前后摇摆。一旦没有踩稳或没有抓住，便意味着可能会摔死或摔成重伤。

那么一个年轻女子该如何应付这种情况呢？17、18世纪时大多数劳动阶层的女性都习惯于包含了长时间和高强度体力劳动的艰苦生活，因此，假如这个女水手相当强壮且适应，她就不会对水手工作的大多数要求感觉力有不逮。她显然不得不具备登高爬梯的能力，但事实证明，有一个女人在这方面并未达到要求了。1835 年，当马洛尼船长的代达罗斯号停泊在新不伦瑞克的圣约翰港时，他正好缺乏人手。于是他去到当地监狱，监狱长为他提供了一名看起来身强体健的水手，他被称为托马斯·汉福德。在代达罗斯号已经出海一段时间后，突然吹来一阵狂风，所有人员都被指派爬上去收起上桅帆。托马斯不太情愿地朝后桅顶部爬去，但他却没有勇气做成功。于是他下来向大副承认了自己是个女人，而他的真名叫做萨拉·巴斯克。船长同意在接下来去伦敦的航程中，她可以作为仆人待在舱房里。她之前曾做过一次搭乘渔船去拉布拉多的航行，但现在却决定放弃继续出海的念头。[1]

女水手丽贝卡·扬在一个悲惨的事故中暴露了自己的性别，这一事故则因她对自己登高的本领过于自信而发生。她曾在一艘封舱渔船上花了两年时间驶出泰晤士河口。她化名为比利·布赖德尔，身着水手的裤子、衬衫、夹克和领巾。1833 年 6 月的一天下午，她向一个男人发起挑战，让他跟着自己爬上桅顶，经过一番犹豫，他跟她一道站在了主桅楼上。她催他爬得更高些，然后

1　见 1835 年 12 月 31 日的《爱丁堡晚报》。

他俩都爬到了中桅的桅顶横杆上。在上面坐了几分钟后，那个男人被叫了下来。五分钟后丽贝卡紧随其后，却在试图顺着上桅帆的升降索滑下来时严重烧伤了自己的手，故而被迫放手并从20英尺的高处摔到了甲板上。她当场死亡，几天后格雷夫森德的市政厅在进行尸检后给出了她意外死亡的证明。[1]

多数出过海的女人都能应付高空作业，有些甚至精于此道。我们已经见证了黑人妇女威廉·布朗被提拔为前桅楼指挥官；以及曾在数艘商船上做过舱房侍者的玛丽·安·阿诺德于1839年为其船长所称赞："我曾见过阿诺德小姐首次登高就在比斯开湾的一场狂风中收起了后桅的桅顶横帆。"[2] 然而无论这些女性曾多么积极、勇敢，她们还得看起来像男人。难道不是吗？

女人为何能成功欺骗她们同船水手的主要原因就在于她们看上去像青春期的男孩。每艘船，无论是海军的还是商业的，船员中都有一些男孩。有些才只有9、10岁，而多数都是十几岁。海军很欢迎男孩，因为他们在高空迅速又敏捷，而且又能在很小的年纪就被训练掌握复杂的航海技术。那些被训练成为军官的男孩通常在20岁以前就已做好了指挥船只的全副准备，而在男孩时期就曾出海的20岁出头的熟练水手对任何船只而言都是无价之

---

1 见1833年6月16日的《贝尔周刊》第1941期。
2 见1839年12月30日的《爱丁堡晚报》。

宝。水手穿的服装非常适合掩饰女性的身形。它们包含一件宽松的衬衫、一件马甲或夹克、一条肥大的裤子或裙腿裤，这有点像裤裙，还有一条系在脖子上的领巾。头发总是留得很长，并扎成猪尾或马尾的形状。女水手唯一要做的就是以玛丽·莱茜和虚构出来的露西·布鲁尔所描述的方法，把胸部好好绑起来以便藏在衬衫下面。1849 年《卡莱尔日报》上刊登了一篇关于水手安·约翰逊的报道，她是家住纽约橡树街 22 号的鞋匠乔治·约翰逊之女。她出海的时候曾在最恶劣的天气条件下登过高，报道总结道："据说她的外貌就像一个十六七岁的漂亮男孩。"[1]

女水手每天都要面对的最复杂的问题还是使用卫生设施，它们在大部分船上都极其原始。水手们通常都会爬到船舷的背风通道上朝海里小便，或者朝前走到"头部"。它是指搭建在船头的撞角之上、饰像之后的平台。水手们蹲在那里的一个洞上排便，或者坐在一个顶部开孔的粗制盒子上，它被称为"舒缓座"。可能大多数女人都会去"头部"，而不打算在船舷上小便，尽管也有证据表明一些变装的女人会使用一种角制或金属制的漏斗作为辅助工具。[2]

女性生理期的主题从未出现在任何关于女水手的记载中，但

1　1849 年 9 月 7 日的《卡莱尔报》。

2　参见朱莉·惠尔赖特《女战士与军中少女：为追求生命、自由与欢乐而女扮男装的女人们》（伦敦，1989）；斯塔克《女水手》。

罗兰森笔下的一位舱室服务生。航海时代的战船上有许多九至十岁的小男孩，
他们穿着宽松的衣服，留着长发，这也从一个方面解释了为何船上的
年轻女人有时会被当成是青春期的男孩而没有被发现。

女性史学家们却曾暗示这也许不成问题。一种理论是说，船上的年轻女性过着活动如此剧烈的生活，以至于就像训练中的现代运动员一样，已经停止了生理期。再比如青春期以前的女孩，艰苦的生活和糟糕的饮食会使青春期晚上几年才开始。另一种理论则称，太多水手都忍受着一系列病痛的折磨，包括痔疮和淋病，这便使他们不太可能去评论他们中的一员衣服上偶尔有血污。

这就给我们带来了女性为什么要扮成男人出海的问题。传统的、也是被无数歌谣所传唱的理由是，她们出海去跟水手爱人团聚。我们已经见证了年轻女子如威廉·普罗瑟罗，被暗指是跟随爱人出的海。17 岁的玛格丽特·汤普森也是如此，她于 1781 年离开了她叔叔在伦敦的家，化名为乔治·汤普森加入海军。她在被控偷盗并判处鞭刑时暴露了自己是个女人。当船长问她为什么要迈出扮作男人出海这不寻常的一步时，她说是因为“要去见她的爱人，他已于 3 年前离开了英国，如今定居在孟买”。汉娜·斯内尔被指曾与一名荷兰水手结婚并跟随他出了海。而根据查尔斯·约翰逊的《海盗简史》，女海盗安妮·邦尼则离开了她父亲在卡罗来纳的家，跟一个不负责任的水手私奔到海上。也许这些人跟其他一些人是被风流韵事促使去海上的，但有证据表明大多数扮成男人出海的女性之所以这样做，却是因为经济困难或希望逃离过去的某些事物。

安妮·麦克莱恩是典型的因经济原因出海的人之一。她于

1829 年左右出生于爱尔兰的一个贫困家庭。父母过世后，她发现维生艰难，而她“身体强壮又能吃苦耐劳，想也可以冒充男孩”[1]。她有个兄弟在东印度公司做水手，这便促使她去科克郡签约成了一名水手。她曾做过两次去西印度群岛的航行，可她在 1846 年 11 月回来时却离开了海上，在格拉斯哥的一家工厂里干了 3 周的活。然而她并不喜欢那儿工作的种种限制，于是应聘成了一名煤炭搬运工，后来又在市郊的波洛克肖斯做过一些田间劳动。她决定再次出海，并向东印度公司在格拉斯哥的招聘官提出了申请。他很高兴能招到一名健康又有经验的年轻水手，但一位眼尖的旁观者却看透了她的伪装，于是她不得不承认自己是个女人。报纸上的一篇报道详细描述了她的容貌。她 18 岁，确切身高为 5 英尺 5 又 4 分之 3 英寸。她有着男性化的外表，“身穿灯芯绒夹克、斜纹棉布裤子和条纹衬衫，头戴蓝色软帽，脚蹬钉鞋”。她声音相当尖细，却养成了诸如抽烟和豪饮威士忌或波特酒之类男性化的习惯来试图克服这一缺陷。当性别被揭露后，她离开了招聘点，并表示会在铁路上从事挖土工的工作。

18 岁的贝蒂·威尔逊为环境所迫而出海。她在衣服被抢劫以后就一直待在英国怀特黑文镇的一间出租屋里。我们读到“当她身处绝境时被引诱穿上了水手服，而那水手当时正睡在同一间

1　1847 年 5 月 1 日的《国家警察报》(纽约)。

屋子里”[1]。因为没有亲友帮助，她只能受雇成为一名水手，并登上了邓多克的商船夏洛特号。她伪装成男人做了两次去爱尔兰的航行，本来她还能做更多次的，但 1832 年 9 月她在贝尔法斯特上岸后却喝得烂醉，以至于昏倒在街上。一辆手推车把她载到了警察局。正当他们试图把她弄醒时却发现她是个女人。她说她使用了詹姆斯·威尔逊的化名，而且显然对自己身处如此窘境而深感羞愧。有人捐助了她一笔钱，使她能给自己买一些女装。

1813 年 5 月 22 日的《纪事晨报》刊登了另一个女人的故事，她也是在丢了衣服时出海的。当她正作为一户人家的侍女做一次沿海航行时，船只却突然失事，船上的其他人全都淹死了。她全身赤裸地被冲到岸上，在发现一具水手的尸体就在身边时，她穿上了他的衣服，并一路乞讨去了最近的港口。她设法在一艘船上当上了一名新水手，然后转入美国纵帆船复仇号。她在这艘船上做了 3 年船员，可当复仇号被英国护卫舰百丽普乐号俘虏以后，她就成了一名战俘。为了不被送进英国的监狱，她暴露了自己的性别，并告诉俘虏她的人自己想被送回美国。她还说自己被拖欠了 200 美元的工资和奖金。这篇新闻报道虽然没有提及这女人的名字，却有一段简要的描述：“她长着一张被晒伤的大众脸，双手亦是如此；当身着男装时，就像是个体面又好看的年轻人。”

1　1832 年 9 月 9 日的《贝尔周刊》。

有些女人显然是为逃避家庭问题才出海的。这就让我们回想起了虚构出来的露西·布鲁尔在意识到自己怀孕时，为使父母不致受辱而离家出走。也有几份关于年轻女性走上相同道路的真实记载。1813 年，当英国运煤船埃德蒙与玛丽号的船主恩布尔顿船长从布莱斯航行去伊普斯威奇时，他发现船上的一名学徒男孩其实是女的。他的妻子正与他一起在船上航行，她探访了这姑娘并得知她是一名诺森伯兰的寡妇之女。她在怀孕产子后决定离家出走并永远也不回去了。她弄到一些男装，做了一次沿海航行，后来又向埃德蒙与玛丽号的所有者提出申请，他们同意让她做了一名学徒海员。她是在这艘船上做第二次航行时暴露性别的。这姑娘似乎表现良好，“并被认为是个很积极的小伙子”[1]。

许多伪装成男人或男孩出海的女性都不过被当时的报纸所匆匆提及，然后永远忘记。但 4 名女水手的故事却广为流传。她们的传记常被重印，她们的生平是戏剧和歌谣的灵感，她们的名字不停出现在与女战士的主题相关的书籍和讨论之中。她们就是汉娜·斯内尔、玛丽·安妮·塔尔博特，以及海盗玛丽·里德和安妮·邦尼。

1　1813 年 9 月 2 日的《纪事晨报》。

汉娜·斯内尔、玛丽·安妮·塔尔博特和女海盗

新井剧院位于伦敦塔以北几百码处的古德曼广场。在18世纪50年代时它还坐落于城市边缘。往西是一片连绵的屋顶和教堂尖顶，其中主要是圣保罗大教堂的穹顶，往东则是一片绿色的田地，以及由零星散落的房屋形成的斯特普尼村。剧院的经营者是威廉·哈勒姆，他提供了被称为“滑稽表演”的晚间娱乐活动，包括一系列从走钢丝、玩杂耍到常规歌舞节目的表演。表演活动通常在下午5点钟开始，并将持续4到5个小时。1750年6月29日，大批观众一反常态地聚来观看一位叫汉娜·斯内尔的27岁女人唱了两首歌。《白厅晚报》和《综合晚报》报道说，“她以海员的装束出场，赢得了满场掌声，因为其举止十分庄重得体”。

汉娜·斯内尔花了4年半时间扮成男人。[1] 她曾作为水兵航

1 汉娜·斯内尔的生平资料来自：R. 沃克《女士兵；或汉娜·斯内尔令人惊奇的人生与冒险》（伦敦，1750）；马修·斯蒂芬斯《汉娜·斯内尔：女水兵那不为人知的生活》（伦敦，1997）；苏姗娜·斯塔克《女水手：航海时代船上的女人们》；朱莉·惠尔赖特《女战士与军中少女》。

汉娜·斯内尔（1723—1792）

行到印度，参加了对本地治里的围攻，还在那儿受过重伤。在古德洛尔的医院里恢复了9个月以后，她乘坐国王埃尔特姆号返回英国，并在航行中担任水手。她一回来就暴露了自己的身份，于是被海军解职。当媒体报道了她的故事后，她便成了名人。她曾让好几位画家为自己画像，一名伦敦的出版商发行了一份关于她生平故事的生动记载，并且每个人都因好奇而想见到这个伪装成男人为祖国英勇战斗的年轻女人。

通过让她在受欢迎时登上伦敦的舞台来赚钱真是个精明的主意。尽管她靠出场表演赚了多少钱并未被详细记载，但她的传记作者却提到过，她曾劝说剧院的经营者在演出季时按周付她薪水，“像她这种出身既低又无文化的女人，无论以何种可能从事何种产业劳动（不管如何艰辛），一万个当中也没有一个能赚到那么一大笔酬劳”。因此从6月29日至9月6日，除了周六，汉娜·斯内尔每晚都在新井剧院进行表演。头3周时她限制自己只唱两首特别创作的歌曲。一段具有代表性的歌词表现了歌曲振奋人心的爱国主义特质：

在鲜血与屠戮之中，为我的君王英勇拼杀，

直面四周的死亡，将荣誉与胜利带回老家，

世界都在赞扬，当然你得承认它寻常不过，

还没有哪个女人曾为爱与光荣做得更多。

7 月 19 日那天，她的保留节目被决定扩充，她要在其中展示一般由受检阅的水兵执行的军事训练。身穿一件钉着铜扣的红色外套和一条白色马裤，头戴一顶三角帽，她在女随从的陪伴下迎着排箫与鼓声齐步走上了舞台。报道说她如此准确地表演了军事训练，以致出于好奇前来观看的老兵们都充满了敬意。

尽管还有伦敦报纸上的文章、出现在船员花名册上的简短信息和切尔西医院的记录，但关于汉娜·斯内尔生平的主要资料却是由罗伯特·沃克创作并出版的传记。1750 年的首版以《女士兵；或汉娜·斯内尔令人惊奇的人生与冒险》为题。几个月后又出现了第二个扩充版本。沃克记载的大部分基本事件似乎都是真实的，并被其他资料所证实，但他却忍不住用一些令人动容的小插曲来美化整个故事，而它们中有不少可能都是虚构的。

汉娜·斯内尔于 1723 年 4 月 23 日出生于伍斯特郡。她父亲是一名袜商兼染衣工。[1] 她 20 岁时父母双亡，于是搬去伦敦跟姐姐苏珊娜和她丈夫詹姆斯·格雷同住，格雷是名家庭木工。他们在沃平区的船街上有所房子，距离码头不远。[2] 她跟他们同住了

1 马修·斯蒂芬斯在伍斯特郡的档案局中找到了汉娜父亲的两次婚姻记录：1702 年 12 月 2 日的第一份婚约文书记录了塞缪尔·斯内尔这位二十二岁的染匠与年约二十的伊丽莎白·马斯顿的婚姻，而 1709 年 6 月 30 日的第二份文书则记录了二十九岁的鳏夫塞缪尔·斯内尔与二十五岁的玛丽·威廉斯的婚姻。

2 根据沃平区土地税核定额报告，詹姆斯·格雷从 1744 年起开始为船街的房子缴纳税金。

两三年，其间遇到一名叫做詹姆斯·萨姆斯的荷兰水手。据沃克所说，她于1744年1月6日在弗利特与他结婚。尽管并没有关于这段婚姻的记载，但这一点也不奇怪；今天弗利特街附近的区域在18世纪时曾以“闪婚”[1] 而声名远扬。它们本来是由因欠债而入狱的牧师在弗利特监狱的小教堂里主持的，但后来却在附近的小酒馆和出租屋里举行。因为不需要许可证或其他正式手续，所以它们很受私奔的夫妇和重新上船前匆忙结婚的水手的欢迎。

沃克告诉我们，萨姆斯被证明是个糟糕的丈夫人选。他不仅与罪犯为伍，还跟其他女人鬼混，并卖光了汉娜的财产以维持他放荡的生活方式。不久以后他就抛弃了她，但前阵子还让她怀孕了。她生下一个女孩，用她姐姐的名字将她命名为苏珊娜。米德尔塞克斯郡东区圣乔治教堂1746年9月的登记簿记录了她的洗礼。这女孩只活了六七个月，在她夭折后不久，汉娜决定将自己伪装成男人并出发去参军。她穿上她姐夫的衣服，还借用了他的名字。她作为詹姆斯·格雷旅行到考文垂，在那儿加入了吉斯上校的第六步兵团。据传记所说，她打算追踪她的丈夫并伺机报复。这可能是也可能不是事实，但奇怪的是她并未在船上寻找詹

1 闪婚，原文作 Fleet Marriages，有双关含义，既指在弗利特街即 Fleet Street 上缔结的婚姻，又指婚姻的快速与不合法。

姆斯·萨姆斯，而是去了内陆的考文垂。

兵团被派到卡莱尔，在那儿发生了一桩绝对是虚构出来的事件。她的中士希望汉娜能为他接近一个年轻女子牵线搭桥，但她却将他的企图告知了她以为警告。当中士发现了她的所为，便控告汉娜玩忽职守以示报复。她被判接受600下鞭打，而根据沃克的记载，在几位军官打断行刑前她已被绑在城门上接受过500下鞭打了。鉴于两三百下鞭打对一个坚定的战士和水手而言通常等同于死刑，那么她不但幸免于这项酷刑还能掩盖自己是女人的事实似乎是不可能的。鞭刑一般都在人的裸背上执行。沃克的解释则是"那时她胸部还很小，而且双臂张开被绑在城门上，胸部贴墙，因此几乎不可能有让她的战友发现这一重大秘密的危险，那可是她受了那么多苦才隐藏起来的啊"。

她在当了为期四个月到两年间的士兵后逃跑了，仍用詹姆斯·格雷这个名字来到朴次茅斯，并在1747年应征加入弗雷泽上校的水兵团。1747年10月24日，她在单桅帆船燕子号上做了名水兵，不久后便登船前往印度，在那儿与博斯科恩上将指挥的舰队汇合。[1] 1748年8月，博斯科恩的舰队抵达印度东南沿海的古德洛尔，汉娜与其他水兵被派遣去参加对本地治里的围攻。传

1　单桅帆船燕子号的船员花名册上记录了詹姆斯·格雷于1747年10月24日成了该船的船员。

说她站在及膝深的水里展开了37轮射击，然后自己也被击中了。她的右腿被射中6次，左腿5次，还有一次在腹股沟。在被送往古德洛尔的医院以前，她已经带伤在营地里躺了一天一夜。她让军医处理了腿上的枪伤，却宁可忍着剧痛也没让他们看到腹股沟上的伤口，因为她不愿被人发现自己是女人。传记生动地描述了她如何查看伤口并成功用手指取出了子弹。她劝说一名印度护士为她带来纱布和疗伤药膏以包扎伤口，结果便是她从枪伤中充分恢复过来，直至能起床活动。

1749年8月2日，她出院了，被暂派到鞑靼号护卫舰上担任水手。10月13日，她被转入44炮船国王埃尔特姆号并驶往英国。在回乡途中的诸多事件中，有两件似乎是全然想象出来的。她在里斯本遇到的一名英国水手告诉她，她丈夫因谋杀了一名热那亚人而入狱。尽管她有理由应该曾在某一时刻得到过她丈夫的消息，但关于詹姆斯·萨姆斯在抛弃她后所过生活的生动细节听起来并不真实。而传记作者关于她在埃尔特姆号上受鞭刑的描述则更加缺乏可信度。这回汉娜被指控从一名同船水手那儿偷走了一件衬衫。她被下令关5天禁闭、鞭打12下，之后还要去前桅楼待上4天。沃克再次运用了某种机智来解释为何她没被发现是女人。“当她双手被绑在舷梯上的时候，的确处于被发现的巨大危险中；但她尽可能地站得笔直，并在脖子上系了一块很大的丝质手帕。手帕的边缘刚好完全盖住她的胸部，如此一来她便毅然决然地捱过了军法处置，而且一点也没被怀疑。”沃克总结道：“这一次，是真的，船上的水手长注意到了她的胸部，似乎很惊讶，还说它们看上去就像他曾见过的女人的一样；但正因为船上没有人曾对她的性别有过一丝怀疑，于是这件事便在未起更多波澜的情况下了无痕迹了。”

埃尔特姆号于1750年5月25日抵达斯皮特黑德。船员们都上岸了，汉娜跟一些同船水手在朴次茅斯一家挂着“快乐水兵和水手”招牌的店里租住下来。汉娜待在那里时遇到了一个叫凯瑟琳的年轻女人，她是这家出租屋经营者的小姨子。还没过几个钟头，她们就已经变得很亲密了，而且汉娜发现“她多情的爱抚使凯瑟琳女士如此着迷，以至于让她沦为了小爱神的牺牲品”。[1] 凯瑟琳曾想跟她结婚，但汉娜却说自己首先必须要去伦敦拿到工资。她跟同船水手一起出发了，当她一到首都就去沃平区看望了她的姐姐和姐夫。尽管她穿着水兵制服，但她姐姐还是马上就认出她来，并一把抱住她的脖子，把她吻到窒息。在汉娜将自己的冒险故事告诉他们以后，他们便去了唐宁街。汉娜在那儿与其他水兵汇合，并一同造访了约翰·温特的住处，他是他们兵团的代理人。他马上付给他们应得的钱。汉娜被拖欠了两年半的工资，于是得到15英镑外加两套常服，她后来还把它们卖掉得了15

1　沃克《女士兵；或汉娜·斯内尔令人惊奇的人生与冒险》。

先令。

他们一群人满心欢喜地去了“两只斗鸡”，这是一间位于唐宁街温特先生家隔壁的小酒馆。在为国王的健康祝完酒后，汉娜决定将自己的真实身份告诉他们。她转向时常同她睡一张床的水手说：“你知道吗，马斯特·穆迪，你本可以跟那个与你共用一条床单的人走得再近些的。一句话，先生们，我跟我妈一样是个货真价实的女人，我叫汉娜·斯内尔。”

她的同伴们一开始很是震惊且并不相信，但她的姐姐和姐夫却向他们保证这是真的，还说如有必要他们愿以誓言担保。从一开始的震惊中回过神后，她的同伴们建议她可以向英军总司令坎伯兰公爵递交一份请愿书，来为她受过的伤要点经济补偿。6 月 16 日，汉娜穿上男装去圣詹姆斯宫看看自己是否能遇到他。她看见他由内皮尔上校陪同着坐在一辆敞篷四轮马车里。幸运的是当一名仆从被派去办差时，马车一直停在那里，因此她没费吹灰之力就把请愿书递了上去。公爵从容自得地读完后便将它交给内皮尔上校，并让他去调查汉娜情况的是非曲直。

6 月 27 日的《便士伦敦邮报》报道说，公爵已将她列入“国王名单”，理论上这便意味着她能在有生之年得到每年 30 英镑的津贴，不过，她是否从这一来源得到过钱，人们仍持有一些疑问。然而同年晚些时候，她被承认是切尔西皇家医院的一名未领津贴人员。1750 年 11 月 21 日的许可书上有短短一条记载，汉娜·斯内尔，27 岁，曾在弗雷泽的第二水兵团和吉斯的兵团服役4 年半，并“在本地治里伤了两条大腿，出生于伍斯特郡，父亲是名染衣工”。皇家医院由国王查理二世于 1682 年建立，用以给老兵休养，汉娜·斯内尔是仅有的被此机构授予津贴的两名妇女之一。另一名是在莫尔伯勒战役中担任第二骑兵团步兵的克里斯琴·戴维斯。[1] 她以克里斯托弗·韦尔什之名应征入伍，但 1705 年她在拉米伊战役中负伤后，身份被军医所发现。

这时，汉娜已经出名了，部分是通过新闻报道，部分是通过罗伯特·沃克的传记。正如我们所见，她把握住宣传的机会登上了伦敦的舞台，并在3 个月的时间内享受着人们的追捧。当伦敦的观众最终厌弃了她的表演，她又去别处谋生了，因为切尔西医院一天5 便士的津贴实在不够她花销。根据沃克的传记所说，她在沃平区开了家叫做“乔装女人”的酒吧，但我们找不到证据表明曾有以那个名字命名的酒吧，或者任何叫汉娜·斯内尔或詹姆斯·格雷的持证经营者。曾经可能发生的情况是她从伦敦搬去了乡下。报纸上的广告表明她去外省搞了一阵子流动的舞台表演。1751 年 1 月她还在布里斯托尔的商人之家表演，2 月25 日则已经在巴斯的

1 记述克里斯琴·戴维斯生平的文字包括《常被称为罗斯妈妈的英国女战士克里斯琴·戴维斯的人生与冒险》（伦敦，1740）及由门尼·缪里尔·道伊编订的《女冒险家：冒险故事系列》（伦敦，1893）。也可参看朱莉·惠尔赖特《女战士与军中少女》的相关文字。

新剧院里了。随后8年她就消失在了我们的视野之中。

1759年11月,《环球纪事》上出现了一则如下报道:

> 婚姻启事。在伯克郡的纽伯里,在上一场战争中担任水兵,并在对本地治里的围攻中负伤的著名的汉娜·斯内尔,嫁给了一名当地的木匠。

这木匠名叫理查德·艾尔斯,我们还从纽伯里的婚姻登记簿上了解到,婚礼是在11月3日举行的。他们生了两个儿子,乔治和托马斯。乔治长大后在伦敦做了一名律师:似乎有位崇拜汉娜英勇行径的富有女士成了他的教母,并出资让他受教育。1781年他在考文特花园的圣保罗教堂结婚,并一直活到85岁。但我们并不知道托马斯身上发生了什么。

尽管并没有关于汉娜丈夫理查德·艾尔斯死亡的记载,但1772年11月16日,她又在伯克郡韦尔福德的威克姆教堂嫁给了理查德·哈布古德,我们对他一无所知,而且在1778年的时候他已经明显离开了她的生活,因为这一年我们从詹姆斯·伍德福德牧师的数页日记里得到了对汉娜生活饶有兴味的一瞥。伍德福德是诺福克郡韦斯顿隆日维尔的教区牧师,当他得知汉娜住在附近时就去看望了她。他日记里1778年5月21日的记载值得被详细引用。

> 我和刘易斯先生以及比尔一同步行到白鹿酒店去看望一名著名的女扮男装女性，即汉娜·斯内尔，她曾在部队里当了21年普通士兵，且未被任何人发现是女人。刘易斯表亲曾与她一同在海外执勤。她是化名为约翰·格雷进的部队。现在她每年都从陛下那里拿到一笔18英镑5先令的津贴，还能自由穿着男装，并在仍旧戴着的军帽上佩戴帽徽。她曾与70名士兵同憩一室却未被他们中的任何人识破。她右手的食指在攻下本地治里时被剑砍断了。如今她年近花甲，言谈很好也很得体，背着个篮子在乡间穿行，贩售些纽扣、吊袜带和蕾丝等物件。我要了4对4便士的纽扣，给了她2先令6便士。[1]

奇怪的是，在汉娜所有被报道过的于围攻本地治里时所负的伤中，并无她曾失去一根手指之说，而且这还是正常能被看见的唯一伤处。它很可能是由一个后来的事故导致的，而她却决定号称是打仗时受的伤，那时她已是游走于乡间售卖纽扣的小贩了。1785年汉娜与她儿子乔治同住在斯托克纽因顿，他俩都经历了人生低谷。乔治后来被送入伦敦的兰特克立夫济贫院，而汉娜则将经受一个更为可耻的人生结局。1791年8月6日，她被送入以

---

1 《一位乡村牧师的日记》（牛津，1924）。

收容精神病人而闻名的贝特莱姆皇家医院，它更为人知的名字是“疯人院”[1]。有份报纸报道说，她入院是由于沦为了“能扭曲人性的最可怕的疾病的受害者”。[2]

尽管并不能确定这究竟是哪种疾病，但绝不可能是阿尔茨海默症或帕金森症，因为它们都不会导致那种曾迫使她的儿子乔治将她送入疯人院的暴力行为。最有可能的解释是，她从她第一个丈夫，即放荡的水手詹姆斯·萨姆斯那里感染了梅毒，并于1791年转入第3期，又名“精神病人的全身性麻痹”。在抗生素被发明以前，梅毒在人群中广为传播，进入后期时便成为最可怕的疾病之一。它可能在一次偶然的性交中被感染，然后潜伏二三十年。在进入第3期时它会攻击大脑和神经系统，并导致野蛮和失控的行为。击垮了汉娜的疾病很快导致了她的死亡——1792年2月8日，她被送入疯人院6个月就去世了，享年68岁。

英国唯一另一名曾受到相同关注的女水手是玛丽·安妮·塔尔博特。她在陆军和皇家海军中充满刺激的那些年的故事于

---

1 “疯人院”，即 Bedlam，与贝特莱姆 Bethlem 谐音。

2 马修·斯蒂芬斯引述了他在大英图书馆找到的一份1791年9月14日的出版物上的一段话：“这位许多年前一再以英勇作为而享有盛名，以其男子汉的气概为海军服役的女老兵还活着；只是我们要遗憾地告知读者，她上周被送进了贝特莱姆医院，如今是一位能扭曲人性的最可怕的疾病的受害者。”（《汉娜·斯内尔：女水兵那不为人知的生活》）。

1804年由罗伯特·柯比出版，这位伦敦的出版商曾将她聘为家庭女仆。这本书销量极好，以至于他又在1809年出版了增订的第二版。尽管传记给她带来了一时的声名，却不能阻止她负债累累并曾入纽盖特监狱服刑。她于1808年2月4日去世，年仅30岁。她的故事与汉娜·斯内尔、委拉斯贵支夫人和克里斯琴·戴维斯女士的故事一起于1893年被结集出版，书名为《女冒险家》。这本书为她的冒险故事增加了可信度，也为她在后来大多数关于女水手和女战士的书中赢得了一席之地。然而，近来的研究却对她的故事提出了质疑，似乎它们多半是由她或她的出版者编造出来的。

罗伯特·柯比的增订版故事名为《已故塔尔博特伯爵的私生女，化名为约翰·泰勒的玛丽·安妮·塔尔博特的生平与奇遇……她的自述》。这本书讲述了1778年2月2日她出生于伦敦，是威廉·塔尔博特爵士的私生女。在切斯特的一所寄宿制学校里接受完教育后，她便落入了第82步兵团上校埃塞克斯·鲍恩之手。"被他的手段所胁迫，而且知道身边没有一个朋友，我只能任他拿捏。"当鲍恩上校的兵团被派驻到圣多明戈时，他让她做了一名小侍从。经过在西印度群岛的种种冒险，兵团又被派往欧洲，玛丽成了一名小鼓手。她参加过几次小规模战斗，并出现在对瓦朗谢讷的围攻中，而鲍恩上校就在这次被杀了。她决定从部队里逃出来，并成功穿过乡村来到海边，在那儿上了一艘法国私掠船。

玛丽·安妮·塔尔博特

18 世纪 90 年代曾以约翰·泰勒之名在英国陆军和海军中服役

不久以后，这艘私掠船就遭遇了豪上将指挥的英国舰队。私掠船的船员们都被俘虏了，玛丽则被上将带到他的旗舰夏洛特王后号上进行审问。豪将她派到74炮船不伦瑞克号上，她在那儿做了约翰·赫维上校的船舱侍者。几个月以后，她亲身参加了1794年的“光荣六一”海战。不伦瑞克号遇上了法国船只复仇者号，一场史诗般的决战就此展开，并持续了3个小时，最终以法国船只的沉没而告终。在战斗过程中，玛丽受了两处重伤：一枚火枪弹贯穿了她的左大腿，而一枚散弹也射中了同一条腿靠近膝盖的地方。船上的军医没法取出散弹，因此当不伦瑞克号一回到朴次茅斯，玛丽就被送进了哈斯拉尔医院，并在那儿做了4个月的门诊病人。

一等出院，玛丽就加入了由汤姆林森上校指挥的双桅炮船维苏威号。维苏威号与一支英国小舰队一起被派去法国沿海巡航。在一阵飓风将之与小舰队分开后，它被两艘法国私掠船拦截并俘虏了。玛丽和其他船员被送往岸上，关进了敦刻尔克的监狱。在做了18个月的战俘后，她在一次囚犯交换中获释。然后她在商船瞪羚号上做了名侍从，先驶往美国再回到伦敦。一登上圣凯瑟琳码头，她和一名船员同伴就双双落入了抓丁队之手。

我和巡查官们说上了话，告诉他们作为一个女人，我并不适合像我的同伴一样为国王陛下服役。他们都对这一声明大感惊诧，一开始还以为我是为获释而编造了一个故事，并把我送到一个军医那儿，他则很快证明了我说的是实话。[1]

她被如期释放，这便标志着她海上生涯的结束。她那时才19岁，在伦敦度过了余生。她曾向萨默塞特宫的海军偿付局递交过几份申请，并显然收到了大部分在不伦瑞克号和维苏威号上服役所应得的报酬。她似乎换过一份又一份工作，却还是入不敷出。后来她加入了托特纳姆法院路上的泰斯庇斯剧社，并登台出演几个女性角色。有时她还穿着男装光顾水手的小酒馆。最后她债台高筑，被送入纽盖特监狱。在一位女性朋友的特别照顾下，她在那里的日子好过了许多。那位朋友在她被捕前就与她同住，后来还跟着她进了监狱，并靠做针线活来供养她。"从那时起她就对我不离不弃，并在我曾经历的每次变故中都始终做我的朋友。"

腿伤持续困扰着她，以致她曾多次进入圣巴塞洛缪医院、圣乔治医院和米德尔塞克斯医院进行治疗。当她在米德尔塞克斯看病时，《泰晤士报》的一名记者为她做了专访。他形容她是"一名年轻、纤细的女性"，并在1799年11月4日刊上发表了对她

---

1 《女冒险家》。

的专访。她向他讲述的自己的冒险故事在好几个方面都跟她告诉出版商罗伯特·柯比的不同。她坚称自己与某些大户人家有关，但早年就被恶意剥夺了一大笔钱，它是由一位已故的贵亲遗赠给她的。后来她与一名年轻的海军军官相爱，并跟随他到了海上，假扮成一名普通的桅前水手。在一次对北海的巡航中，她跟爱人吵架了，继而下船进了陆军。但是，对海洋的热爱又促使她重新加入海军。她并未描述自己与豪的舰队在"光荣六一"海战中的经历，而是告诉那名记者她"于光荣的 2 月 14 日（1797 年 2 月 14 日的圣文森特角海战）在圣文森特伯爵的船上受了重伤，然后又在坎珀当海战（1797 年 10 月 11 日）中再次为国抛洒热血"。她对记者说自己的膝盖在战争中被打碎了，这跟她后来告诉柯比的完全不一样。

玛丽在陆军和海军中扮作男孩时所用的名字是约翰·泰勒。苏珊娜·斯塔克的研究表明，不伦瑞克号上确实有一名叫约翰·泰勒的 14 岁船长侍从。[1] 根据这艘船的花名册，他于 1793 年 12 月 18 日在朴次茅斯登船（并非从一只法国私掠船上被带来），并于 1794 年 7 月 4 日与其兄弟埃萨克一起应请求被释放。没有哪

1 苏姗娜·斯塔克以陆军和海军部的资料考证了玛丽·安妮·塔尔博特一生中的重要事件，在其著作《女水手》中提供了一份征引详博的叙述文字。关于塔尔博特在皇家海军中的生活，斯塔克查考过的资料有：运输船皇冠号 1792 年 3 月至 5 月的船员花名册、不伦瑞克号 1794 年 3 月至 7 月的船员花名册、维苏威号 1793 至 1795 年的船员花名册，以及哈斯拉尔医院 1794 年 6 月至 7 月的登记册。

处曾提及他在1794年6月1日的战斗中受过伤，他的名字也从未出现在哈斯拉尔医院1794年6月和7月的花名册里。玛丽·塔尔博特告诉柯比，双桅炮船维苏威号曾在英吉利海峡被法国人俘虏，可实际上当时维苏威号正在西印度群岛，且从未被法国人俘虏。她对自己陆军生涯的描述也存在很大差异。1791至1796年的陆军名单里并没有叫做鲍恩上校的军官，而且第82步兵团在1792年时根本不存在，更不可能被派驻到西印度群岛直至1795年，而根据玛丽·塔尔博特的故事，那时她已经在海军里了。她对自己"是已故塔尔博特伯爵私生女"的描述同样值得怀疑。威廉·塔尔博特爵士从未成为伯爵，1804年时的已故伯爵为乔治十四世，他是于1787年去世的。

也许我们不该让玛丽·塔尔博特的故事从手中溜走。她很可能穿着男装在陆军和海军里待过一段时间，腿部也肯定受过伤，但至于这伤是在坎珀当海战、"光荣六一"海战还是一起船上事故中受的就不得而知了。情况可能是这样的：她在落难时决定将自己过去的经历粉饰一番，以期能用随之而来的名声赚些钱。或者也可能是罗伯特·柯比编造了一整个故事，就像美国出版商小纳撒尼尔·科弗利及其雇佣写手编造出路易莎·贝克和阿尔迈拉·保罗的故事那样。

在所有扮成男人出海的女人中，玛丽·里德和安妮·邦尼这两位女海盗绝对是最有趣的。正如她们的传记作者所说，“她们杂乱的故事中竟有些如此奇怪的插曲，以至于一些人忍不住认为整个故事不过是个小说或传奇”，但他继而也指出，1720 年出席了对她们的审判的牙买加人曾目睹过她们的故事。审判记录和其他一些当时的文献都被保存了下来，因此就有足够的证据来证明她们曾在海上经历的事件。[1] 然而，也确实需要发挥相当的想象力才能还原她们的海盗生涯。关于 18 世纪海军船只和商船上的生活已有大量可用信息，但海盗的材料来源却相当寥寥。除了来自于殖民地官员的零散报告、对海盗审判的记录，以及一些幸免于海盗袭击之人的描述，关于所谓“海盗黄金时代”的女海盗和多数其他海盗生平的首要资料是一本名为《最臭名昭著的海盗简史》的书。它于 1724 年在伦敦出版，由于极受欢迎，以至于随后两年又出了 4 个版本，并被迅速翻译成法语、荷兰语和德语。其作者为查尔斯·约翰逊船长，人们对他一无所知。在某一阶段，曾有暗示说它是丹尼尔·笛福的笔名，但这一引人入胜的理论已然被推翻了。可以肯定的是，约翰逊船长必曾在伦敦出席过几场对海盗的审判，而且采访过海盗以及与他们一起航海的水手。他让他的读者相

1 这份庭审记录于 1721 年由罗伯特·鲍德温印行于牙买加。伦敦档案局牙买加方面的殖民地档案中收藏有两份副本。

信，“整本书里并无一个事实或情境是他未能通过可信的证人来证明的”。

如果我们假设约翰逊对海盗的描述是准确的，那么玛丽·里德和安妮·邦尼能在如此迥异的世界中生存下来就简直令人震惊了。在这个世界里，谋杀、折磨和滥用暴力是家常便饭，满嘴脏话的人夜以继日地纵酒狂欢。当海盗们袭击一艘船时，他们并不仅仅是从乘客和船员手中抢走钱和值钱的东西。他们会洗劫这艘船，将不需要的货物和工具抛入大海，杀死或残害任何敢于反抗的人，还时常以在船上放把火或将一切幸存者放逐至某座蚊蝇肆虐的荒岛来结束此次行动。用今天的话来说，他们就是大航海时代的准军事武装力量，应该对被战争摧毁的非洲、巴尔干半岛以及别处部分区域的屠杀、强暴和纵火负责。他们逍遥法外，亦不受人类行为一般规范的制约，其中一些人甚至以杀人为乐。

就海盗而言，他们将女人视作消遣和娱乐的对象，也并不欢迎她们上船。在许多海盗出海前签署的书面协议中，有一条将这情况说得很清楚。最强大的海盗之一——巴塞洛缪·罗伯茨手下的全体船员一致同意：“不允许男孩或女人与他们同行。如果发现任何人引诱了任何女人，将她带出海并有所隐瞒，他都将被处死。”这就使玛丽·里德和安妮·邦尼的冒险故事格外值得一提。

根据约翰逊船长的记载，玛丽·里德出生于英国。她母亲曾与一名水手结婚并育有一子，但后来这水手失踪了，留下她自谋生路。那时的她年轻、随意，于是发现自己又怀孕了。她为遮羞而离开了她丈夫的亲戚，到乡下与朋友们住在一起，并在那儿生下了玛丽·里德。不久以后，她的儿子夭折，玛丽便决定用女儿冒充儿子，来向她有钱的婆婆索要经济资助。当这老妇人去世时，玛丽已经13岁了，被送去给一位法国女士当小侍从。然而，玛丽却厌倦了这种卑微的生活，由于“成长得勇敢又坚强，还有一颗流浪的心”，她便去往佛兰德，在步兵团里做了名士官生。她参加过好几次战斗，后来爱上兵团里一名年轻、英俊的佛兰德士兵。他们同住一顶帐篷，在适当的时候“她想了个法子让他发现了自己的性别”。他对这一发现感到既惊讶又高兴，但她却拒绝让他过分亲昵，除非他答应娶她。战争结束后，他俩如约结了婚，并得以从部队退伍，然后在布雷达附近经营起一家名为“三只马掌”的小餐馆来。

不幸的是，她丈夫很快就去世了，于是玛丽决定再度穿上男装，去别处碰碰运气。在另一个步兵团短暂待过一阵子以后，她登上了一艘驶往西印度群岛的船。但这船却为英国海盗所俘虏，她也被劝服成了他们中的一员。她后来说“她是被逼无奈才过上海盗生活的，而且一直对它极为厌恶”，但在她受审时证人给出的证据却表明，她像同船的任何一个男人一样暴虐且果敢。1717年9月，一份以国王乔治一世之名签署的公告宣布，在特定日期前投降的海盗“都将得到他最宽容的特赦”。[1] 这是英国政府部门协同作战的一部分，旨在结束西印度群岛的海盗活动。玛丽·里德船上的成员决定利用这次特赦的机会，去到巴哈马的拿骚。正是从这个臭名昭著的海盗天堂出发，玛丽·里德即将在安妮·邦尼的陪伴下开始她的最后一次航行。

安妮·邦尼出生于爱尔兰的科克郡，是一位律师和他家女仆的私生女。由于一个复杂的传说——包括偷了一些银汤匙，以及这律师以为在跟女仆睡觉时却跟他妻子睡在了一起，女仆被送进监狱，律师也在跟妻子大吵一架后分居了。这律师非常喜爱他的私生女，甚至安排她来跟他同住。为避免让他妻子和镇上的居民有所怀疑，他让她像男孩一样穿着马裤，并假装要将她训练成自己的职员。但这最终却被他妻子发现了，其引发的丑闻对他的事业影响如此之大，以致他决定出国。他带着安妮和那女仆航行到卡罗来纳，在那儿做了名成功的商人，并买下了一片种植园。

安妮长大后成了名大胆且固执的年轻女人，她在1718年嫁给了一文不名的穷水手詹姆斯·邦尼。这让他父亲大为光火，甚至将她赶出家门，安妮和她的水手丈夫去到了巴哈马的新普罗维登斯岛，他们希望能在那儿找到工作。安妮却被海盗约翰·拉克

1 包含国王赦令的皇家公告是由当时的百慕大总督发布的，现存于伦敦档案局的殖民地部门档案中。

姆所追求，他是个有些莽撞的人，其色彩斑斓的服装为他赢得了“花衣杰克”的昵称。跟玛丽·里德船上的成员一样，拉克姆也是利用皇家对海盗进行特赦的机会于1719年来的巴哈马。他劝服安妮离开了她的水手丈夫，并跟着他出海。在她怀孕时，他把她带到古巴的朋友那儿生下了孩子。一当她能下地走动，他就把她接了回来，让她像往常一样穿着男装做他的船员。

大约就在此时，这两个女人在拉克姆的船上相遇了。她们都扮作男人，而安妮·邦尼如此喜欢英俊的玛丽·里德，以至于让她知道了自己是个女人。据约翰逊所说，当玛丽让她得知自己也是个女人时，她曾极度失望。她俩后来被暗指发生了同性恋关系，这也许是真的。但这事最让人惊讶的地方还在于她俩的人生本该就此错过的。据大致推算，在1720年左右，约有两到三千名海盗在大西洋西部和数百个加勒比海岛间活动。玛丽·里德和安妮·邦尼是已知仅有的扮成男人进入这个男性世界的女人，而且她们还都在一艘载着不到12人的海盗船上结束了自己的一生。我们也许会情不自禁地认为，约翰逊船长是将艺术风格运用到了他的故事中，但他所写到的她们跟拉克姆在一起的时间却在当时的其他文献中得到了证实。比如，巴哈马总督伍兹·罗杰斯上校于1720年9月5日签署了下面一份公告，后来还出现在《波士顿公报》和其他一些地方：

> 鉴于约翰·拉克姆、乔治·费瑟斯通、约翰·戴维斯、安德鲁·吉布森、约翰·豪厄尔、诺厄·帕特里克等人，以及两名妇女，即安·富尔福德（别名邦尼）和玛丽·里德，确曾于8月22日在普罗维登斯的航道外登上、夺取，并偷走为约翰·哈姆船长所有的单桅帆船威廉号（载重约12吨，装配有4门大炮、2门回转炮），以及弹药、船帆、索具、船锚、缆绳和一只独木舟，并驾驶此单桅帆船继续犯下抢劫与海盗罪……因此，此约翰·拉克姆及其同伙被判定为海盗及大英帝国王权之敌，亦将被国王的所有臣民视同此类。

1720年10月，《波士顿公报》报道说，正有些海盗在巴哈马沿海活动，其中就包括拉克姆，跟着他的有12个男人和两个女人。报纸还接着说，巴哈马总督已派出一艘载有45名船员的单桅帆船去追捕他们。这艘船没能找到拉克姆和他的手下，但多亏了从后来的海盗审判中传出的细节，他们在8月22日偷走单桅帆船威廉号后的行动才能有迹可循。那天，他们驶出了位于拿骚的隐蔽锚地，向西北航行到低洼的伊柳塞拉岛的蜿蜒岸边。他们并未在其沙质海岸上找到任何合适的劫掠对象，却在9月1日发现了一些位于哈伯岛的居民小木屋。在向南避开伍兹·罗杰斯总督派出的所有搜查队前，他们从当地的7艘渔船上抢走了鱼和工具，然后穿过巴哈马的无数岛屿和岩礁，向伊斯帕尼奥拉大岛开去。热带烈日灼灼炙烤着他们帆船的甲板，在航行了一个月以后，他们才看到被厚厚森林覆盖着的群山。10 月 1 日，他们与两艘英国船只在离岸一英里左右处相遇。在海盗们的炮击下，这两艘小商船顶风停下并投降了。我们得知，商船的船员们害怕祸及性命，于是海盗们便开始“偷盗、抢劫并运走这两艘商船，类似船只的装备相当于 1 000 镑牙买加的今日货币”[1]。

海盗们从伊斯帕尼奥拉出发，穿过向风海峡来到牙买加的北部海岸。10 月 19 日，他们在那儿遇到了一艘停泊在玛丽亚港美丽海湾上的纵帆船。船主托马斯・斯本罗和另两名水手后来发誓说看见了两名女海盗穿着男装，还在炮边的男人袭击船只时给他们递送火药。海盗们从他的船上抢走了 50 卷烟草和 9 袋红甜椒，并在拘禁他 48 小时后释放了他和他的船。然后他们就沿着牙买加的海岸向西一直前行到德赖港，当时单桅帆船玛丽与萨拉号正停泊于此。拉克姆朝那艘船开了一炮，这便使其船长托马斯・狄龙和他的船员挤进了船上的小艇，往岸边寻求帮助。一名拉克姆的手下大声喊道他们是英国海盗，让他们无须害怕，于是狄龙及其船员决定返回他们的船只。狄龙注意到安妮・邦尼手持一把火枪，后来还回忆起那两个女人“都十分恣意妄为，常常诅咒、叫

1 《约翰・拉克姆庭审记录》。

骂，且非常情愿和希望在船上做任何事”。于是海盗们再次洗劫了那艘船并离开了。

拉克姆及其手下最后一次有记载的袭击发生在一艘装满食物的独木舟上，船里还有一名叫多萝西·斯本罗的当地妇女。她后来说到，玛丽·里德和安妮·邦尼都穿着男式夹克和长裤，头部还包着大手帕。她们每人都手持一把手枪和一柄短剑，咒骂着让男人们必须杀掉她。她说她之所以知道她们是女人，是因为她们的胸部较大。拉克姆的手下并没有杀掉她，而是抢了她所有的食物并开走了。

在内格里尔湾，这伙海盗的劫掠征程就在岛的最西端结束了。他们袭击的消息传到了总督那儿，于是他派出两艘由乔纳森·巴尼特船长和博纳维船长指挥的武装商船。巴尼特是一名有经验的坚忍水手，持有一张牙买加总督追捕海盗的委任状。这两艘船在下午晚些时候到达了内格里尔角，发现一艘重装帆船就停泊在他们前方的一个小湾里。巴尼特怀疑那就是他们正在搜寻的海盗船。其他船只不会无缘无故地停在岛的这个位置，因为离沙滩4英里远的海岸几乎是一片蚊蝇孳生的沼泽。

光线正迅速黯淡下去，但巴尼特决定继续观察。当他改变航向朝岸边开去时，那艘单桅帆船却起锚开航了。巴尼特保持着匀速航行，并逐渐缩小了两船之间的距离，可当他足够接近到能向那艘船打招呼时，已经是晚上10点了。这时从海上传来一声应答：“从古巴来的约翰·拉克姆。”

巴尼特命令他立马向英国王旗投降。拉克姆却回答说他坚决不会这么干，并命令其手下朝正在接近的商船发射一记回转炮。巴尼特则迅速命令他的船员从甲板的炮架边发射舷炮，接下来再齐发火枪。舷炮摧毁了海盗船的吊杆，并成功使其失去了还击能力。数名海盗要求停战，这便意味着他们想要投降。巴尼特把船开了过去并登上那艘单桅帆船。玛丽·里德和安妮·邦尼是仅有的两名留在甲板上负隅顽抗的海盗船员。

第二天巴尼特停在了离海岸更远些的一个小湾里，并将海盗们交给当地的自卫队少校理查德·詹姆斯看管。海盗们被送入了西班牙镇监狱等待审判。1720 年 11 月 17 日，由牙买加总督尼古拉斯·劳斯爵士主持的军事法庭宣判花衣杰克及其 10 名手下死刑。安妮·邦尼被允许在拉克姆受刑那天去探望他，而且还因对他说过“如果他能像男人那样战斗，就不必像狗那样被绞死”的话而闻名。死刑判决宣布后的第二天，那些人全在常年刮风的加洛斯角被绞死了，这一海角就位于向外通到皇家港口（即罗亚尔港，牙买加港市，位于金斯敦港入口处）的一小块狭窄陆地上。花衣杰克的尸体被铁链缚住，悬挂在设于金斯敦港入口处一座小岛的木质绞刑架上，作为对可能被诱引去做海盗的航海者的警告。如今，那座小岛已被叫做了拉克姆岩礁。

对两名女海盗的审判则发生在 11 月 28 日。我们并不清楚她们被分开审判的确切原因，毕竟她们面临的指控跟男人一样。她们被控以海盗和重罪犯的方式在哈伯岛袭击并劫掠了7艘渔船，在伊斯帕尼奥拉岛外打中并攻占了两艘商船，以及袭击了托马斯·斯本罗和托马斯·狄龙的帆船及其船员。当这些指控被宣读出来的时候，这两个女人被问道是否承认犯有海盗、抢劫及其他重罪罪行，她们却都辩称无罪。船只曾遭拉克姆及其手下袭击的一些人被传唤来做控方证人，他们一致发誓说玛丽·里德和安妮·邦尼都是海盗活动积极、自愿的参与者。女人们却既无法提供辩方证人，又没有问题要问，于是判决就再也不能变更了。尼古拉斯爵士在询问了12名与他一同审理此案的陪审员后，通知女人们法庭已一致认为她们有罪。他还问道是否有让对她们的死刑判决不被通过的理由，但她们中的任何一个都对此无话可说。因此他宣判她们会被带到处决地点，吊住脖子直至断气。

直到这可怕的判决被通过，女人们才开始发声。审判记录写道："两名囚犯告诉法庭她们都快生孩子了，乞求处决可以因此停止。于是法庭下令应暂缓执行上述判决，同时也应进行一次调查。"检查结果表明她们确实都已怀孕，因此逃过了死亡的处罚。约翰逊船长记录说玛丽·里德在审判后发了严重的高烧并死在狱中，牙买加圣凯瑟琳区的教区记事录证实了此事，还指出她于1721年4月28日被埋葬。[1] 对安妮·邦尼的命运却存在许多推

1 克林顿·V. 布莱克《西印度海盗》(剑桥，1989)。

测。有证据显示她父亲，威廉·科马克曾劝服牙买加当局将她从狱中释放，并将她带回南卡罗来纳的查尔斯顿，她在那儿嫁给了体面的当地人詹姆斯·伯利，并跟他生了8个孩子。同一份资料显示，她父亲还成功地在古巴找到了她跟拉克姆生的儿子。这男孩被带回查尔斯顿，由安妮收养，并为纪念他的海盗父亲而被叫作约翰。人们相信安妮于1782年去世，享年84岁。[1]

可以确知的是，参与了对西印度群岛上的海盗活动有力打击的当局终于能够报告说又一艘海盗船及其成员已被消灭。尼古拉斯·劳斯爵士则给伦敦去信并报告了拉克姆及其手下的命运。他还补充道，“普罗维登斯岛上的那些老姑娘，已被证实曾穿着男装积极参与过海盗活动，而且是全副武装的”，等等。[2] 1721年1月31日，一艘船到达纽约，并带去了拉克姆被捕和受审的消息。一则简讯于大约一周后出现在《波士顿公报》上，登载说他和10名手下已因海盗行为被处决，而且是戴着镣铐被绞死的，跟他们一起的两名妇女也得到相同的判决，不过却以她们的肚子进行了申辩。[3]

还没等3年后约翰逊船长的《海盗简史》出版，全部的故事就被传开了。由于清楚地意识到女海盗很可能让读者感兴趣，该

1　据其后人保存的家庭文字记录。
2　《国家文献一览表》之“殖民地”部分（伦敦，1933）。
3　1721年2月6日至2月13日的《波士顿公报》。

书的出版商便利用书名页的文字引起读者对她们非凡战斗和冒险故事的特殊关注，并且首版仅有的插图就是“黑胡子”，巴塞洛缪·罗伯茨，以及安妮·邦尼和玛丽·里德的一幅折叠式插图。这两个女人被画成穿着肥大的水手服，并肩站在一片热带沙滩上挥舞着武器的样子。

玛丽·里德与安妮·邦尼

约翰逊船长《海盗简史》中的插图

战船上的妻子

1811年10月的《波士顿公报》报道说，一个5岁大的小姑娘被匿名送入了格林尼治的皇家海军医院，她的衣服里还缝着50镑的银行支票。调查显示这孩子的父亲是一名英国军舰上的水手，但不幸的是他已在战斗中丧生。在他去世的后一天，妻子就在两门火炮间诞下一个女婴，然后也去世了。于是跟这死去水手共餐的同船水手们照顾起这婴儿来。他们无论何时被叫上甲板，都会像保姆一样轮流给她喂食饼干和水，并将她从一张吊床挪到另一张吊床上。当船只终于返回英国，水手们从全体船员那儿募到了50镑，然后安排将孩子和钱送往格林尼治。报道称这孩子非常健康。她被命名为萨莉·特拉尼昂，以指示其出生地点——用以支撑炮架上炮筒的两个耳状物就叫特拉尼昂。

另一起战船上的生产事件由一名年轻水手于1803年报道，当时他正在地中海的一支美军舰队上。[1] 亨利·沃兹沃思是38

---

1 J. 沃思·埃斯蒂斯《海军军医：航海时代海上的生与死》（马萨诸塞州坎顿，1998）。

炮美国护卫舰切萨皮克号上的一名17岁水手。他是如此热爱写作，以至于劝服船上的木匠为他造了张写字台，而且还将巡航时的船上生活写成了日记。1803年2月21日，船只驶离了阿尔及尔，我们从沃兹沃思的日记中了解到，第二天艏楼队长詹姆斯·洛的妻子洛夫人在水手长的储藏室里生下了一个儿子。几天后这孩子在准尉们的食堂中受洗。洗礼由准尉梅兰克森·泰勒·伍尔西来安排，他成了孩子的教父，并提供了酒和水果等点心来庆祝这一场合。由于洛夫人感觉不太舒服，所以炮手之妻海斯夫人主持了洗礼。圣事则由船上的教士亚历山大·麦克法伦牧师主持。沃兹沃思告诉我们整个程序安排得井井有条且庄严肃穆，这一定让那对父母感到极为满意。但对下层甲板上的女士而言，她们可不满意没有受邀参加梅兰克森·伍尔西·洛的洗礼。我们从沃兹沃思那儿得知，水手长之妻沃森夫人、木匠之妻迈尔斯夫人和下士之妻克罗斯比夫人都因纯然的怨恨而在自己的船舱里喝得烂醉。

这些并非切萨皮克号上仅有的女人。船只指挥官莫里斯准将已从海军部长那里获准携带妻子，以及他们的幼子杰勒德和孩子的保姆同行。沃兹沃思在一封写给他家乡女友的信里描述了莫里斯夫人，他说她拥有女性的一切美德。她的历史、地理知识十分广泛，且热爱阅读。可他也写道，“她本人并不美丽或者漂亮，但蒙着面纱时却很好看”。由于交际手腕并不算莫里斯夫人的成就之一，因此她在舰队军官中变得极不受欢迎，他们认为她对其丈夫有着不当的影响。她因如下事件而遭到谴责：莫里斯让舰队在地中海的时髦港口耗费了太多时间，如此她便能追求其社交生活了。于是莫里斯被及时召回了华盛顿，且在1803年11月，他还不得不面对军事调查法庭对其麾下舰队表现消极、迟缓的责难。

据悉这一时期另一艘在地中海的美国战船上也有女人。36炮护卫舰纽约号的水手长约翰·坎农就带着他的妻子，同一艘船上的副炮手约翰·斯坦斯亦是如此。在巡航的过程中，斯坦斯的19岁妻子南希流产了，还受到严重感染。尽管船上的军医尽了一切努力，如开出热水浴、芳香族硫酸和止吐药的处方，她还是为高烧所击垮，并在12天内死亡。

10年后，在1812年战争期间，我们发现美国海军的一位英雄斯蒂芬·迪凯特准将安排两名妇女作为编外人员被带上了合众国号。[1] 这些女人是船上水手的妻子，正是出于迪凯特的授意，她们将担任护士。她们于1813年5月10日被登记在船只的花名册上，而两周后合众国号便从纽约起航，躲开了正封锁着海岸的一支英国舰队，朝北开往康涅狄格州的新伦敦。10月28日，其中一名妇女的丈夫约翰·艾伦掉进海里淹死了。于是他的妻子玛

1 哈罗德·D. 兰利《早期美国海军医疗史》（巴尔的摩、伦敦，1995）。

丽获得了迪凯特的准许离船返回纽约。但我们不清楚另一名妇女玛丽·马歇尔身上发生过什么。她也许继续待在船上直至她丈夫于1814年5月被调入总统号。

上文所引用的美国人的例子说明，在1776年独立战争后的数年间才成立起来的美国海军对战船上女人的态度非常之宽疏。但绝非孤例的小姑娘萨莉·特拉尼昂一事却表明，英国人同样允许水手的妻子登船。当船在海上时，皇家海军的战船上生活着数名妻子也的确是常有之事。有时这些女人是军官和殖民地官员之妻，她们正乘船去往海外驻地。有时海军上校们经其指挥官允许，也能携妻在船上生活，但这仅仅发生在和平时期，且通常都是船只长期停泊在海港的时候。出海的女人一般都是那些准尉们的妻子，他们被称为常驻军官，即炮手、水手长和木匠。

对常驻军官为何总被允许携带妻子出海的解释是他们在战船上占据着特殊地位。尽管他们比受委任的军官（上校和中尉们）级别低，却是全体船员中的核心人物。他们从海军委员会那儿获得任命，理论上从船只被造出直至被毁坏都伴随着同一艘船。相比而言，受委任的军官则从海军部获得任命，为特定任务而被指派到特定船只上，这可能只是几个月的事而已。一旦任务完成，他们也就被解职了。常驻军官们更为永久的地位体现在这一事实上：当一艘船被送去修理时，他们还是跟它在一起。他们继续在船上生活，连妻子和孩子都跟着上船了。

准尉们被非正式地分为两类。第一类是有军官级别的，他们与受委任的军官一同在船尾吃住。他们是船长、乘务长、军医和教士。另外的准尉，包括炮手、水手长、木匠和厨师，则通常在船只的前部拥有船舱，以便离水手长和木匠的储藏室以及厨房更近些。因此他们的妻子能够与他们同住而不易为船员所注意，同样也不会在后甲板上挡军官的路。也许这就是许多船长准备好了要忽略她们在船上出现的原因。事实上，常任军官们一般也被认为是稳重、可靠之人。他们比构成大部分战船船员的年轻人要年长，他们的妻子似乎也同样稳重和值得尊敬。如果他们年少轻狂，就会成为不稳定因素，而且也不可能在船上见容于船长。常任军官的妻子有时会在战斗中来到船头，但多数时候她们却似乎融入了背景之中，扮演着母亲的角色。

那些下层甲板上的女人并未被船只的花名册所记载，因此她们也不曾正式存在过。她们不得不向乘务长自行安排食物或分享丈夫的口粮。（常任军官通常自备饮食而非吃船上公粮。）由于没有关于她们存在的官方记录，她们也极少出现在船长的信件或日志里，我们只能偶尔通过其他方式来了解她们，比如海军军医或教士的日记、军事法庭的记录或水手的回忆录。官方记录只会偶然地稍稍提及她们。许多船长都会对军官和船员的行为下达一系列自己的命令，从这些命令中，我们得以窥见船上的女人。国王亚马逊号的船长爱德华·里乌于 1799 年下达的命令中出现过如下指示："除非在女人睡觉的地方才允许放置屏风，而且只能在晚上放，白天必须将之拆除（而非卷起）。"[1]

皇家海军对将女人带到海上的官方态度体现在一系列指示中，它们可以追溯到17世纪或更早。1731年英国海军部下发了一整套书面指示，叫做《关于为国王陛下在海上服役的规定与指导》。它基于约克公爵詹姆斯于1663年下发，并在随后70年中被数次修订和重新下发的指示而来。1731年规定的第二部分为国王舰船上的船长和指挥官制定了精确的细节，而第38条则更加明确了海军对女人的态度："没有海军部的命令，便不得搭载任何妇女出海，亦不容许任何身为官员或绅士的外国人在船上服役。"[2]

1756年，海军部又下发了《关于为国王陛下在海上服役的附加规定》。有关船只清洁的第11条进一步明确了船上女人的地位。除了船长必须让他的船员保持干净，必须使船只在甲板之间保持通风，以及必须采取措施防止人员在船舱中解手"或将可能是秽物的任何东西扔在那儿"，还有如下指示："不准任何女人上船，除非她们确实是自己所找之人的妻子，而且船只也不会太过被她们骚扰。但只有当船只在港以及没接到航行命令时，方可

1 1799年国王亚马逊号的船长令。转引自B. 莱弗里编订的《1731—1815船上生活与组织建构》（奥尔德肖特的海军档案社，1998）。

2 《1731—1815船上生活与组织建构》。

纵容此类行为。”[1]

1806年，英国海军大臣巴勒姆爵士颁布了一套修订并扩充过的规定。其第14条与之前规定的第28条一样，对船长做了如下指示：“没有上级军官或海军部各部委的命令，船上不准搭载任何妇女，亦不得接收任何身为官员和绅士的外国人作为乘客或船员。”[2]

将这些关于女人的规定与同一时期那些由英国陆军颁布的相比则非常有趣。与海军常常带着女人出海却装作她们并不存在不同，陆军习惯于让女人随军。放荡的女人和妓女是被禁止的，但军官的妻子经常在海外陪伴丈夫，而且少数士兵的妻子也被允许与出征的兵团同行。士兵的妻子被指望能发挥为士兵清洗床品、寻找食物、做饭和担任保姆的作用。当兵团出征时，她们跟随着行李车走在队伍的后面，可一等到达营地或兵舍，她们就被允许与丈夫共用一顶帐篷或一同待在兵舍一角。

18世纪早期时，被允许随军的士兵妻子的数量为每兵团3到10人不等，但这一情况在1800年被规定下来，当时约克公爵下达了一条命令，规定“国王陛下准许每百人（包括未被委任的军官）中有6名身为士兵合法妻子的妇女”。[3] 这一数字被个

---

1 2 《1731—1815船上生活与组织建构》。

3 约克公爵是在1800年10月29日发布这项命令的，见《1760—1807法则敕令集》。此处转引自诺埃尔·T. 圣约翰·威廉斯上校《朱迪·奥格雷迪与上校夫人：1660年后的军中妻子及营地随行者》（伦敦，1988）。

别兵团下达的命令所确认。比如1801年，步兵陆战队出台了关于士兵妻子的规定，开头就是“被政府允许的在役妇女人数是每百人中占6人，包括所有未被委任的军官之妻。对轻型战队而言，这一数字已经够大了，甚至的确超出所需……”[1] 1807年，一条对去欧洲大陆服役部队的常规命令更详细地规定了那些妻子必须经过仔细挑选，“务必要求性格良好，又有意愿发挥自身作用；那些有孩子的待在家中才最令人满意”。[2]

1813年12月时约有4 500名随军妻子在西班牙，威灵顿公爵麾下参加半岛战役的陆军军官的回忆录显示女人们过得相当艰难。[3] 她们得服从部队纪律和处罚条例，忍受暴露在外和饥肠辘辘，还承担着在战场内外掠夺物品的恶名。她们和丈夫一样暴露在敌人的攻击之下。然而，由于女人的短缺，一旦丈夫阵亡，她们绝不可能长期守寡。威廉·格拉顿中尉曾记录，“当一名已婚男子被打死，而他的妻子又是有能力、被需要之人，那么在她丈夫进坟墓不足48小时前，她就会被半打人求婚”[4]。

海军妻子的情况比陆军妻子更鲜为人所知，而我们现有的证

---

1 2 《朱迪·奥格雷迪与上校夫人：1660年后的军中妻子与营地随行者》。

3 更多军中妻子的信息请参看：韦罗妮卡·班菲尔德《关于力量：英国军中妻子的故事》（伦敦，1974）；乔治·贝尔《士兵的荣光：一位老兵的粗略记叙》（伦敦，1956）；威廉·汤姆金森《一位历经半岛战争与滑铁卢战役的骑兵队军官的日记（1809—1815）》（1971）；德兰西夫人《1815年6月在滑铁卢的一周》（伦敦，1906）。

4 威廉·格拉顿中尉《与康诺特漫游者的冒险（1809—1814）》（伦敦，1902）。

据也都是零碎的。伦敦档案局里有 12 份私人日记，其作者是一名叫做伦纳德·吉莱斯皮的爱尔兰年轻医生，它们提供了关于一艘小型战船上生活的生动记录。吉莱斯皮于 1787 年 8 月被派往 16 炮单桅帆船赛马号上做军医，并在船上待了 3 年半的时间，其间这艘船正沿着英国东部沿海上下巡航以强征水手和追捕走私犯。当赛马号停在港口时，女人们才是他的日记中的主要角色。比如 1787 年 12 月，船只停泊在诺尔港，他记录有 4 名妓女出现在船上。她们使好几名船员感染了性病，“但这些女人似乎都很健康，精神也很好，而且从她们的第一任情夫那里被转手过来由他人享用后，也有人似乎并未受到梅毒感染”。

1789 年 1 月，吉莱斯皮的日记显示，当他们在海上时，一名船员让他的妻子上了船。当赛马号从北希尔兹航行到希尔内斯时，吉莱斯皮于 11 日写道，麦肯齐 12 个月大的孩子正遭受着一次麻疹后的咳嗽、高烧和呼吸困难。3 天后这孩子开始呕吐且病情加重，并于 16 日清晨 6 点时死去。3 周后，当他们驶离惠特比时，他记录说“麦肯齐的妻子来例假了，但自从遭受丧子之痛后她就一直不太舒服……”第二天她还是不舒服，可还是补充了一些营养和睡眠。当他们到达希尔内斯时，麦肯齐夫人起来了，看起来很健康。我们从赛马号的花名册上得知她丈夫是一名来自于萨瑟兰的 24 岁苏格兰人，他叫查尔斯·麦肯齐，被列为一级水手，这就使他的情况比较特别了。尽管我们看到让准尉携妻出海是常有之事，但麦肯齐虽被评为一级水手，通常他还是未被授予任何特权的。麦肯齐夫人自然从未出现在花名册的任何地方。

吉莱斯皮医生并未享受他在赛马号上的时光，他于 1790 年 11 月离开这艘船前往巴黎，在那儿花了些时间深化他的医学研究。于是其日记出现了 2 年的空白，直到他接受在马提尼克岛的海军医院担任高级军医的职务后才继续下去。1794 年，英国人从法国人手中夺过了西印度岛，并根据《亚眠和约》的条款，在还给法国人前一直将它当作海军基地使用。吉莱斯皮花了 7 年时间待在位于岛屿首府皇家要塞港边上的海军医院里。他大部分时间都被一项徒劳且通常也是无望的任务所占据，即照顾致命的热带高烧的受害者，这病害死了曾在西印度各港停泊的船只上的大量船员。其中一名受害者就是国王特伦普号上的炮手威廉·理查森之妻，这名炮手后来出版了一本书，题为《一名英国海员：关于威廉·理查森从商船船舱侍者到皇家海军准尉生涯的自述》。像吉莱斯皮的私人日记一样，理查森的回忆录提供了海军日常生活的一幅生动图景。他大多数文字跟吉莱斯皮的共同点就是对同船水手的关注，对抓丁制度的负面评论以及对自己大范围旅行中所访问的外国港口的观察。但他也提供了一些关于水手的女人的有用信息。

1768 年，理查森出生于达勒姆郡的南希尔兹，父亲是一名商船船长。他在很小的时候就出海了，并在从北海到波罗的海的运煤船和商船上待过几年。然后他登上了一艘贩卖奴隶的船只，从几内亚沿海一直穿行到西印度群岛。他在返程途中被强征入海军，那时他的船正停泊在泰晤士河上。他曾在数艘大型战船上服役，还成了一名准尉。1797 年，他的船接到进入朴次茅斯造船厂进行维修的指令，那年夏天他在休假时与从波特西来的本地姑娘萨拉·汤普森结婚，她父亲是一名石匠师傅。理查森告诉我们，他在上次航行去西印度群岛前就遇上了她，“而她曾许诺等我回来，也确实做到了这点。我对这一选择以及她对我的亲切关怀与喜爱实在太满意了”。1800 年 3 月，理查森被指派为国王特伦普号上的炮手，当时这艘有些年头的 54 炮船正停泊在查塔姆。这就意味着要将他所有的箱子、寝具、舱内家具和厨具都搬离原先的船只，再把它们装进一条渡船，然后跟他妻子一起沿着海岸驶往梅德韦河。他们在抵达的时候发现，特伦普号上的船舱正在进行粉刷，于是他们就在岸上的红狮酒吧住了下来。

1800 年 7 月 10 日，这艘船从查塔姆开往朴次茅斯，在那儿与另两艘战船汇合，这样就能为一支由 19 艘商船组成的舰队护航，并将它们送往马提尼克岛了。当他看见开航的信号从特伦普号的桅顶升起的时候，理查森正在朴次茅斯的岸上。他急忙赶往波特西去跟他的妻子道别，却发现她打定主意要跟他一起出海。由于从亲身经验了解到西印度群岛上热带疾病的危险，因此他对她要去一事犹豫不决，但最终还是同意了。他后来又发现近一打的其他女人也打算乘坐特伦普号航行，包括船长、大副、乘务长、水手长和海军陆战队士官的妻子。理查森的评论是："人们也许会认为她们全都疯了才想去这么一个疾病流行的国家！"[1]理查森夫人与其父母告别时的情景很是感人，而她的决定又做得太快，以致他们不得不从洗衣妇那里拿回了全湿的床品。

8 月 1 日，护航队看见了马德拉群岛。第二天凌晨一点半，船长的妻子生下了一个健康的男孩，10 点钟的时候，他们将船停泊在马德拉的丰沙尔锚地。理查森和他的妻子上了岸，喝了些他们曾喝到过的最差劲的马德拉酒，还看了看风景。护航队在装满淡水、新鲜牛肉、水果和蔬菜以后，起锚横渡大西洋。9 月 2 日，他们顺利抵达巴巴多斯，并在那儿离开商船，然后沿北北西方向开往马提尼克岛。两天后他们在皇家要塞湾将锚抛入了 19 英寻深的水中。

到达还没几天，理查森最害怕的事就发生了——特伦普号上的船员开始被高烧击倒（几乎可以确定是恶性黄热病，这是加勒比新到人员的头号杀手）。死亡人数令人心惊。中尉和书记员是第一批死亡人员；然后是大副和他的妻子、海军军官、水手长、医生助手和大多数候补少尉；"再后来就是纠察长、军械师、副

1　威廉·理查森《一位英国海员：关于威廉·理查森从商船船舱侍者到皇家海军准尉生涯的自述》（伦敦，1908）。

炮手（一个矮壮的家伙）、船长的侍从、厨师和裁缝，然后是船长夫人的女仆和许多勇敢的人”。[1] 当理查森的妻子表现出她也有了高烧的症状时，他把她带到岸上，让一名叫达什的法国医生和法国的黑人妇女珍妮特夫人来照顾她，珍妮特是个有名的优秀护士。他们把她放在通风的房间的床上，给她喝草药茶，而不让她进食。这一饥饿食疗产生了效果，几天后她开始康复。

就在这段时间里，理查森记录道，吉莱斯皮医生来到特伦普号上看他能为这艘被热病侵袭的船只做些什么，但由于人们已在甲板上撒醋，在甲板下熏烟，并把底舱内外的水抽走，他唯一能给出的补充建议就是让他们贴身穿着法兰绒衣服。在理查森的回忆录里，吉莱斯皮被再次提及是在这炮手要求他同意将一名水兵的残骸埋入医院的墓地时。那人因醉酒跌下船去，而一条鲨鱼咬掉了他的头和一手一腿。开始吉莱斯皮医生拒绝了理查森的请求，因为只有死在医院里的人才能被埋在那儿，可当他看到尸体时就改变了主意，允许将他埋入医院的墓地。

理查森和他的妻子曾希望这艘船能尽快得到再次回航的命令，但海军上将达克沃思却决定特伦普号应该转变为一艘监禁船，于是他们在能够回家前又在马提尼克岛待了两年。直到

---

1 威廉·理查森《一位英国海员：关于威廉·理查森从商船船舱侍者到皇家海军准尉生涯的自述》（伦敦，1908）。

1802 年 9 月，他们才驶回朴次茅斯。

其他提及战船上女人的材料则出现在军事法庭的记录中。[1]

比如 1755 年，国王加兰德号的乘务长麦肯齐先生，对其指挥官阿巴思诺特船长提起了一系列申诉，导致这名船长不得不面对设在弗吉尼亚汉普顿锚地的国王塞壬号上的军事法庭。在诉讼过程中，他被揭露允许水手长的妻子、大副的妻子和孩子跟着他的船出海。乘务长的多数申诉都是关于船只的贮藏、压舱物的堆放以及淡水的使用，而法庭总结说这些指控是恶意、轻率且不实的。但是，阿巴思诺特船长仍因携带女性出海，让她们从英国乘到弗吉尼亚，“与其总令的第 38 条相悖”而获罪，并因此被判罚警告处分。

另一名乘务长约翰·派珀提出的虐待申诉则导致国王巴尔的摩号单桅帆船的沃恩船长和派克中尉不得不于 1750 年 10 月面对查塔姆的军事法庭。在这名乘务长的多项申诉中，就有派克中尉让一名妇女上船的事实。沃恩船长告诉法庭，这个名叫南希的女人是在他指挥船只时上船的，但由于这艘船仅仅是从港口开到港口，并未开往国外，所以他一开始不曾注意到这点。然而，当乘务长抱怨说南希小姐正引起“某种不安”时，他命令中尉在他们返回科克郡时将她放回岸上。船长的书记员乔治·班伯里接到

1　以下几则例子皆来自海军部档案中的资料。

了带南希上岸的任务，但她却设法劝服他再将自己带上船而不让船长或中尉知晓。乔治同意这样做了，而她就藏在底层直到这艘船驶往普利茅斯。当他们停泊在普利茅斯湾时，南希再次被划回岸上。但她显然是个很有决心的女人，因为船长不得不向法庭承认，在巴尔的摩号到达诺尔时，他发现南希小姐已再次成功上船了。在结案陈词中，这女人并未被提及，法庭判沃恩船长无罪释放，并因乘务长的申诉既无理取闹又毫无根据而将之撤销。

关于一个女人出现在一艘出海战船上的最离奇的案件之一曾被1763年7月10日的军事审判所揭露。在国王反抗号的面包房里发现了一具女尸，而且尸体被缝合在了一张吊床里。当这艘船的指挥官麦肯齐船长被问到这具尸体时，他说：

> 我曾查究为何那女人能进到面包房里，又是谁保管着那间房的钥匙，因此发现那些钥匙通常是由朗博尔德保管的。他随后告诉我是他把她藏起来的，但她在上船的时候身体还很好。至于他们为何从未上报这起死亡事件，据他们说是因为害怕我惩罚他们。

对乘务长侍从亚当·朗博尔德和医生助手克里斯托弗·古特诺的进一步询问显示，那女人是从另一艘船上被偷运到反抗号上来的。她曾抱怨说她的胃不舒服，于是医生助手为她放了血，还给了她一副催吐剂和一颗鸦片。她又说头疼得厉害，而尽管他们守了她两夜，她还是在凌晨5点时死掉了。她确实曾于反抗号停泊在西印度群岛时偷乘这艘船，将她偷运上船的水手因此遭到了遣散。法庭判决那女人为自然死亡，而照顾过她的水手则被无罪释放。

另一起女人出现在战船上的事件被1799年3月15日的军事审判所揭露。受审者是国王赫尔弥俄涅号上的5名船员。他们被控谋杀、兵变以及将船只交付给敌军。在当时，这次兵变与10年前邦蒂号上的兵变一样臭名昭著。尽管它不能与布莱船长和弗莱彻·克里斯琴的史诗性抗衡相提并论，但这次兵变本身却更为残酷。它的起因是休·皮戈特船长的过分残暴。1782年，这位海军上将之子才12岁就加入了海军，并于1794年他24岁时获得首次指挥权，被指派为上校舰长。在指挥国王成功号时，他曾在9个月的时间里下令执行过85次鞭刑，其中数次惩罚是如此严重，导致两个人死在了对他们实施的鞭打之下。[1]

1797年2月，皮戈特被指派为32炮军舰赫尔弥俄涅号的指挥官，那艘船当时正停泊在海地最西边尼古拉斯·摩尔角的牙买加驻地。当他指挥的第二艘船在一次灾难性的巡航中失事后，皮

1　赫尔弥俄涅号上兵变的大部分细节资料取自达德利·波普《黑船》（伦敦，1963）中的描述。

戈特船长返回了海地。6 月的时候，威廉 · 马丁作为水手长加入了赫尔弥俄涅号，其妻弗朗西丝也陪在他身边。尽管后来的一些报告显示船上还有其他几名妇女，但军事法庭的证据却清楚地表明马丁夫人是船上唯一的女人。

8 月 16 日，皮戈特船长指挥着由 3 艘战船组成的护卫舰从海地起航。他继续无情地鞭打着他的手下；9 月 20 日，他的所作所为让一些人再也忍不下去了。下午 6 点钟时，当船只往北驶过莫纳海峡时，遭遇了一场暴风，船员们都被命令爬到高空去把上桅帆收起来。皮戈特咒骂他们动作不够快，就在他们拼命去系缩帆绳时，被大风拍打着的船帆像鞭子一样抽在他们身上，而皮戈特却还通过扩音喇叭高声喊道："我要鞭打那个最后下来的人。"为了完成任务拼命往上爬，3 名年轻水手失手摔到了甲板上。他们当场就断气了。皮戈特残忍地咆哮着发令道："把这些傻大个扔下船去。"并命令水手长的助手们爬上去鞭打剩下的还在上面的人，好让他们完成任务。候补少尉凯西曾在一周前被皮戈特公开鞭打侮辱，水手的死亡"极大地激起了他先前对船长的不满，便毫不犹豫地立马发动了兵变，如果完全不是早有预谋的话"。

第二天晚上 11 点钟时，一帮水手聚集在船长舱外，手持弯刀和登舰斧。守卫舱门的海军哨兵二等兵麦克尼尔被弯刀的弓背一击打倒，于是那些人便冲进了皮戈特的住处。乱战之中，船长遭到砍刺，并被一把刺刀穿透了身体，随后那些人敲碎了船尾的一扇窗户，把他浑身是血的尸体扔进大海。在后面几个小时的黑夜中，兵变者们在船上乱晃，搜寻着接下来的受害者。3 名中尉全都遭到攻击并被扔下船去，而那些人在攻入酒库径自大喝了一顿后则变得更加张牙舞爪，并开始报仇雪恨。乘务长和军医都被拖上了甲板，然后从炮眼里被猛推入海，船长的书记员亦是如此。他们甚至将就快死于黄热病的海军中尉从病床上大力拽起并扔下船去。到第二天早上，他们已经谋杀了 10 个人。其中一人就是水手长威廉·马丁，他成了副舵手理查德·雷德曼的攻击对象。

当几帮人在船上乱晃时，雷德曼手持一把剑跑到侍从琼斯那里，要求他让自己进入船长的藏酒室。“我给了他一瓶马德拉白葡萄酒，”琼斯后来说道：“他用剑敲掉了酒瓶的顶部，喝了一品脱甚至更多……”灌足了酒精还另外带走两瓶后，雷德曼就去了水手长的船舱，人们听到他说：“以圣灵之名，水手长应该跟其他人一起滚蛋！”他将那可怜的人从船舱里拽到主甲板上，并从一个炮眼里把他推了出去。然后雷德曼才返回船舱，据琼斯所说，他“一直跟水手长的老婆待在船舱里，那晚我就再也没见到他了”。第二天早上当雷德曼出现的时候，人们发现他穿着一件有飞边的衬衫配白色马甲。军事法庭上没有任何证人汇报过马丁夫人曾发出尖叫或哭喊，而尽管可能有暗示说她是自愿投入雷德曼怀抱的，但似乎她更可能是被强暴了。她肯定被黑黢黢的船上的谋杀和蓄意破坏所发出的可怕声响吓坏了，因此在面对着已经淹死了她丈夫的醉汉时，她一定觉得要救自己一命的话反抗是毫无用处的。

天亮时分，兵变者们已经选出了他们中的一员来指挥这艘船，然后朝500英里外委内瑞拉沿海的西班牙港拉瓜伊拉驶去。9月27日周日的时候，赫尔弥俄涅号就停泊在要塞火炮下面的锚地。几名兵变者举着白旗上岸去向西班牙官员做了汇报。西班牙人同意接管这艘船，并将它重新命名为圣塞西莉亚号。（这艘船在一个月后国王惊奇号水手的夜袭中被夺回。他们坐着小船潜入西班牙港，打败了船员，割断了锚索，并将这艘船拖入大海。）许多兵变者都被及时抓住并投降，他们中的24人被绞死。马丁夫人则成功逃往美国并消失了。

然而，伦敦档案局的一份文件显示，她于1803年8月出现在伦敦专司慈善和向海军军官遗孀发放救济金的委员会面前。委员会的记录曾提到，“在赫尔弥俄涅号担任水手长时被谋杀的威廉·马丁的遗孀弗朗西丝”曾在西班牙港沦为囚犯，直至1802年4月才返回英国。委员会同意她应当得到自她丈夫被谋杀之日起计算的一笔抚恤金。

不少水手的妻子都曾出现在战斗中。在1798年的尼罗河口海战中，约翰·尼科尔是国王哥利亚号的一名水手，后来他把自身经历写了下来，并在其中提到妇女在那天所起的作用。[1] 哥利亚号是一艘74炮船，在福利船长的指挥下，引领着纳尔逊的舰队进入战斗。法国舰队当时正停泊在亚历山大和尼罗河口之间的阿布基尔湾。由于法国人占据着强有力的守势，因此当他们发现英国舰队出现在海面上的时候，还以为敌人会一直等到第二天早上才进攻。但纳尔逊决定发动奇袭。当太阳低挂在空中，而很多法国水手仍在岸上时，英国船只却乘着清新的西北风横扫入湾。大部分的战斗则发生在夜里。

约翰·尼科尔也许更喜欢待在哥利亚号的甲板上，因为那样他就能看见发生了些什么，但他的岗位是和炮手一起待在下甲板的火药库里。"我们掌握到的一切信息都是从运火药的男孩和妇女那儿来的。"当他们靠近了敌人，英国水手便光着膀子，打开炮眼，在每次舷炮齐射时都欢呼3声。两支舰队势均力敌的状况直到120炮的巨型法国旗舰东方号被发现着了火才改变。布吕耶尔上将的双腿都被打掉了却还继续指挥着战斗，直到10点左右船上的火药库着火，船体亦随之引爆。爆炸声在15英里外的亚历山大都能被听见。哥利亚号被冲击波震得如此厉害，以至于在一些男孩告诉他们发生了些什么之前，约翰·尼科尔及其同船水手都以为他们船只的后半部分被掀掉了。当一记火炮击穿船体打

1 亨利·贝纳姆《来自下甲板：1780—1840的老海军》（伦敦，1969）。

霍雷肖·纳尔逊（1758—1805），著名的英国海军将领，以其富有感召力的领袖风范、登峰造极的战略决策及独出蹊径的权谋战术在与别国的海战中为英国取得了一系列决定性的胜利。尼罗河河口海战胜利之后，他在那不勒斯停留了相当长的时间，并在那里迷上了埃玛·汉密尔顿。

中军火库时，情况也很危急，但所幸并未造成严重损害，而木匠们则堵住洞口阻止了海水的灌入。操纵火炮是一项苦活，尼科尔后来回忆道：

> 我欠了炮手妻子很多，她总是时不时地给我和她丈夫送些酒过来，这极大地缓解了我们的疲劳。有些女人受了伤，一个从利斯来的女人伤重而亡，就埋在海湾的一个小岛上。一个女人则在战斗正酣时生了个儿子，她是爱丁堡人。[1]

法国船只一艘接一艘地降旗投降了，第二天黎明，尼科尔登上甲板去察看战斗后的景象。“整个海湾已被残损的、重伤的和烧焦的尸体所覆盖，除了裤子以外它们一件衣服都没有，”他回忆道，“光荣的 8 月 1 日，我此生最忙碌的一夜就这么结束了。”

尼科尔对女性的记载也被其他两份材料所证实。最奇怪的是，4 个女人的名字曾被记录在国王哥利亚号的花名册上。她们是萨拉·贝茨、安·泰勒、伊丽莎白·穆尔和玛丽·弗伦奇，而且据记载，她们“因为在包扎和照顾伤员时提供了帮助，又是在 1798 年 8 月 1 日对敌作战中阵亡将士们的遗孀，按照船长的命令

1　亨利·贝纳姆《来自下甲板》。

被授予2/3的津贴”[1]。另两名出现在战斗中的女性，安·霍平和玛丽·安·赖利，则在多年后提出要申请海军普通服务奖章，却因为按规定它只能被授予男性而遭到拒绝。[2]

关于海军普通服务奖章的记录还提供了战船上另一个孩子出生的证据。这一奖章于1847年设立，目的是为了颁给所有那些能证明自己曾于1793至1840年间出现在某次专门海战中的人们。其中一份申请来自于丹尼尔·特里门德斯·麦肯齐，他在1794年的“光荣六一”海战前不久出生于国王特里门德斯号上。其在奖章名录上的等级为“婴儿”。他母亲的名字并未出现在这艘船的花名册上，但父亲却有列名：丹尼尔·麦肯齐，27岁，一级水手。把奖章授予一个小男婴却不允许将它颁给参加过战斗的女性，这显然不公平，毕竟其中许多女性都曾英勇地担任护士或为火炮运送弹药。

维多利亚女王似乎在将女性排除于奖章受众之外的决定中起过关键作用。简·汤曾德曾出现在特拉法尔加海战中的国王反抗号上，当她申请这一奖章时，负责审查申请的委员会成员，海军上将托马斯·拜厄姆·马丁爵士写道：“女王陛下在（1847年）6月1日的《公报》上指示所有出现在这场战斗中的人都应得到

---

1 海军部档案36/14817中国王哥利亚号的花名册，1798年8月3日至11月30日。

2 W. B. 罗博特姆《1793—1840年间海军普通服务奖章》，刊载于1937年第23期的《航海者之镜》。

奖章，且不在性别上做任何保留，而由于这名妇女因其在战斗中的有益服务得到了反抗号船长高度满意的证明，所以她完全有资格得到这一奖章。”[1] 然而，拜厄姆·马丁上将后来又在委员会的备忘录中写道：“经过进一步考虑，这是不被允许的。由于舰队里的许多妇女都发挥了同样的作用，故而我军将会面临无数此类性质的申请。”但这只是为委员会做出决定提供了一个借口，似乎很可能该由女王来对这次改变主意负责：她从不是女性权益的支持者，而且坚信女性的位置是在家中。

法国人的战船上也有女人的证据可在特拉法尔加海战的余波中被找到。法国船只阿喀琉斯号在战斗的最后阶段着了火。位于上甲板的火枪手的射击使其后桅顶端燃烧起来。这对船只而言是个致命的威胁，于是法国水手立马砍倒桅杆，希望烧着的桅杆能够掉到海里去。但由于英国船只王子号两轮毁灭性的舷侧齐射击倒了全部的3根桅杆，水手们的努力全白费了。燃烧着的后桅顶端落在船只中央的小船上，发红发烫的残骸甚至掉入了下层甲板。火势迅速蔓延到整艘船上，在其火药库着火并发生爆炸前，法国人别无选择，只得弃船。阿喀琉斯号已然做了英勇抗争，而尽管它并未降旗投降，附近的英国船只还是停了火并前来救援。王子号放下它的小船，开始救起数百名跳入水中的水手。贝勒岛

1 罗博特姆《1793—1840年间海军普通服务奖章》。

号和欧吕阿鲁斯号的小船被派来帮忙，皮克尔号纵帆船和一艘快艇也加入了搜救。阿喀琉斯号于 6 点 10 分发生爆炸，周围的小船靠近它以从残骸中救起最后的幸存者。其中有个被发现紧抓着一根桅杆的裸体女人被带上了皮克尔号。人们给了她夹克和裤子，并将她同 50 名法国幸存者一起转移到复仇号上。[1]

那个女人叫做珍妮特。她丈夫是阿喀琉斯号上的一名船员，而她则是穿着男装偷乘上这艘船的。当大火烧起来的时候，她曾试图去寻找她的丈夫，在无果的情况下就打算从军械库的舱门中爬出来，并坐到舵链上去。舵杆上的铅被高温所熔化，滴在了她身上，于是她决定脱掉衣服，然后跳入大海。她设法抓住了一根漂浮的桅杆，但一个紧抓着这根桅杆的人却对她拳脚相加，迫使她游向了另一根。皮克尔号上的英国水手明显比沉船的法国人更有胆色。一名军官给了她一些有小树枝装饰的蓝色平纹细布，那是从一艘西班牙船上拿来的，船长则命令从乘务长的仓库里拿出两件衬衫给她做了条衬裙。几天后她与丈夫重逢，他也从大火中逃生了，并在幸存者里被发现。

更多战船上女人的例子出现在拿破仑战争后的几年时间里。1827 年，在国王热那亚号上参加了纳瓦里诺海战的水手查尔

1　戴维·豪沃恩《特拉法尔加；纳尔逊派头》（伦敦，1969）；威廉·鲁滨逊《杰克·纳斯蒂菲斯：一位海员的回忆录》（安纳波利斯，1973）。

斯·麦克弗森曾回忆，他们船上有9名军士的妻子。她们在战斗中帮助军医包扎伤员的伤口，还在他们有需要时给他们送去饮用水。“平心而论，她们中的两个人表现出了极大的镇定和自制。一位是巴克利夫人，另一位是克拉克夫人，后者是一名水兵之妻。”[1] 几年后在另一艘船上，一名海军上校被他的军医告知，船上的一名妇女的分娩已经进行了12个小时了，如果他能允许向背风面舷侧齐射的话，“震动将有助于生产”[2]。于是上校同意让船上的枪炮开火，那女人也产下了一个健康的男婴。就像其他出生在战船甲板下面的男孩一样，由于这类情况通常都发生在火炮边上，他也就不可避免地被称为了“炮之子”。

如果准尉（甚至偶尔就是普通水手）的妻子被非正式地允许与丈夫一同出海，那么上校们的妻子和情人又是怎样的呢？大多数上校无疑都觉得出海的战船不是女人该待的地方，尤其对淑女而言。这并不仅仅是因为海上生活的不舒适，以及进入战斗时所包含的显而易见的危险，其实也因为跟商船和渔船一样，皇家海军是一个明显的男性社会，充斥着男性的价值观和传统。上将和上校们非常乐意在港口用精美的晚餐和音乐会来取悦女士，但无论他们如何喜爱女人以及在离家时如何想念妻子，他们都觉得

---

1 亨利·贝纳姆《来自下甲板》。
2 W. N. 格拉斯科克《一位水手的故事》（伦敦，1836）。

女人的位置是在家中。

偶尔也有上校携带女人出海的情况，但这绝非常有之事。1787 年，28 岁的霍雷肖·纳尔逊上校与范妮·尼斯比特在西印度群岛的尼维斯岛结婚。值得注意的是，他并未将她带在他的国王玻瑞阿斯号上返回英国。这艘 28 炮战舰被认为对乘客而言过于逼仄，因此当纳尔逊乘坐玻瑞阿斯号回家的时候，范妮和她的儿子乔赛亚以及她的叔叔则乘坐着罗汉普顿号横渡了大西洋，那是一艘舒适的大型西印度商船。但 11 年后，纳尔逊却邀请威廉爵士和汉密尔顿女士登上他的旗舰闪电号，他们花了 6 周时间从巴勒莫悠闲地巡航到叙拉古和马耳他。纳尔逊和汉密尔顿女士的女儿霍雷希娅正是在这次巡航中孕育的。

一个显著的在战船上陪伴丈夫的海军妻子的例子就是科克伦夫人，她是海军上将科克伦勋爵之妻，这位上将则是追随纳尔逊的那代海军军官中最为英勇、出色的一位。托马斯·科克伦生于 1775 年，是邓唐纳德伯爵之子。在陆军中暂待过一阵子以后，他又在早于一般年纪的 17 岁时加入海军成了一名候补少尉。到 1798 年，他已经是海军双桅横帆船快速号的指挥官了，还曾在法国和西班牙沿海数次俘获战利品。1801 年，他被一支法国舰队所俘，却在一次囚犯交换中获释。他既拥有成功的海军生涯，又是一名国会议员，直到 1814 年被错误地指控默许了一次证券交易欺诈。于是他从海军和国会中被除名。1817 年他又被举荐去指挥智利海军并成功领命，这支军队后来还参与了智利从西班牙治下争取独立的斗争。

1812年，科克伦遇上了一个充满活力的女人凯瑟琳·巴恩斯，他描述她是“美联国一个高贵家庭的孤女”[1]。而他叔叔却希望他去娶一位富有的海军军官之女，并拒绝对他们的婚姻做出许可，于是这对情侣就跑去苏格兰的安嫩秘密结了婚。到科克伦被指派为智利海军中将时，他们已经有两个儿子了。1817年8月底，这家人乘坐300吨的老牌商船玫瑰号起航去了南美。等他们一到瓦尔帕莱索，科克伦就接管了智利舰队。在他参与一系列对西班牙船只的战斗时，科克伦女士则骑马去了智利多山的内陆地区，希望空气的改变能改善他们病重的小儿子的健康状况。但保皇军逼近的消息却迫使她迂回、艰险地返回了沿海，包括抱着她的小男孩从一座晃晃悠悠的脆弱索桥上穿过一个巨大的峡谷。

在安全返回卡亚俄湾后，科克伦女士就与丈夫在他的旗舰上会合了，那是一艘被俘的西班牙50炮战舰。她刚一上船，科克伦便得知一艘满载宝物的战船已从港口出逃。于是他马上动身追击，终于赶超了那艘船并向它开火。科克伦后来在自传里描述了他妻子在战斗中扮演的角色：

1　托马斯·科克伦《一位海员的自传》（伦敦，1890）。

> 科克伦女士在战斗中一直待在甲板上。当看到一名炮手正犹豫着要不要发射她身边的火炮，又想到他因自己在附近而产生的犹豫一旦被发现，就会使他面临惩罚时，她便一把抓住那人的手臂对准引信，发射了火炮。然而炮火的威力对她却是太大了，因为她立马晕倒并被带了下去。[1]

考虑到她孩子的安全问题，科克伦女士在那之后马上乘坐英国舰船安德洛玛刻号返回了英国。科克伦的系列海战是如此成功，以至于他在保卫智利和秘鲁的独立中发挥了作用。当他返回英国时，终于被皇家海军复职，并在1832年被提拔为海军少将，1851年为海军上将。

科克伦女士的经历并不具有代表性，不过从简·奥斯汀的小说可以看出，海军的妻子出海待些日子也很稀松平常。她最后一本小说《劝导》里的几个重要角色便是海军军官和他们的妻子。这些人中最令人敬畏的是海军少将之妻克罗夫特夫人。她被形容为由于经常出海而有着饱经风霜的发红肤色。她告诉善良却不谙世故的默斯格罗夫夫人，在自己与将军的15年婚姻中，她曾4次横渡大西洋，一次往返东印度群岛，并曾去到过科克、里斯本

1 科克伦《一位海员的自传》。

和直布罗陀。

> “我实话对你说吧，太太，”克罗夫特夫人接着说，“什么地方也超不过军舰上的生活条件。你知道我说的是高等级的军舰。当然，你要是来到一艘护卫舰上，你就会觉得限制大一些。不过通情达理的女人在那上面还是会感到十分快活的。我可以万无一失地这样说：我生平最幸福的岁月是在军舰上度过的。”[1]

简·奥斯汀之所以了解这些事情，是因为她4个兄弟中的两人在她创作《劝导》时就是皇家海军的上校。弗朗西斯·奥斯汀（家里人都叫他弗兰克）在纳尔逊麾下服役，曾在西印度群岛和远东待过一段时间，后来升至海军元帅的尊贵地位。查尔斯·奥斯汀则在北美驻地和西印度群岛服役，最后在海军少将任上去世。他们都曾与简频繁通信，并且只要休假回家就去看她。[2] 正是从查尔斯那里，她得到了关于战船上女人的第一手认知。1807年，查尔斯娶了百慕大检察总长的女儿范妮·帕尔默，

1 参孙致礼、唐慧心译《劝导》上卷第八章，译林出版社1996年12月版。

2 参J. H. 哈巴克和伊迪丝·C. 哈巴克《简·奥斯汀的水手兄弟：海军元帅、巴思勋章获得者弗朗西斯·奥斯汀爵士及海军少将查尔斯·奥斯汀的奇险经历》（伦敦，1906）。

当他成为托马斯·威廉姆斯爵士在那慕尔号上的旗舰舰长时，还曾安排妻子和两个小孩跟他一起在船上生活。这一安排持续了好几个月，只是在发现他们的大女儿卡桑德拉一直晕船的情况下才让他们感觉不妥的。

航海女英雄

1856 年 10 月，合恩角外的风暴是如此猛烈，以至于一名有经验的船长在他的船帆被撕裂成碎片，10 名船员被冲下船淹死以后，退入了里约热内卢的安全地带。另一艘从纽约开来的尼普顿之车号则花了数周时间与排山倒海般的巨浪搏斗，那海浪是由西面吹来的七级以上的大风卷起的。由于船只每艰难地前行一英里就会被吹打得倒退两英里，所以约书亚·帕滕船长决定改变航道并在风暴前逃走，以在福克兰群岛寻求庇护。他已经有 8 天没好好睡觉了，日夜都在值守，几乎一直待在甲板上，而那里冷得连索具都结了冰。[1]

在终于能够下令改变航道前，他倒在了甲板上。他年轻的妻子玛丽被人从甲板下面叫了上来，并惊讶地发现他正满脸大汗地俯卧在地上。料想他一定正生着肺炎，她便请求水手们把他带了下去，并将他绑在床铺上，以防他被船只突如其来的摇晃抛下床去。她有些不顾一切地看遍了船上图书室的书，以求得到对他病

1　玛丽·帕滕故事中的大部分细节来自芭芭拉·贾吉尔斯基《玛丽·帕滕：公海上的女英雄》，刊载于 1992 年 8 月《海洋经典》。

情的建议。她从一本书上得知，他可能是患了脑炎或脑热病，除休息以外别无其他疗法。由于丈夫不能再工作，玛丽不得不决定接下来该做些什么。

一般情况下，大副将接手指挥船只，但这次却不能这么办了。尼普顿之车号的前任大副在航行前就已经摔断了腿，于是船主就让一个不能胜任的水手取代了他的位置，那人总在当值时睡觉，而且固执地违抗约书亚的命令。一个叫黑尔的人取代他当了大副，他开船还是够格的，但就是不会导航。当船员们得知帕滕船长被绑在了床上，黑尔取代的那人就试图挑起暴动。曾在前一次航行中学会了导航的玛丽·帕滕意识到，如果想把这艘船从暴动的船员手中和风暴的侵袭下拯救出来的话，她必须马上采取行动。她命令所有人在后甲板上集合，并准备从船尾凸起的艉楼甲板上对他们讲话。我们很难想象这一场景，以及当时她和那些船员的脑子里正在想些什么。

尼普顿之车号是一艘大型的快速帆船，在大小上跟飞云号和卡蒂萨克号类似，正装载着铁、铅皮和加利福尼亚金矿的采矿机械等高价货物。船高216英尺，在全速前行时，3根巨桅上会张起一面宽大的船帆。当他们在合恩角外遇到狂风时，大部分船帆都是卷起来的，只扬起了足够的风暴帆以让舵手保持航线。当这艘船摇晃着驶过波涛汹涌的灰色大海时，空气里弥漫着被泡状浪涌所击起的水雾。只要船头重重撞入海浪，团团白色泡沫就会扬

玛丽·帕滕（1837—1861）

起在空中，浸湿甲板上的人。有时一波异常巨大的海浪会正好扫过主甲板，所以看起来大部分船体都好像在水下一样，直到她被另一波海浪顶起，数吨海水从排水口中流出。在大海那低吼的背景声之上的，是风刮在索具上发出的尖锐咆哮。

玛丽·帕滕在艉楼上显得很娇小。她像大多数船长的妻子一样，穿着垂至脚踝的黑色长裙，并在肩上裹着一块大方巾。她才 19 岁，比一般出海的船长的妻子更加年轻。她还很苗条，有着一头黑发和旁人眼中的“闪闪发亮的黑色大眼睛以及令人非常愉悦的容貌”[1]。就在几周前，她发现自己已经怀孕了。

她在后甲板上面对的是一群饱经风霜的水手。虽然我们并不知道她抓着扶手时到底对他们说了些什么，但目的却是劝服他们对她丈夫和她自己保持忠诚。她提醒他们此次航行是要将货物运往旧金山，还解释说，如果他们将船驶入途中的一个陌生港口，船主就将面临重罚。她清楚地表明了自己有决心让他们到达旧金山，并要求他们给予支持。对船上的老船员而言，她看上去无疑像是个女学生，而他们则习惯于服从曾在海上待过多年并凭借艰苦奋斗掌握了他们这一行本事的人的命令。但为她的决心和精神所折服，他们同意遵照她的指令。航行中的这一转折点使她成了

1　来自 1857 年 2 月 18 日《纽约每日论坛报》刊载的一篇对于玛丽·帕滕的采访，转引自贾吉尔斯基一文。

一个不太情愿的女英雄。

1837 年 4 月 6 日，玛丽出生于新英格兰。16 岁生日的前几天，她在波士顿的老北教堂嫁给了约书亚 · 帕滕。她的丈夫尽管才 26 岁，却已经是一名经验丰富的水手了。在他们结婚的头两年，她很少能看到他，但 1855 年时，他被授予了尼普顿之车号的指挥权，并获准让她在一次环绕世界的航行中陪伴着他。尼普顿之车号建造于弗吉尼亚的朴次茅斯，两年前才刚刚下水，因此帕滕船长能受托指挥这么大的船，已然证明了自己的能力。在之前从纽约到旧金山航行的头一阶段，他们与赫西船长指挥的快速帆船韦斯特沃德霍号展开了竞赛。有时，他们以每小时 16 海里的速度在东南信风中平稳地疾驰，有一次竟然在一天时间里行驶了 312 英里。在绕过合恩角并沿着智利海岸向北行驶后，他们因无风而在赤道附近停航 8 天，并失去了领先优势，因此比韦斯特沃德霍号晚了 5 个半小时到达旧金山，以 100 天又 23 个半小时完成了从纽约出发的旅程。然而，年轻的帕滕船长却向赫西船长发起了比赛去中国的挑战，后者对他的这一表现印象至深。

穿越太平洋的旅程虽然很快，却被一起死亡事件所玷污：一名水手从上甲板摔下导致重伤，而一名印度水手则掉下船去。于是船驶入风中，放了一只小船下水去寻人，最终却没能找到他。尽管受到延误，但尼普顿之车号还是成功地赢得了到香港的比赛，比韦斯特沃德霍号领先了 11 天。帕滕船长还被授予一张去伦敦的特许状，而他们环球航行的下一阶段也在没有严重事故的情况下度过了。航行的最后阶段，他们却在大西洋中部遇到了一场雷暴。船的前桅被闪电击中，几名在桁端作业的水手摔到了甲板上。玛丽组织起一个船上医务室接手了那些伤员。她为他们包扎伤口、固定断骨，而她的护理工作是如此成功，以至于没有一个人死于摔伤。

但玛丽·帕滕从尼普顿之车号的首次航行中学到的最珍贵的技能还是航海的技艺。她丈夫教给她关于风和潮水的知识，并向她展示了如何利用六分仪和航海经线仪来计算船的位置，如何得出正确的行船路线，以及如何每天在航海日志上记录船的进程。这些知识在第二次航行中她丈夫生病时大大挽救了局面。

这次航行是从1856年7月1日开始的，他们从纽约出发前往旧金山。这艘大型快速帆船满帆向南驶去，唯一的困扰便是大副的行为。除了会在当值时睡觉，他还被发现有时会违背船长的意愿下令收帆。这次，他们再也不能解释他的暴动行为了，帕滕用黑尔先生取代他成为大副解决了这一困扰。当他们向南行驶得越来越远时，热带那波光粼粼的蓝色大海就逐渐被南大西洋的冷灰色海浪所取代。他们偶尔能看见信天翁，暴风海燕则总是跟在他们身后。等他们与普拉特河处在同一水平线时，西风却横扫过阿根廷平原，使海水涨至高位。

当他们在合恩角地区与海浪搏斗时，她丈夫倒下了。于是由玛丽接手来有效地指挥船只，她不得不决定是否继续逆风前行，还是要改变航道。最后她决定转向东南方，以期当他们到达南纬60度时可以顺风而行。她命令船员使船只右舷抢风行驶，这样他们就能顺浪航行，而非直直地撞进浪里。第二天，阳光穿破了云层，于是玛丽就能用六分仪看到正午的景象了。她走下甲板去计算出他们的位置，发现他们正在合恩东南以南250英里的德雷克海峡，那是一片位于南美洲最南端与南极洲之间的600英里的水域。

海风变缓后，他们就升起了更多的船帆，直到一个监视哨发现南方的云层下面有一团白雾。有经验的人知道那表示出现了一块从南极洲延伸出来的冰原。于是船只顶风停船一晚，并安排了双人值守以警惕冰山的出现。第二天，他们想要的东南风终于来了。一个眼尖的15岁男孩被派爬到高处去寻找一条能穿过海冰的安全出路，他们则小心地跟着他喊出的指示向西前进。经过焦虑的4天，他们才逃出了海冰的威胁，并能向北驶入太平洋的温暖海水。

大海平静了，天空也放晴了，船员们终于能够洗浴、修面，并将他们湿透的衣服、床垫和毯子晒干。帕滕船长恢复得很好，还走上了甲板，而暴动的大副也复职了。但不幸的是，不久后船长又发了次病，双腿蜷曲在身下，于是被迫再次退入他的船舱休养。现任二副的黑尔先生后来发现，大副又一次违背了命令，并已让船向瓦尔帕莱索驶去了。正在这时，船长和他的妻子才明白大副一定已将他的报酬押在了与他们比赛的海上传奇号或无畏号上，它们与尼普顿之车号差不多于同一时间出发，要打败他们先到旧金山。于是帕滕船长正式给大副降了级，并告诉他自己将向美国的政府部门报告，建议剥夺他的大副认证。他还让船上的木匠在自己的床铺边安了个位移指示罗盘，这样一来他就能确认舵手一直保持着正确的航向了。

10 月 17 日，他们穿过了赤道，然而这次船长的病却发作得更加厉害，导致了他的失明。于是玛丽再次担任指挥。她已经怀孕 4 个月，但这并未影响到她履行职责。在接下来的 50 天里，她甚至都不允许自己脱衣享受一下，而是一直和衣而眠，集中精力让船只尽快到达目的地。11 月上旬，他们终于看见了标志着旧金山湾入口的陆岬，但风却熄了，他们因无风而停航 10 天。最后在 11 月 15 日，当风又变得强劲冷冽，他们才驶入海湾。玛丽坚持在最后阶段由自己掌舵，将满是盐渍的船只开进了港口。她还在行船日志里注明，这次航行一共花了 136 天。

关于玛丽英雄行为的消息很快传遍了港口，她马上被那些想要她对航行进行第一手描述的记者所包围。然而，她却远为更加关心丈夫的情况，因为他现在已经又聋又瞎了。她安排让他们经由巴拿马回家，并于 1857 年 2 月中旬乘坐乔治・洛号汽轮抵达纽约。她丈夫被一副担架抬下了汽轮，玛丽则陪在他身边走去了巴特里酒店。一份报纸观察到，要不是她面容疲惫，“以及快要临盆”，否则都可能被错认为是个女学生。《纽约每日论坛报》还派过一名记者到酒店去采访她，却发现她已完全投入对丈夫的照顾中，当时他正躺在睡榻上，虚弱到几乎随时都可能断气。有时他还能清晰地对她说话，但更多时候却狂乱又语无伦次。这名记者想问问玛丽关于她自己的情况，但她却礼貌地没去理会他的询问。“她说她只是尽了自己的责任，而由于对其磨炼和遭遇的回忆显然给她带来了痛苦，因此我们除却尊重她的感情外也不能再做些什么了。”

承保尼普顿之车号及其货物的工会互助保险公司，因被玛丽在将他们的船只安全带回港口的过程中所扮演的角色大大震撼，而奖励了她一笔可观的1 000美金的钱款。在随附的信件中，他们称赞了她在丈夫长期患病时所表现出的爱与奉献，还继续说道：

> 我们从不知道历史上还有这样的例子——一名女性为环境所迫，被要求或主动去指挥一艘贵重的大型船只，并表现出对一大群水手适当的掌控力，更以其技艺与精神，给他们留下了自信和可信的深刻印象，使所有人都能遵照和服从命令。[1]

1　1857年2月18日工会互助保险公司纽约办公室发出的信件，转引自贾吉尔斯基一文。

在回信感谢他们时，玛丽却极具个人特色地指出，她不过是替一个被绝症打倒的好丈夫尽了一个妻子的普通职责罢了。她觉得他们过高估计了自己服务的价值，而如果没有二副黑尔先生的服务以及船员们全心全意的配合，这艘船就不可能安全抵达目的港。但谦逊却不能掩盖她被广为报道的成就。伦敦的《每日新闻》曾登出一篇文章，极尽称赞之能事将她的英雄事迹与弗洛伦斯·南丁格尔在医院中的作为，以及萨拉·佩莱特在加利福尼亚淘金者中的改革工作相提并论。波士顿的女士们为她筹集了1 400美金，另外伦敦一位失明的绅士还为奖赏她的高尚行为而给她寄去了一张100美金的支票。

与此同时，玛丽和她即将死去的丈夫则从纽约搬去了波士顿。1857年3月10日，她在那里生下了一个男婴，以他父亲之名命名为约书亚。帕滕船长于4个月后在萨默维尔市精神病院去世。当这一消息传到码头上时，波士顿港的所有船只都降了半旗。玛丽也没能从航行的艰辛中恢复过来，她染上了结核病。1861年3月18日，《波士顿每日快递报》上出现了一则通告："约书亚·帕滕船长的遗孀，玛丽·安·帕滕夫人昨日因肺痨去世。没多久她就将年满24岁。"她被埋葬在马萨诸塞州埃弗里特的伍德朗公墓，紧挨着她丈夫身边。

同年8月，尼普顿之车号的主人们在报纸上登出了一则广告，宣布这艘船正停在纽约华尔街街角的一个码头上，并已做好了接货的准备。广告还不忘向读者提及它最近的功绩：

> 这艘船因在最严酷的环境中做了上一次航行而声名大噪；在其能力出众的指挥官帕滕船长病重期间，他英勇的妻子成功指挥着这艘船航行了51天，她没靠任何人员的帮助就把船只安全带入了旧金山港；而且，在如此种种恶劣条件下还到得很快。

玛丽·帕滕故事中的戏剧性和辛酸之处使她的功绩格外令人难忘，但她决不是唯一陪伴丈夫出海，并不得不面对深海航行的危险和挑战的船长之妻。琼·德鲁特曾花费多年时间研究那些乘坐商船和捕鲸船出海的女人的生平。她追查过19世纪数百名行驶至北美各港的船长妻女的日记。[1] 在她们的记述中，她找到了关于那些女人极其坚忍和英勇的证据，她们曾在几个月的时间里乘船横渡大西洋和太平洋，或在北极寻找鲸鱼。尽管这些女人中很少有人被迫面对过玛丽·帕滕在合恩角所遇到的紧急情况，但令人惊讶的是，女人究竟曾多少次在一个被普遍认为是纯男性的世界里扮演过重要角色？

---

1 琼·德鲁特《女性护卫舰：航行中的商船船长之妻》（纽约，1998）；以及《那几部女性日记》，刊载于1989年冬的《米斯蒂克港航海日志》。

比如还有罗伯特·K. 克拉克船长之妻克拉克夫人的非凡故事。[1] 她叫什么已没有记录了，但她结婚时才19岁，而且跟丈夫一起经历了所有的航行。1885 年 12 月，他们乘坐弗兰克·N. 泰勒号从马尼拉启航，那是一艘重达 1 647 吨的大型铁身帆船，载着大麻和焦油驶往纽约。他们5岁的女儿卡丽也在船上。由于船员之中爆发了霍乱，因此克拉克船长不得不将他大多数的老部下都留在马尼拉的医院里，并用一些马来当地的水手作了替换。当他们驶入太平洋时，一名马来人生病了，而克拉克船长仅用自己药箱中一些简陋的药物来救治他，其中一些显然效果不佳。尽管我们并不清楚究竟是药物作用导致了后来所发生的事情，还是因为服药的那人本就精神错乱，但这名水手却劝服其他马来人加入了他的残忍暴动。他们在晚间袭击了舵手，割断了他的脖子并把尸体扔下海去。大副和二副也惨遭杀害，而当克拉克船长匆匆赶上甲板去看发生了什么时，他的胸口也被狠狠划破了，导致左肺都露了出来。克拉克夫人则设法拿到了两把装有子弹的手枪。根据一份记载，她将一把手枪交给了她丈夫，而且他还成功击中了一名暴动者；根据另一份记载，克拉克船长则让她用这两把手枪来自卫，到最后关头，就举枪自尽，并打死他们的女儿，以免

1 参见菲莉丝·佐纳《艉楼甲板上着衬裙的人：那些胆略过人的海上女人》，刊载于 1995 年第 65 期的《指南针》；及琼·德鲁特《女性护卫舰》。

使她们两人落入马来人之手。剩下的老船员都退入了艏楼，并设法将船上的一只小船放下水去。这也是因为暴动者们在高度易燃的货物上放了把火，而浓烟正从舱口翻腾而出。由于火势蔓延得很快，船长便下令弃船。克拉克夫人在确认女儿上了救生船以后，又跑回船长舱拿到了他的六分仪、航海经线仪和海图。当她返回小船而水手们也划离了弗兰克·N. 泰勒号的时候，大火已经蔓延到船索上了。克拉克夫人包扎好她丈夫的伤口，然后又将两块毯子缝起来做了一面船帆。6 天后他们才看见陆地，而且全都安全上了岸。暴动的马来人最后怎样则不得而知，但他们从一艘燃烧的船上逃生的机会并不乐观，何况还是在遍布鲨鱼的水域上。

一个比驾驶尼普顿之车号航行的玛丽·帕滕更为年轻的姑娘克服了另一个困难情况。1850 年彩虹号从南安普敦开往非洲东北岸的亚丁。指挥该船的是阿诺德船长，他 16 岁的女儿也跟在船上。他们开出南安普敦没几天船长就去世了。大副由于醉酒而无法履行任何职责，因此二副接过了指挥权。但不幸的是，他却对船长的女儿存有非分之想。她在设法逃过他的接近后跑上了后甲板，并在那儿恳请船员们保护她的荣誉。我们得知，“具有水手们所经常展现出的男子气概”的英国水手接管了这艘船，并告诉二副说，如果他或任何其他人试图骚扰阿诺德小姐，就会被他们扔下海去。

由于阿诺德小姐的年纪已经不小了，她明白男人们一旦掌握了船上的酒水供应，他们就会情绪大变，因此她劝服他们把每一滴酒都扔下船去。令人惊讶的是，他们居然同意这样做了，于是除一桶以外，所有木桶里的酒都被倒出了船外。那一桶酒则被用来保存船长的尸体。在接下来驶往亚丁的航行中，阿诺德小姐都睡在机轮附近一间有屏风的小屋里，由3名船员轮流照看，以确保好色的二副不再有机会接近她。当他们到达目的地后，她向当局递交了一份报告，于是二副和另两名船员都被逮捕并送进了监狱。

在研究过程中，琼·德鲁特还发现过其他类似的例子。1881年，缅因州巴斯的乔治·莫尔斯船长在马达加斯加以外的海上死于胆汁热，当时他正指挥着约翰·W.马尔号。他的妻子珍妮·帕克·莫尔斯将丈夫的尸体放进一桶酒里，还平息了一场船员的暴动。在发现自己是船上唯一会使用航海术的人时，她便接手了这艘船。在她的指挥下，船只于1881年12月安全到达纽约。当丈夫死在海上时，豪太太也面临着类似的情况。豪是缅因州巴斯的埃伦·索瑟德号的船长，船只在离开香港几天后他就去世了。豪夫人接管了这艘船，却发现自己正面对着一帮暴动的船员，其中一些中国水手表现得如此令人惊恐，以致她感觉有必要随身携带一把装有子弹的手枪。当他们横穿太平洋朝旧金山驶去时，淡水供应却出现了严重短缺，于是船员们愈发躁动不安起来。走投无路之下，豪夫人下令升起了遇难信号旗。这刚好被纵帆船怀恩达号看到，当时他们正在位于旧金山入口处的费拉隆群岛以西约80英里处。这艘纵帆船马上前去救援。船上的船长对豪夫人的航海技艺印象极深，却也被她所经历的一切震惊到了。他告诉一份报纸说“他从未听到过比豪夫人那个更令人心碎的故事了，当她讲述自己的磨难时，自己根本忍不住不流泪”。

1890年，一位德国船长的妻子也面临着同样令人绝望的情况。不来梅的三桅船约翰娜号在迈因德斯船长的指挥下，于4月1日从毛里求斯出发。这艘船装载着一批糖，船上食品供应良好，但有些船员却感染了黄热病。几天之内，就有7名船员死去并被海葬，好几名其他船员也感染了这一致命的疾病。迈因德斯夫人正带着小孩待在船上，因此船长告诉他的妻子远离那些患病的人，以保护她和孩子的生命安全。在厨师死去后，迈因德斯夫人接过了他在厨房里的工作。而当越来越多的船员死去时，迈因德斯船长为了应付可能出现的紧急情况，便向她说明了应当如何在自己和大副操作船帆时驾驶船只。很快，船上仅有的幸存者就是船长、他的妻儿和大副了。后来船长自己也染上了热病，于是在他变得神志不清时，迈因德斯夫人便将他捆在了床铺上。在剩下的航程中，大副和迈因德斯夫人不得不自行驾船。在经过100天噩梦般的航行后，他们于7月9日抵达了澳大利亚的弗里曼特尔。大副因精疲力竭而倒下，迈因德斯夫人则将丈夫和孩子带进了珀斯的医院，她在那儿了解到他康复的可能性还很大。

从这些以及类似的故事中可以很清楚地得知，许多船只就是因为船长的妻子学会了基本航海原理而获救的。尽管并不总能搞清楚究竟是船长发起了授课还是船长的妻子要求被授课，但很明显这两种情况所带来的共同技能都产生了相当令人满意的结果。1853 年 8 月 13 日，菲德利娅·赫德登上了波士顿的三桅帆船东方号开始蜜月旅行。出发后 5 天，她便开始向她的丈夫，船长约翰·杰伊·赫德学习航海的奥秘。“今天下午我上了第一堂航海课，”她于 8 月 18 日写道：“从操作罗盘针方向开始学起。”20 日她又说：“第一次浏览象限以及正在学习找出纬度差和经度差。希望不久就能独立做这些事。”大约一周后，她便能写道：“今天船长将我得出的航位测量结果记到了他的本子里，这真是对我的极大称扬。”[1]

另一位船长的妻子，埃莉诺·克雷西则使她的技能发挥了巨大的作用。她丈夫是著名的快速帆船飞云号的指挥官，她机敏的航海技术曾不止一次地为这艘船破记录的航行做出了贡献。但正是由于准确找出了一个快要淹死的水手的位置，她才出了名。当时飞云号正在恶劣的天气条件下驶往马达加斯加，而正当克雷西夫人在海图桌前工作时，她朝舷窗外匆匆一瞥，便看见海里有个

1　德鲁特《女性护卫舰》。

人。她连忙赶到甲板上大叫："有人掉下船了!"船长朝那名水手扔了一只救生圈，并命令他的船员放一条小船下水。他们找遍了他们以为他应该在的区域，却没能找到他，于是船长断定他失踪了。但克雷西夫人却不准备如此轻易地放弃。她知道他掉下船时的位置，然后算出风和潮水的方向以及船只的漂移，鼓励她丈夫继续搜寻。于是克雷西船长决定放下两条小船，而且傍晚时分，就在她算出的他可能出现的地方准确找到了那名水手。虽然虚弱，但他却仍然活着，在被带上船后还完全康复了。

人们容易低估这些19世纪船长的妻子所取得的成就。在过去的20或30年中，女性曾比赛驾驶帆船横渡大西洋，开展单人环球航行，以及参加最艰苦的环球帆船赛。她们已经证明自己有技艺、有能力以及有勇气去世界上最危险的水域航行，并能从最酷烈的风暴中生还。但她们驾驶的是相对较小的帆船，这些船使用轻巧却强韧的涤纶船帆，配有尼龙绳、大功率绞盘，以及能让她们接收天气预报并同其他船只和母港保持联系的无线电。像玛丽·帕滕沿合恩角乘坐的尼普顿之车号那样的快速帆船，长度是一艘50英尺长的帆船的4倍。最高的3根主桅从甲板到桅顶高120英尺，大约相当于一幢10层的建筑物。我们从船上的航海日志中得知，1865年7月，船从纽约出发时升起了主帆、顶帆、上桅帆、顶桅帆和天帆。除了有这5面横帆升起在各自的船桅上，它可能还在船首斜桅上升起了斜桅帆、内外侧三角帆和前桅支索帆，在主桅和后桅上升起了一些支索帆，以及在后桅上升起了一面叫做后樯纵帆的大斜帆。这些船帆由厚帆布制成，主桅上最大的船帆极为巨大，横贯大约 70 英尺。风力不强时，所有的船帆都是升起的，但随着风力增强，便有必要收起一些船帆。这意味着要派数名船员爬到高处收起或卷起它们，此项工作在天气好的时候就要求够高了，而在狂风压境和大雨滂沱的情况下则极其冒险。队长得面对丛林般的船索，以及大量的船帆。除了许多支撑船桅的侧支索和拉线以外，船帆还由转帆索、帆脚索和升帆索组成的复杂网络所控制。因此当玛丽·帕滕、珍妮·莫尔斯、豪夫人和年轻的阿诺德小姐掌管船只时，她们得依靠有经验的船员来建议她们换帆，以及在必要时拉紧转帆索和升帆索，但正是这些女人只身担起了行驶中的大船的最高责任，使它们以每小时 16 海里或更快的速度破浪前行。她们可没有用来呼救的无线电，而当船只离最近的港口还有数百英里时，一旦处境变得艰难，就只能靠她们自己想出办法。这便难怪，尼普顿之车号的担保人曾不遗余力地颂扬玛丽·帕滕的成就，并着重称赞了她对船员进行的管控，以及将他们贵重的大船安全带回了港口这一点。

捕鲸人之妻

“我非常之孤独”，1808 年，一位来自楠塔基特的捕鲸船船长之妻如是写道。

> 为何要将我们分开这么长时间，为何我们要拒绝近在咫尺的欢乐？难道获得财富就足够补偿那些分离的冗长时光吗？对我来说可不是……与旁人一起时我并不开心，感觉就好像一部分的自己已消失不见。你的离开变得比以往更加令人难受。除了你的陪伴我别无所求。[1]

当一艘捕鲸船起航时，被留下的家人却不得不陷入漫长的等待中，直到他们的男人回家。玛丽·布鲁斯特于 1841 年同她丈夫结婚时才 18 岁。婚后还没几个月，布鲁斯特船长就作为捕鲸船腓理徒号的船长出海了，而她则有两年再也没有见过他。他回斯托宁顿的家中待了两个月后，又再度踏上另一次超过一年半的

1 信件收藏于楠塔基特历史学会。

航程。当他于 1845 年回家时，玛丽决定自己再也不能忍受分离了。她违背了母亲和所有亲友的愿望，与丈夫共同经历了他未来的所有航行。一位生活在法尔茅斯的捕鲸人之妻哈丽雅特·吉福德，是大多数未与丈夫一同出海的妇女之一；她在 1854 年 8 月 19 日的日记里写道："我们结婚 5 年，一起生活了 10 个月。这真是太糟、太糟了。"[1]

捕鲸业的性质可以解释航行时间长的原因。尽管人们期望一艘载货商船的船长能尽快将其货物送往目的地，但除非一艘捕鲸船的船长能往他的船里装够足以使其航行获利的鲸油，否则他就不能回家。19 世纪最丰饶的捕鲸场在太平洋里。大多数美国捕鲸者是从东部海港开始作业的，尤其是新贝德福德和楠塔基特，这便意味着先是一路向南航行，穿过加勒比海，再沿着巴西的海岸绕过合恩角。然后捕鲸船的船长就朝北航行，并开始在广袤的太平洋里搜寻鲸鱼。一当他发现鲸鱼，就会放下捕鲸的小船，让他的手下划着这种敞篷船追赶那一庞然大物，并奋力用鱼叉叉死它。而受伤鲸鱼的扑打则常常导致一条甚至更多小船的倾覆或粉碎，而且人们在这一危险的作业过程中溺亡也并不罕见。船员们在捕获鲸鱼后会将它带到捕鲸船的旁边，它在那里被切割开来，

1 《船长的最佳助手：1856—1860 玛丽·奇普曼·劳伦斯在捕鲸船艾迪生号上的日志》（汉诺威、伦敦，1966）。

亚伯拉罕·斯托克画中的捕鲸场景

通过放置在船中央熬煮鲸脂的大型三脚锅，其残骸就被制成了鲸油。有些船长很是幸运，在几个月的时间里就能捕到足够的鲸鱼，满载鲸油地出发回家了。另一些则不得不在捕到足够的鲸鱼前从新西兰一路搜寻着太平洋直到白令海峡，因此才长年离家在外。

而许多妻子并不准备忍受同丈夫的长期分离，随着捕鲸业在19世纪40至50年代的蓬勃发展，越来越多的船长之妻随同她们的丈夫一起出海。塞缪尔·C. 戴蒙牧师是一名火奴鲁鲁的传教士，那里常被捕鲸者们当作在太平洋里作业的一处基地。1858年他曾写道，数年前，有妻儿陪伴的捕鲸船船长还是极罕见的，但现在却很普遍了。[1] 据火奴鲁鲁的一份报纸观察，1853年时，六分之一的捕鲸船船长都有妻子陪伴在侧。[2] 这些女性极少被要求展示出玛丽·帕滕、克拉克夫人以及其他快船船长之妻曾表现出的那种英雄主义，但她们仍得展示出相当的骨气。捕鲸人之妻应具有的特质是身体上和精神上的长期忍耐力，在男人行船作业时连续忙碌好几天的能力，以及对丈夫的忠诚不渝，因为在海上时他们的话就是法律。这些特质生动地展现在两位捕鲸人之妻的生平中，她们的日记已成了近年来专项研究的主题。玛丽·劳伦

---

1 《船长的最佳助手：1856—1860玛丽·奇普曼·劳伦斯在捕鲸船艾迪生号上的日志》。

2 1853年2月1日的《火奴鲁鲁朋友报》。

斯所写的日记记录了1857至1860年间，她在捕鲸船艾迪生号上的航行经历，玛丽·布鲁斯特则写下了1845至1851年间她在猛虎号上航行的日记。与同等情况下那些倾向于关注天气、行船作业以及与鲸鱼搏斗的男性日记不同，这些女性的日记更富思想性，也更具代表性。她们时常忆及家中的亲友，也对常被男性忽略的小事物发表评论：在一场风暴中被关进围栏里好几天后，鸡和猪被放到甲板上满地跑，或者夏威夷岛民在周日做礼拜时所戴的各种奇怪的帽子。

玛丽·劳伦斯在艾迪生号上的航行是很有启发性的个案，因为它是如此多捕鲸之行中的一个典型，而且她途中的经历反映了很多其他捕鲸人之妻的经历。这次航行开始于也结束于新贝德福德，历时3年零8个月，由7段独立的寻鲸之行组成。夏威夷被当作在太平洋里作业的一处基地：正是在夏威夷的火奴鲁鲁港和拉海纳港，艾迪生号与数百艘其他捕鲸船一起贮存供给并进行维修，之后便向北驶入北冰洋或向南驶入新西兰边上的捕鲸场开展广阔的巡航。

玛丽·劳伦斯在29岁时，与丈夫和他们5岁的女儿明妮一起从新贝德福德启航。她是一名娇小、聪明的女性，能急中生智，且不屈不挠。与许多嫁给船长的新英格兰妇女一样，她是一名虔诚的基督徒，坚信上帝正在看着他们度过深海的种种危险。她在日记中写道，风暴一刮就是好几天；还记下了当他们穿过白令海峡驶往北冰洋时，天气已变得阴沉沉、雾蒙蒙的；但她却极少抱怨。

她于1827年出生在马萨诸塞州的桑威奇，是乔纳森和西莉亚·奇普曼众多子女中的一个。1847年她20岁时嫁给了塞缪尔·劳伦斯，他当时还是马格诺利娅号的大副。婚后不久他就被指派为新贝德福德的捕鲸船拉斐特号的船长，启航去了太平洋，但这次航行却因船只在加拉帕戈斯群岛外失事而惨淡收场。当他们在夜间靠近陆地时，船只撞上了一块岩石，以致损失惨重。船长和船员们上了小船并被其他船只救起，而且大部分的鲸油货物都找回来了，但劳伦斯的事业却遭到重挫：在获得艾迪生号的指挥权以前，他不得不又当了几年大副。他哥哥曾指挥过这艘船，甚至还拥有对它的部分所有权。

由于在婚后的头9年里极少见到自己的丈夫，玛丽·劳伦斯决定要在下一次航行中陪伴着他，并且还要将他们的女儿明妮也带出海。她从未在日记中的任何地方怀疑过自己的决定，或者后悔以家庭和家人给予的安全感为代价，换来了深海航行的未知危险。他们于1856年11月25日清晨从新贝德福德启航。借助于一阵清新的东风，他们顺利驶出港湾进入海洋。天黑以前，玛丽走上了甲板，在家乡没入地平线以前最后一次朝它眺望。她伤心地想到，也许自己再也不能同朋友们见面了。第二天，她开始写起日记来，并在开篇就解释了这样做的原因。

由于这是我航海生涯的首段经历，因此我觉得打算写本日记是明智的，这并非为了引起除我家里人以外任何人的兴趣，只是觉得作为我和孩子未来生活的参考，这样的记录是有益的而已。[1]

第二天，风向由东方转至西方，并连续刮了10天大风。在这糟糕天气下的头一天，玛丽就晕船了，明妮也病了两天，但后来她俩都康复了。她们是幸运的；而多数捕鲸人之妻都会遭受持续数日的严重晕船。这并非因为她们比男人更难适应航海业，而是因为她们被期望一直待在下面的船舱里，在那里她们会因船只的颠簸而失去方向感。许多妻子还发现舱底鲸油的腐臭味也会使她们晕船。与之相反的是，男人们则在甲板上积极地行船，这便使得他们中的多数人都能更为迅速地从晕船中康复。

尽管第3天，玛丽并未恢复足够的胃口去享用一些庆祝感恩节用的传统火鸡，但她却从坐在甲板上看海，并惊讶于他们英勇的船只如何破浪前行中找到了大量乐趣。“其宏阔远超我曾见过的任何事物，它就是崇高本身。”12月8日，风速缓了下来，很快他们便乘着和煦的暖风行驶在平静的海面上了。玛丽看到几只海豚一路追随着船只，当一条飞鱼飞落在甲板上时她很高兴，而

1 《船长的最佳助手》。

等随从将它做成了她的早饭，她还觉得那尝起来就像是新鲜鲱鱼。风平浪静的时候，她靠阅读、给朋友写信和听水手们唱歌来消磨时间。通常她会在安息日穿得比平常稍微隆重一些，而且多数时候都在甲板上读《圣经》。她女儿明妮似乎已非常喜欢船上的生活。尽管在想起岸上的朋友时她会偶尔伤心，甚至有次当玛丽和她一起撕开一块如愿骨[1]时，她还希望能够见到苏珊姨妈，但多数时候，她都是满甲板地跑着与船员们交朋友。她把母鸡当作宠物，并与朱巴和威吉这两只非常驯服的小猪一同玩耍。

他们不时也能看见其他一些船只，当另一艘捕鲸船靠近停船时，惯常的做法是并排而行、交换消息并传递书信。比如1857年1月5日，他们遇上了来自于韦斯特波特的大西洋捕鲸船富兰克林博士号。其指挥者拉塞尔船长登上艾迪生号，并与他们共度了傍晚时光。他在启航前还送给玛丽两打橙子，这一举动曾倍受推重。

1月13日，玛丽首次看见了鲸鱼。她听到附近有鲸鱼的声音，于是及时跑上甲板看到它在空中拍打并扬起它巨大的尾鳍。劳伦斯船长立马下令将捕鲸的小船放下水，人们划着船去追赶它，但几小时以后却空手而归。正当他们坐下吃饭时，一声“有

1　如愿骨是指家禽等颈与胸之间的V形骨，在吃的时候，西方人会两人一起将这块骨头拉开，得到大块骨的人可以许愿。

动静了”的叫喊使所有人都停下了手。玛丽决定同明妮一起吃完饭，但她丈夫和多数船员却都坐上小船朝鲸鱼被发现的地方划去。玛丽焦急地等待着，当一条船在返回时连船板都被撞毁了的时候，她以为自己最害怕的事已经发生了，然后她听人喊道“又一条船毁了”，探头却只看见一条空空的小船。“我已经不敢去问那是谁的船了，只得跑下船舱。我再也忍不下去了。”后来当塞缪尔靠近时她听见了他的声音，并得知他的小船也已被鲸鱼撞毁，船上的所有人都掉进了水里，但被另两条捕鲸的小船救起来了。他们虽失去了鲸鱼，却幸运地没有失去任何一个人。

当他们接近合恩角时，天气变冷，还起了风暴，但他们还是于2月2日穿过了德雷克海峡，朝北驶入太平洋。3月9日，他们抵达了位于赤道上的加拉帕戈斯群岛，而当他们朝西北方向航行时，一阵顺风更使他们以每天200英里的速度前行。3月31日，玛丽在日记中写道，除了女儿明妮以外，她已经有4个月没与同性别的人说过话了，而且她怀疑自己是否还能在下次遇到一个时回想起如何与女士说话。到4月12日的时候，他们还有3天便能开到夏威夷群岛，或当时以库克船长命名的桑威奇群岛。

玛丽一想到这是自己人生中首次踏上异国土地就兴奋不已，她满怀兴味地看着陆地渐渐靠近。他们驶过群岛中最大的夏威夷岛，朝毛伊岛和拉海纳镇开去。玛丽觉得，那直插入云的贫瘠高山，以及低缓山坡上的树木房屋，都与她曾见过的一切大相径庭。1857年4月17日，艾迪生号下锚停船了。那时只有两艘别的船停靠在拉海纳的避风港里。

一位海关官员上了船，然后劳伦斯船长便陪同他回到岸上，为他们寻找一处停留之地。他安排他们临时住进一所为美国领事而建的草顶房里。它正好位于林间的岸边，屋外就是鲜花满径的林荫步道。一间长长的客厅与房屋一般长短，凭窗便可见惊涛拍岸的壮丽景色。墙上挂着些油画和版画，地板上铺着草席，房间里则摆放着中式座椅、一张沙发和不少桌子。他们的首位访客是一个叫做莉齐·比奇洛的小姑娘，她是来看明妮的。她妈妈和一位布雷顿夫人就跟在她身后。玛丽后来在日记中写道："我们很高兴能再度融入女性社交圈。"

第二天，他们去做了礼拜，还聆听了随行牧师毕晓普先生一段恰如其境的布道文，即"他们离家随他而去"。玛丽虽惊讶于会众人数如此之少，却仍感谢他们能够在异国他乡礼拜上帝。下午的时候，他们又一起去了当地的教堂，那里的圣歌非常动听。玛丽喜欢夏威夷妇女的周日风尚，并以一派优雅的姿态接受着她们好奇的注视。但她可不那么喜欢当地人的日常装扮。

> 他们中的许多人外出根本不穿衣服；男男女女都全裸着在水里沐浴，丝毫也不觉得羞愧。就在我写东西的当口，两个男人就一丝不挂地靠近了我的门口。明妮

说：“我都不得不把头转向另一边了。”只有极少数的人值得信赖，甚至连教堂成员也不例外。[1]

玛丽虔诚的成长环境及其新教徒的工作伦理导致了她去谴责夏威夷人的各种随意。她判定他们低等、堕落、懒散以及偷盗成性。在日记中，她还曾坦言自己遇到的许多场景都使她脸红，而她在听到小孩说着英语中的骂人话时更是气愤非常。她怪罪于外国水手的影响，但与大多数曾在那个年代遇到太平洋岛民的欧洲人一样，她却完全忽略了主宰那些人生活的截然不同的习俗和信仰。

尽管对夏威夷人的未开化行为感到失望，但玛丽却十分享受他们待在拉海纳的 10 天时光。她觉得那里的气候令人愉悦，如果多待几周也会很高兴，但劳伦斯船长却急着要离开。他们在外国居民中结交的朋友也在他们离开前携带礼物过来看望了他们。玛丽被赠予了巧克力、胡桃、罗望子、一盒古龙香和其他一些稀罕物，而明妮则被赠予了提篮、玩具和书籍。

他们于 4 月 27 日驶向附近的瓦胡岛，第二天则在火奴鲁鲁镇停了船。他们花了一天时间上岸观景，还在开启第二段寻鲸之行前遇到了一些美国家庭。他们从夏威夷群岛向北行驶至位于阿

1 《船长的最佳助手》。

拉斯加湾的科迪亚克捕鲸场。天气逐渐变得更冷了，天色也变得阴沉沉、雾蒙蒙的。他们遇到了其他几艘美国捕鲸船，而它们全都遭遇过严酷的天气。他们曾几次看见鲸鱼，并放下小船去追赶它们，却没有成功。然后在 6 月 6 日，经过整天的大雾以后，他们几乎撞到了一头鲸鱼。劳伦斯船长让船只抢风而行并放下了小船。晚上 7 点的时候，一头大鲸鱼被抓住，然后就躺在了船边。据估算，它能产出 135 桶鲸油。玛丽却错过了大部分激动人心的时刻，因为当时她正犯着严重的头疼，甚至都病得不能在床上坐直。她听到人们忙着分割鲸鱼的残骸，并将碎块扔到甲板上，但她仍对自己不能亲眼看见所发生的一切而感到失望。

5 周以后，他们又成功地捕获了一头母鲸及其幼崽。不知是因为她在最后时刻又病得如此厉害，还是觉得观看抓捕和分割鲸鱼太不让人愉快，反正她只用了寥寥数语带过一整个过程，反而更加关心起一只漂亮的棕黄色小鸟，它是从附近的费尔韦瑟山飞来船上的。她将自己的一只工作篮变成了笼子，并喂了些亚麻籽和大米给它吃，希望它能开口唱歌。但不幸的是，这只小鸟两天后就死掉了。

他们于 7 月 22 日离开科迪亚克捕鲸场，向西朝布里斯托尔湾驶去。所有的鲸油都被收集、贮存起来，现在他们已经有 600 桶了。8 月中旬的时候，他们正要通过阿拉斯加西南方群岛之间的乌尼马克海峡，但在安全通过以前，却因无风而停了船。他们能望见远方的巍峨群山，其白雪皑皑的山顶更耸拔云上。为防止船只被海浪推扫上岸，他们便下了锚，停船的时候，有些人乘着一条小船上岸去采了些草莓、黑莓和越橘，以及给玛丽和明妮的一大捧鲜花。她们都很高兴收到这些香气馥郁的鲜花，并用它们将船舱装点了一番。

在布里斯托尔湾寻找了一个月的鲸鱼后，他们转而向南航行。他们常常发现自己身陷阴沉、湿冷的大雾之中，那雾大到甚至根本看不见船栏以外的任何东西。在某次小船下水去寻找鲸鱼的时候，大雾突然将他们包裹起来，他们便不得不在艾迪生号上开炮并吹响号角，好让小船上的人能够找到返回母船之路。食物储备也渐渐少了，但他们却成功捕获了大量鳕鱼和比目鱼，玛丽写道："现在我们靠吃新鲜鱼类为生，味道还挺好的。"

他们花了3周时间从捕鲸场回航，并于1857年10月14日回到夏威夷群岛，在火奴鲁鲁以外下锚停船。和上次待在拉海纳一样，玛丽终日忙于社交拜访。她的泰半熟人都是移居国外的美国人和捕鲸船船长及其家人。她参观了水手之家，并受邀登上圣玛丽号，这是一艘停泊在港口的军舰。1857年11月13日，他们出发开始了第3次巡航。这次他们向南行驶到新西兰的捕鲸场。当他们越过赤道时，玛丽在日记中写道，离他们从新贝德福德出发已经过去一年了，而他们总共已行驶了35 985英里。在这次巡航中，他们疾速掠过南太平洋到达森迪岛，继而下至新西兰一带，穿越后抵达皮特凯恩岛，然后向北驶至马克萨斯。出海 4 个月后，他们于 1858 年 3 月 7 日返回了火奴鲁鲁。

接下来是更多的社交拜访，在港口停泊了 3 周后，他们又于 3 月 28 日重新出发巡航，这次则去了更北的地方——渡过白令海，再穿越白令海峡进入北冰洋。

第 5 次巡航时，他们去了加利福尼亚的卢卡斯角；第 6 次则是对第 4 次的重复，又去了北冰洋。最终，他们于 1859 年 12 月 5 日开始了第 7 次也是最后一次巡航，经由新西兰返回家乡。出发时玛丽满心悲伤，因为她已得知父亲在她离开时去世了。“家将再也难以称之为家——人去椅空啊。每思及此，我便多么心痛，而除非等我到家，否则都不能完全认识到这点。就算那将是场悲伤的会面，我们也必须活到回家。”[1]

他们又在海上度过了一个圣诞节。平安夜的时候，还遇上了由威拉德船长指挥的三桅帆船拉贡达号。明妮挂起了她的长袜，第二天发现里面有些糖果、她父亲在车床上打造的一对象牙烛台、她母亲送的一本书，以及威拉德船长送的一只旅行皮箱。

他们把船停在美丽的南海岛屿艾图塔基以外度过了 1860 年元旦。玛丽将之描述为一个像完美花园一样的地方，富有大量菠萝、橙子、柠檬、香蕉、车前草、面包果、甘薯和南美番荔枝等植物。

---

1 《船长的最佳助手》。

他们遇见了英国传教士罗伊尔先生和他的妻子。这对夫妇已在岛上生活了21年，并养育了6个女儿，其中最小的还跟明妮成了愉快的玩伴。他们不愧为快乐的一家，而玛丽则对他们又干净又宽敞的校舍和教堂留下了极其深刻的印象。但这样的聚会却实在太短暂了，他们上岸不过一天便又回到了海上。然而，他们却幸运地遇到了另一艘载着小孩的捕鲸船。1月8日，他们看见威利斯船长的漫步者号，随后便登船共度了愉快的一天。“对所有人而言，这场带着家人在海上的聚会都非常愉快，孩子们就更是如此了。”

然后他们继续绕过新西兰的南岛，往东朝合恩角开去。在4月中旬以前，他们已经驶出了合恩那片寒冷而多风暴的水域，转向北方行船。在他们靠近家乡的时候，玛丽开始了一轮孜孜不倦的打扫、清洗和缝补。她刷洗了餐具室里的盘子，擦亮了勺子，清理了所有的抽屉和柜子，然后开始打包。有一天，她甚至塞满了5只大衣箱、一只桶和两只小提箱。在最终驶近新贝德福德时，一场巨大的西北风却严重耽误了他们的行程，因此他们便不得不顶风前行。伴随这场巨风的是一次反常的闪电现象。“我以前从未见过这样的闪电。电光几乎伸展到要围住整个地平线了。”于是他们收帆缓速向北抢风而行。“这着实令人气馁。离家如此之近却无法前行让我们感觉非常糟糕……”

巨风过后，则是一派死一般的平静，它同样令人沮丧。但6月13日，风力终于变强了，他们也最终靠近了家乡。上午9点时分，领航员在蒙淘克登船。第二天，他们就在新贝德福德以外的艾卡什奈河上下锚停船了。

玛丽·劳伦斯的日记是对一位女性在长期捕鲸航行中经历之事的新鲜而生动的记录。它更多是在陈述事实而非进行自省。而我们也只见其所见却极少见其所感。她几乎从不抱怨，也从未质疑过自己在船上的角色。这大概是因为她打算以后让丈夫和家人来阅读这本日记。于是我们便只能付诸揣测，一位孤立于男性世界中的女性究竟该有怎样的感受，而这个世界则与她抛诸身后的那个截然不同。

待在家中的船长之妻有熟悉的环境和惯常的程式所带来的安全感。她们日日忙于多种事务，尽管有些可能单调乏味，但她们最终却能对生活有所掌控。她们也会思念丈夫，但毕竟还有亲友在旁劝慰。她们拥有父母、祖父母、叔伯姑婶和兄弟姐妹组成的支持之网，也能喊来其他妇女提供建议或帮助，抑或只是讲讲令人欢快的小八卦。

出海的船长之妻则与这一切都切断了联系。她被孤立在一个局限的空间内，在那里她甚至没有明确的角色。女性极少能像玛丽·帕滕那样在危难关头接管一艘船。正常情况下，船长之妻与日常行船几乎或根本没有任何关系。她也许会缝补船舱侍者的衬衫，或像护士那样照料受伤船员，不过船上并没有什么别的实际工作需要她去做。有厨师和随从照顾船长和其他高级船员，所以她发现自己仅仅是一个由他丈夫所统治的世界的旁观者。那些视她为间谍的船员时常不满于她的存在，认为她会将他们的行为汇报给船长。“木匠在房子的前边装了一扇长窗，于是汉布林夫人就能坐下来察看甲板上正发生着什么，谁越过了船头或是去了尿桶”，艾布拉姆·布里格斯如是写道。[1] 而捕鲸船猛虎号上的水手约翰·珀金斯则为我们提供了一幅玛丽·布鲁斯特所处孤立境地的图景，她与丈夫一起做了4年的航行。“每个天气好的日子，船长夫人都坐在甲板上缝纫。她的容貌并无特殊之处，在甲板上也从不与除她丈夫以外的任何其他高级船员说话。”[2]

由于别无有用之事可做，许多妻子都发现海上的生活会变得极其无聊。正如楠塔基特的伊丽莎·布罗克在1853年7月31日的周六所写：“这是冗长且孤独的在多风暴的深海上航行的一天，我所能做的只是不时看看书、写写字和唱首颂歌，再就是想想我遥远的家乡和朋友。”[3]

几乎被局限于船尾这一事实更提升了捕鲸人之妻的孤立感。

---

1 转引自哈斯克尔·斯普林格《海上的船长之妻》，收录于由玛格丽特·S. 克赖顿和莉萨·诺林编订的《铁男人、木女人：性别与大西洋的航海事业，1700—1920》（巴尔的摩、伦敦，1996）。

2 琼·德鲁特编订《她是水手的姊妹：1845—1851 玛丽·布鲁斯特在捕鲸船上的日记》（康涅狄格州米斯蒂克，1992）。

3 德鲁特《那几部女性日记》。

她与船长共享一室，可等他得空想随意在船上走走时，她却被希望继续待在自己的指定区域里。在多数捕鲸船上，这一区域都由3个房间构成：船长的起居室、船长的客厅与主舱。起居室是他俩睡觉的地方，相邻的还有一间小型凹室，其中包含着一座抽水马桶、一只台盆和一个柜子。船长的客厅则是一间与船尾等宽的窄间，光线是从船尾的窗户里透进来的。这便是他的休息室和办公室，也是对他妻子而言最舒适的房间。它可能配有一张沙发、一把或两把安乐椅，地板上有块地毯，墙上挂一只晴雨表，或者可能还有幅画，另有一块放书的地方，那些书便是她主要的娱乐项目。主舱则是船长与妻子和高级船员们的餐厅。里面主要就是张餐桌，船长的椅子被放在一头，以及身为高级船员的3到4名副手的椅子或长凳。船只的其他部分实际上是限制入内的。亨丽埃塔·德布卢瓦曾在其日记中对船长的住处做过一次详细描述，但她记下了这样的话："前面就是水手们居住的前甲板下面的水手舱。我不能带你去那儿，因为我自己也不曾去过，但被告知里边装配精良。"[1]

除了其住处的局限，还有厌倦，以及由于在船上缺乏有用之角色而产生的毫无用处、低人一等的感觉之外，几乎所有船长的

1 亨丽埃塔·德布卢瓦1856年11月20日的日记，转引自德鲁特《她是水手的姊妹》。

妻子都不顾一切地渴望有个女伴。我们已然看见玛丽·劳伦斯间或对此有所评论，但她的孤立感却部分被小女儿明妮的存在所减轻。而对许多妻子来说，其他女性的缺场就几乎超过她们所能承受的范围了。当埃玛·麦金尼斯错过了跟另一艘船上的一名妇女讲话的机会时，她便像个大孩子一样后悔得直哭，而伊丽莎·威廉姆斯曾如此形容过她在看见一艘过路船上的船长之妻用望远镜注视着她时的情形："她正看着我，我想，像我一样渴望着看到一个女人；她将镜片紧贴着她的眼睛，我能看见。"[1]

一个女人唯一能吐露心声之人就是她的丈夫，但他却常常忙于行船，且总是不能对困扰她的事情感同身受。正如多罗西娅·巴拉诺指出的那样："我无法转向任何人寻求理解，更别说帮助了，因为船上的所有家伙都完全且绝对处于他的权威之下。"[2]

实际上大多数做出了陪同丈夫出海的艰难决定的妻子似乎都十分忠诚于他们，甚至做好了忍受各种磨难的准备。"我正跟丈夫在一起，也将永远在他身边。现在已没有海洋能够分开我们。他将不再有我所不能知道或不能分享的烦恼与悲伤，"玛丽·布鲁斯特写道，并总结说，"我已无需更多，并且高兴、自愿地放弃了所有朋友、家庭和故乡。"[3]

---

1 2　哈斯克尔·斯普林格《海上的船长之妻》。
3　德鲁特《她是水手的姊妹》。

汉娜·伯吉斯宣称她爱丈夫更甚于她所能表达："真是这样的，为了爱，人心几乎能做出任何牺牲，而且仅仅是爱，便促使我离开了自己成长的地方、慈祥的父母和亲爱的朋友，与丈夫一同漫游，并与他分享降至水手命运之上的欢乐与悲伤。"[1]

这种似乎为许多捕鲸人之妻所共有的真挚忠诚，使得她们能够勇敢地面对风暴，以及那些总在航行之初便伴随着恶劣天气而来的晕船。玛丽·布鲁斯特在她首次航行的第一个月就病得如此厉害，以至于几乎一直被困在床上，无法在日记中写下一个字。当她终于感觉好到能坐起来的时候，才写了一点，却又吐了，然后便不时休息一下直到天气好转。但最终她还是具有了不晕船的能力，并能无所畏惧地面对一场风暴。她走上甲板去看飞速转动的舵轮、被收起的所有船帆以及拍打着船头的巨浪。"要是我从未出去的话，就不会看见这一时刻或亲眼目睹这么庄严的景象。"哈丽雅特·艾伦于1869年11月目睹了一场严酷的巨风。舱口用木板封上了，人们甚至不得不砍断前桅中段以上的桅杆。她紧撑住门廊并观察着几乎有山那么高的海浪。风和海的呼啸是如此狂暴，以至于她都不可能听到自己在讲些什么，但她却和玛丽·布鲁斯特一样毫不畏惧。"我对这艘小船及其船长抱有信心，这一

1 斯普林格《海上的船长之妻》。

1854 年时三十一岁的玛丽·布鲁斯特

来自 J. 格西使用早期银版技术摄制的相片

场景所激起的奇特的狂热兴奋，甚至是迷恋已驱走了恐惧。”[1]

待在家中的捕鲸人之妻则不能与丈夫分享长途航行中的危险与刺激；她们也无需忍受晕船、窄室，以及作为一船男人中唯一女性的孤立感；但她们却有自己的烦恼。除了许多女人在丈夫离开后所经历的孤独与悲伤之外，许多人还得忍受经济上的困难。1844 年 4 月，楠塔基特的费布·科特尔曾给船主查尔斯和亨利·科芬去信说：“很抱歉不得不再来寻求帮助，但我已经必须要交租了，木柴也没有了，还得为家里添置许多缺之不可的东西。”[2] 她解释说因为母亲正生着病，自己被迫放弃了工作，要求一共给她 30 或 40 美金。第二年，约翰·科德怀孕的妻子也写信向同一船主借贷 50 美金，当时他正行驶在太平洋上捕鲸。“我感觉您并不曾善待我；我丈夫也没想到您会在他受雇于您而出海时，使他的家人遭受生活必需品的困扰。我没有了食物和燃料，除非您能为我做些什么，否则我必将通过每艘船给他去信，让他回来照顾他的家人。”[3] 当蒂弗顿的萨拉·特里普有两年没听到她丈夫的任何消息之后，她开始对他还会回来感到绝望，于是向镇议会申请了援助。议员大会一致认同她和她的 4 个小孩正“处于贫穷、底层及可悲的状态和境遇之中”，并许可她卖掉丈夫的

1 德鲁特《她是水手的姊妹》。

2 3 莉萨·诺林《亚哈之妻：1820—1870 年的女人与美国捕鲸业》，收录于《铁男人、木女人》中。

部分土地，以维持她自己和孩子们的生计。[1]

由于不得不养活自己，许多捕鲸人之妻就去找了工作，并担负起通常被认为是丈夫才关心的职责，比如管理收支、结清账款以及买卖土地和不动产。楠塔基特的中央大街以“衬裙街”而闻名，因为那里的许多店主都是女性，而在新贝德福德，女人通过从事各种各样的计件工作来挣钱。伊丽莎·斯坦顿因为替水手缝制衬衫而从镇上的一些男装店里赚了 27.17 美金，在一家服装店里做女裁缝师的萨拉·科里则给海上的丈夫写信说：“我一直有那么多针线活要做，有时都不知道该怎么办，但他们可不会接受否定的回答，于是我就不得不去做了。”[2]

许多女人通过接纳寄宿者来谋生。4 名船上的木匠就在西尔维娅·索尔那里寄宿了几个月，一名捕鲸船船长之妻朱莉娅·菲斯克则开了家度假式旅馆，曾一次接纳过数十名旅客。[3] 而在乡村地区，女性如达特茅斯的卡罗琳·吉福德和艾卡什奈的汉娜·布莱克默则在孩子们和邻居们的帮助下经营着农场。罗得岛蒂弗顿的阿比·格林内尔曾得以向她出海的丈夫写了份汇报，告诉他自己的玉米已经很大了，大麦也很好，牛儿长得那么好甚至都肥到能做肉牛了。但并非所有的捕鲸人之妻都能应付自如，而且太

1　露丝·沃利斯·赫恩登《航海者的家用花销》，收录于《铁男人、木女人》中。

2 3　诺林《亚哈之妻：1820—1870 年的女人与美国捕鲸业》。

多人都觉得独力养活一家人实在很艰难。1842 年，迈拉 · 威克斯在给丈夫写信时，无疑为许多人道出了心声：“我觉得成天被关在这里，还要照顾 3 个小孩可真孤独啊。我会很乐意知道你是怎么想的。”[1]

但捕鲸人之妻并非唯一孤寂之人。许多乘着捕鲸船出海的男人也极度想念他们的家乡和家人。捕鲸船的船长在其舱室内的私人空间里撰写着日记，并在信件中向所爱之人倾诉着他们的感受。1871 年，查尔斯 · 艾伦船长写了封信，开头就说：“亲亲吾女埃玛，当我一个人孤独地坐在我的船舱里时，这样的想法突然钻入脑海：难道这就是生活的全部？我的心回答说不。”另一名艾伦船长在 1859 年给他妹妹汉娜写信时呼应了他的想法：“但我有时如此孤独，为了我亲爱的妻子，我几乎不能对自己感到满意，甚至会想正因如此，我才孑然一身，她才去了天堂。”[2]

住在桅杆前面简朴宿舍里的普通水手则毫无隐私可言。在捕鲸船上，正如在多数商船上一样，水手们住在局促的环境里，并被期望坚强、自恃。那是一种男性和男子气的文化，女性的价值观在其中完全不起作用，敏感就更要加以掩饰或压抑了。思乡的水手很可能会遭到同船水手的嘲讽。当阳光号上的一名年轻水手

1 诺林《亚哈之妻：1820—1870 年的女人与美国捕鲸业》。

2 两封信件皆收藏于楠塔基特历史学会。

被发现正坐在他的水手箱上抓着祖母给他的被子哭泣时，便成了恶作剧的对象。[1] 合恩角之鸽号上的马歇尔·基思在被其船长训斥说花了太多时间去想妻子以后，还整整哭了一个下午。

而尽管船上盛行这种文化，各等级的水手还是极度珍视家里来的信件、礼物和纪念品。当他们漂洋过海时，这些纪念品就是他们与留在身后的女人之间强有力的联系。食品和衣物似乎是最常见的东西。露丝·波斯特曾问她的丈夫："一定要让我知道你的黄油、奶酪和干果是否完好。"埃德蒙·詹宁斯将婶婶戴尔做的蛋糕带出了海。塞缪尔·布雷利在出发时装上了妻子给的越橘和岳母给的柑橘，后来还写信告诉妻子，"道格拉丝奶奶做的长筒棉袜穿着很舒服，可现在已不足航行所用之半了；希望你能为我多寄一打"。他接着告诉她说："我不能把你织的穿上，那就像是种冒渎。我多么宝贝你的亲亲小手所做的每样东西啊。"[2]

船长和高级船员们尚能将这些东西藏在抽屉和柜子里，而普通水手却只能将其所有物品放在他的木制水手箱里。他把它当成凳子，在上面打牌，还带着它辗转于数艘船间。除了有家里来的信件和礼物以外，它还装着他上岸穿的衣服、一两张画像以及放着钮扣和针线的针线盒。许多水手还带着本《圣经》。塞缪尔·

---

1 玛格丽特·S. 克赖顿《1830—1870 年间美国捕鲸业中的男人与女人》，刊载于 1992 年 6 月第 4 期的《国际海洋史杂志》。

2 诺林《亚哈之妻：1820—1870 年的女人与美国捕鲸业》。

利奇说他花了许多无聊的时光来读书："我有时就细读着《圣经》和《祈祷书》，那是母亲在我出发前夜明智地放进我箱子里的。"[1]

信件和家乡物品有助于这些人继续他们的航行，但对许多人，尤其是年长者而言，这些却不能替代被他们留在身后的亲爱之人。他们脑中所想的全是要回到家乡和家人中间。"有时我想，如果能活着并好好地回家，我就再也不会离开你了"，威廉·阿什利曾这样对妻子汉娜写道。[2] 他告诉她，捕鲸对单身汉来说一切都好，但它却不利于已婚男人的健康。在写完这些后不久，他便获准解职，并于捕鲸航行结束前离开，回到了汉娜身边，在农场定居下来，再也不曾出过海。

---

1 亨利·贝纳姆《来自下甲板：1780—1840 年的老海军》。
2 诺林《亚哈之妻》。

没有女人的男人们

1761年7月2日，长公主号上进行了一次军事审判，这是停泊在泰晤士河口诺尔的一艘老旧的90炮战船。受审的是属于国王海洋号上的乔治·牛顿，和同属一条船上的侍者托马斯·芬利。他们被指控犯下了“违反天性且令人憎恶的鸡奸罪”。[1] 审判长是泰晤士和梅德韦河上的舰船总指挥威廉·博伊斯上将。与将军同在战船主舱里的另有4名海军上校，其职责为协助将军进行审判，并判定两名犯人是否犯下了这项要受第29条军规处罚的罪责。

在犯人被看守长带入法庭后，法庭先是宣读了他们的指挥官兰登上校所写的一封信。接下来便开始询问控方证人。第一位证人是一名叫做查尔斯·费里特的黑人。但犯人乔治·牛顿马上对他来作证表示了反对，因为他说黑人无权宣誓证明一名基督徒有罪。于是费里特被问道是否曾受洗，他说当他在梅德斯通号上做船员时就在朴次茅斯受洗了。虽然他已想不起来当时有谁在场，

1 以下所有与此案有关的资料都来自海军部档案1/5 300中的庭审记录。

却回想起凯佩尔准将是他的教父之一。在进一步询问之下，他承认自己并不识字，却是个自由人，而且有自己的薪水。随后他获准成为证人并宣了誓。上将要求他向法庭陈述两名犯人被控犯下的鸡奸罪。以下便是费里特所说：

犯人乔治·牛顿在登上海洋号时都没有铺位，我可怜他才让他跟我一起睡下，还把自己的铺盖铺到地上好让我俩共同使用。一天晚上我正睡着觉，却听见身边有人又是吹气又是抽气的，而且离我的膝盖很近，把我都晃醒了；但我并未惊动他，而是举起左手，牢牢抓住了他的双睾；其余部分则还在侍者的身体里；我问他在那儿搞啥，他说，阴道。然后我就说，你比任何在地里跑的野兽还坏。

当被问起这发生在夜里几点钟时，他说约摸是凌晨三、四点钟。

有亮光吗？

一点都没。一片漆黑。

如果一片漆黑的话，你怎么知道就是那名侍者？

我把那孩子留在我的铺位上直到天色大亮，那时我才发现就是侍者，犯人芬利。

他还被问道如果一片漆黑的话，又如何能确定就是犯人乔治·牛顿在犯鸡奸罪。他回应说："根本没有别人睡在我边上啊，只有一个人睡在我那张床上面的吊床里，而且是同一个铺位。"

他还被问道是否确定发生了什么。

我感觉乔治·牛顿的阴茎就在芬利那孩子的屁股里。

你当时又做了什么？

我大叫起来。船上的厨子那时还准备过来，但他老婆拦住了他，这是后来他告诉我的。

费里特又被问到是否曾跟犯人们吵过架，他说从来没有。这时乔治·牛顿获准向证人问话。他问费里特，是否曾听闻他使用过任何可能暗示他想犯鸡奸罪的下流动作或语言。费里特说他们曾在哈里奇号上共同航行过3年，而且从不知道他会去犯这种性质的罪行。

这名黑人退下后，船上的厨子乔治·道森宣了誓。他被要求将他所知的犯人们在海洋号上的行为讲述一遍。他说自己曾听到那黑人的叫喊，说犯人将他的阴茎插进侍者的屁股里了，以及他比地里凶残的野兽还坏。他说那时大概是凌晨2点钟，并确认了当时一片漆黑。

> 那时你看到了那名侍者吗？
>
> 我起来时看到了那孩子，他整夜都被那名黑人，就是费里特，保护在床铺上。
>
> 你知道或认为那名黑人喝醉了吗？
>
> 我不能断言他是否醉了。我是在早上6点钟左右看到那名黑人的。反正当时他没醉。

厨子退下后，睡在费里特和牛顿上边吊床里的水手乔治·格布斯被喊来做下一位证人。他重复了一遍跟厨子所讲一模一样的故事，第4位证人艾萨克·赖特亦是如此。

海洋号的指挥官兰登上校随后被叫进来宣了誓。他告诉法庭说自己当时已经上了这艘船并被中尉告知，他把一个被控鸡奸的男人铐了起来。上校说他曾下令把牛顿带到自己和军官们所在的后甲板上，并问他怎能犯下如此罪大恶极且违反天性的罪行。但牛顿否定了这项指控，因此他就把那名侍者叫了来，他承认那人有罪，并鸡奸过他好几次。上校还说他曾下令把他俩都铐起来，然后写信给他的指挥官要求进行一次军事审判。当被问及侍者的招供是出于自愿还是在威胁或体罚之下被迫作出的时候，上校说是自愿的。

下一位证人是威廉·奥佛尔中尉，他说自己从船上的厨子、黑人费里特，以及格布斯和赖特那里接到控诉说，犯人乔治·牛顿同另一名犯人犯下了鸡奸罪。他还质问过牛顿，他说他醉得厉害，根本不知道自己曾犯下这种罪行，而且以前也从未因此被人指控过。

上将问中尉说：“你可记得曾听那名侍者宣称他以前犯过这种罪，或者已惯于遭受男人对他的鸡奸行为?”

“他说他曾从朋友当中逃脱，并已习惯于在圣詹姆斯公园的鸟笼步道上游荡；但他没说到底是因为什么。”

随后乔治·牛顿叫了许多证人来为他辩护。其中包括船长、大副和其他几名水手。他们全都作证说他以前从未犯过鸡奸罪，而且在哈里奇号上时被认为是个跟其他任何人一样的正常人。最后一位证人是那名侍者的父亲，来自于伦敦圣詹姆斯教区的约翰·芬利。在他宣誓过后，上将向他提出了如下问题：

> 你儿子喊你来向本庭描述他的品性。那其成长历程如何?
>
> 他对他母亲和我一直很孝顺，曾给屠夫们做过随从。他有出海的意愿，应一位巴勒特先生的征募上了船。

这时，托马斯·芬利双膝跪下乞求原谅，并说他再也不会这样做了。乔治·牛顿则公开表示了他的清白，然后法庭清场。主审官和4名海军上校仔细考虑了针对两名犯人的指控，并确信这些指控被证实对他们不利，因此根据第29条军规，他们全都有罪。接着主审官宣布了将要对他们施行的惩罚：

> 乔治·牛顿，水手，和托马斯·芬利，侍者，将在海军部各位长官大人之后指示的某个时间及某艘皇家船舰的桁端被处以死刑，两人都须被套住脖子直至吊死。

在伦敦档案局里记录着上述资料的一卷军事法庭文献中，还有一名书记员所做的潦草标注，说7月17日时，他们被下令于7月27日周一在诺尔的长公主号上被处死。

今天，在西方世界因鸡奸罪而绞死两个人将被多数人认为是野蛮之举。这起特殊案件尤为令人震惊之处在于那名侍者也跟那个男人一起被处死了，就因为他已超过了14岁。此外，乔治·牛顿很可能是正常的异性恋者。当被费里特问及在那儿搞什么的时候，他回答说“阴道”，这便暗示他是被性欲驱使着把男孩当作女人玩弄了。他对中尉抗辩说自己醉得厉害，而且不知道他犯下了这一罪行也是真的。但就皇家海军而言，同性恋在任何情况下都是不能被容忍的，而且所有水手都清楚这点。偶尔在周日时，上校会在出海的战船上向集合的船员宣读军规。第 29 条明确规定“违反天性的罪行将被处以死刑”，而鸡奸罪与其他诸如兵变、降敌以及随船逃跑等罪行同属招致死罪那一类。

海军军官则比普通水手更有可能侥幸逃脱同性恋法令。不同于那些毫无隐私地紧挨着起居、睡觉的水手，军官们享有小船舱的便利，而且在军官被控同性恋的几个例子中，案件都未进行审判。可当证据确凿时，他们便难逃罪责。22 岁的贝里中尉的案件便是其中一个很好的例子，而且尤为有趣的是，一位关键证人还是个打扮成侍者的女船员。

威廉·贝里是单桅帆船冒险号上的一名中尉，据说他在 1807 年 8 月当中与同船职衔为二等侍者的托马斯·吉布斯发生了数次同性恋行为。8 月 23 日，贝里中尉将那孩子叫进了自己的船舱，命令他在床边挂一块桌布当作屏风，然后锁门，并将他的手帕盖在锁孔上。接下来他把那孩子拖上床鸡奸了他。当侍者反抗说他弄疼了自己时，他就猛击他的肩头，并让他安静。事后，贝里让他扣上裤子的扣子滚开，也不许对任何人提起。这孩子哭着离开了，并将发生的事情告诉了军械库管理员约翰·霍斯金。霍斯金知道这孩子之前就已经被那名中尉强奸过至少十多次了，但这次他却决定要对此做些什么。他告诉了乘务长，当晚 11 点半的时候，冒险号的指挥官查尔斯·迪尔克斯上校把吉布斯叫进了他的船舱，要他解释他和贝里中尉之间到底发生过什么。吉布斯把他的故事重讲了一遍，于是上校就将这件事汇报给了他的指挥官，而贝里则发现自己将面对一次军事审判。

审判于1807年10月2日在普利茅斯的国王萨尔瓦多·德·蒙多号上进行。[1] 主审官是海军上将约翰·达克沃斯爵士，主要控方证人是托马斯·吉布斯。那名侍者向列席的陪审员详细描述了在中尉的船舱里发生过的细节。接下来是迪尔克斯上校，他说吉布斯虽曾两次犯有盗窃罪，但他却不相信他是个骗子。下一位证人则是一名女水手。在这次军事审判的记录中，她被形容为“化名为约翰·鲍登的伊丽莎白（一名女子），在冒险号的花名册上是三等侍者”，而根据《海军年鉴》，她在出庭时还穿着长夹克和蓝裤子。伊丽莎白·鲍登来自于康沃尔的特鲁罗；在双亲过世后，她就去寻找住在普利茅斯的姐姐。由于没能找到，所以她决定变装并志愿加入海军。1807年2月，她成了冒险号的一员，并在服役6周后被发现是个14岁的女孩。船长没有把她送到岸上去，而是给了她一间独立的卧室，还允许她作为军官们的随从继续留在船上。

站在萨尔瓦多·德·蒙多号的主舱里，伊丽莎白·鲍登被问到是否曾透过贝里先生舱门的锁孔看见侍者托马斯·吉布斯正跟犯人行下流之事。她回答是，就在船驶入普利茅斯之前看到过一次。

1　海军部档案1/5 383。

我透过锁孔看到托马斯·吉布斯正在玩弄犯人的私处——于是我跑上去喊了军械库管理员，让他下来并透过锁孔看他俩在干嘛——他确实下来了，但并没有朝里看，而是把我叫到了船尾并让我坐下。

你经常看见托马斯·吉布斯进入犯人的船舱，而且大门紧闭，同时犯人也在船舱里吗？

是的。

托马斯·吉布斯曾向你讲述过或者你曾听说过他跟犯人之间发生了什么——又是什么引导你透过锁孔看进去的呢？

吉布斯从没告诉我所发生的任何事——他被叫进去了好几次，我就以为能看到他在干嘛。

下一位证人是船上的军医查尔斯·格雷格森，他重复了侍者对发生在8月23日的那件事的详细描述，并补充道，那孩子曾两次被迫与犯人进行口交，而且“他还割断了鱼线抽打他的臀部——然后贝里先生就玩弄了他的阴茎，而他也对贝里先生做了同样的事情”。当被问到是否曾为那名侍者做过身体检查时，军医说他没能在那孩子身上发现任何受伤的标记，尽管他曾叫唤说觉得很疼。

最后一位证人，即军械库管理员约翰·霍斯金，对法庭讲述了侍者曾告诉他的多次性行为。当被问到是否相信那孩子是个骗子时，他回答道：

> 我知道那孩子是个骗子——但我相信在这件事上他说了真话。
>
> 为什么在这件事上是真话呢？
>
> 我经常看见他走出贝里先生的船舱，而且明显比平时更觉肤色深红。

贝里中尉则喊了亲戚威廉·桑德尔来为自己辩护，他是伦敦的一名药剂师和男性助产士，他说贝里以前曾因性无能的问题而向他咨询过，因此他相信他不可能犯下鸡奸罪。冒险号的军医则说他为贝里做过检查，并确信他能够勃起，但却强调“由于这涉及部分精巧且复杂的生理机能”，因此他也不能完全确定。

法庭在仔细考虑了证据后，宣判贝里中尉犯有鸡奸罪及其他几项行为不洁罪，因此将被处以绞刑。判决于 1807 年 10 月 19 日执行，于是贝里在冒险号右舷的前桁端被绞死了。

而根据第 29 条军规，绞刑并不是给予那些被定罪者的唯一判决方式。在 1754 年 12 月的一次军事审判中，国王箭猪号上的托马斯·兰德金被发现犯有行为不洁罪，于是被判当着所有在普利茅斯执行任务的舰船前光着背接受一种九尾鞭的 20 下抽打。

鞭刑共分两次执行，随后他还被下令解职了。国王电压号上的水手长罗伯特·佩顿则接受了另一种形式的鞭打惩罚，其中还包括最大限度的当众羞辱。1800 年 2 月，他因要求与人犯下违反天性之罪而出现在一次军事审判中。最后他被认为有罪，并被判处接受 200 下鞭打，而且要“以一种极尽不名誉之能事的方式”颈套马笼头在水岸边受刑。他也被剥夺了水手长的职务，并失去了全部应得的薪水，还被下令永不得以任何身份在皇家海军中服务。[1]

考虑到海军把成千上万名年轻男子一关就是数月之久，而且无法接触到女性，那么只有寥寥数起导致起诉的同性恋事件就真的很奇怪了。在浏览伦敦档案局里那些浩如烟海的记录着海军军事审判概要的皮边卷宗时，很少能在大量其他罪行中找到“违反天性罪”的例子。比如在 1756—1763 年的七年战争期间，只有 11 次对鸡奸的审判，其中 4 次的结果还是无罪开释。由于战争中有 7 至 8 万名男性在海上服役，我们只能得出同性恋或者是被忽略了，或者是因惩罚严厉而未被上报，又或者确实是很少的结论。1795 年时，就压根没有鸡奸的案件出现在被列入军事审判概要里的罪行之中。1800 年，当与大革命时期的法国所进行的海战进入白热化阶段时，海军共进行了 272 次军事审判。通过分

1　上述二例见海军部档案 1/5 294 及 12/086/28。

析被告被控的这许多项罪行，我们发现64次军事审判是因有人被控弃船逃跑而开庭的；34次是因醉酒和玩忽职守；25次是因兵变行为和煽动性语言；21次是因抢劫、诈骗以及偷盗商店；20次是因试图弃船逃跑；18次是因未经请假就擅离职守；14次是因行为放纵且不服从命令和用语污秽；13次是因上校及军官被控丢失了战船；然后就是诸如殴打上级军官和在值守时睡觉之类的罪行。那一年只有4起鸡奸案。同在国王圣乔治号上的托马斯·哈伯德和乔治·海因斯被发现有罪并被绞死了；国王电压号上的罗伯特·佩顿我们之前就已提及；而乔舒亚·托马斯则被控犯有与野兽交媾的违反天性之罪，最后却无罪获释。

事实是，大量的水手在并不忙于行船时，似乎都会花更多的时间来想女人而非男人。他们会给女人写信，唱着关于女人的海上号子和歌谣，在自己身上纹着女人的名字，在鲸鱼和海象的牙齿上刻着女人的肖像，在异国海港收集着礼物带给他们的女人，还珍藏着被他们留在家中的女人的纪念品。而他们也会在上战场时想着他们的女人。纳尔逊的朋友和他在特拉法尔加的副指挥，科林伍德上校曾在1794年“光荣六一”战役后不久给他的岳父写信，向他汇报了此次行动。他说战斗的前夜是在警戒、祈祷和为第二天做准备之中度过的，“而我还为我的萨拉献上了无数祝福，以免我再也不能为她这样做”。6月1日黎明，天空云层密布，一阵清新的微风从西南方吹来，英国舰队就在这样的天气下突袭了其法国对手。当两列战船进入射程范围以后，法国方面开始从舷侧开炮。科林伍德时任旗舰巴夫勒尔号船长，当雷鸣般的法国船炮在海上爆炸时，他正与上将鲍耶待在后甲板上。“那时已将近10点，我对上将评论道，在这个时间点我们的妻子正往教堂去呢，但我想我们将在法国人耳边弄出的巨响会远超她们那里的教区钟声。”[1]

科林伍德于1790年与萨拉·布莱克特结婚，并在战争前的4年时间里生了两个女儿。科林伍德对她们很忠诚，却注定要在海上度过他大多数的婚姻时光来封锁法国港口。他是一名勇敢且能干的指挥官，并将为祖国服务放在其他一切事之上，但其信件却透露出他对与所爱之人分离的长久遗憾。“上帝保佑这场战争愉快地结束吧!”1800年5月他这样写道：“如此与家人分别已经够让人痛苦的了，而当我不在时正生着病的萨拉则实在可怜。”同年10月，他还渴望和平能终止那永无止境的在法国海岸线以外的巡航。“我已下定另一个决心，即当这场战争愉快地结束时，就再也不想船的事情了，而是在家庭的怀抱中度过我的余生，我想在那里，我对幸福的预期跟任何男人都一样。”

1802年2月，在《亚眠和约》谈判期间，科林伍德得以回家，与家人在他们位于美丽的旺斯贝克河岸边的家中度过了宝贵

1 《海军中将科林伍德勋爵公开及私人书信选集》（伦敦，1829）。

的几个月时光。这个田园诗般的夏天，他在花园里种植、耕耘，并与 9 岁和 10 岁的女儿熟悉起来。但在 1803 年春天战火重燃之后，他又被叫回了海上，并再也没能见到他的家园。1805 年 8 月，刚好是特拉法尔加战役前的两个月，他就在加的斯以外的无畏号上。当其护卫舰保持着对敌舰动向的警戒时，家乡却一直出现在他的脑海中。“求你告诉我你能说得上的关于我们家的所有，”他给妻子写信说，“以及你的园地里的美景、橡树、林地和青翠的草地。”

当纳尔逊死在特拉法尔加以后，科林伍德就不得不接过英国地中海舰队的临时指挥权。压在他肩头的行政压力大到令人畏缩。“我不知到底该怎样才能看完那些写给我的信，”他于 1805 年 12 月这样对萨拉写道，“我从黎明忙到半夜，直至都快看不见了；听力也在下降……”当他被正式授予指挥权时，回家的愿望便破灭了。作为一个极度尽责之人，他以顽强的意志力为职责耗尽了生命。1810 年 2 月，他在旗舰巴黎市区号上病得十分严重，甚至都被劝说将指挥权移交给马丁少将，这样他便能返回英格兰休养身体。他的船只于 1810 年 3 月 6 日离开港口驶回家乡，但第二天他就去世了。军医检验了他的尸体并总结是幽门挛缩导致了他的死亡，而这又是由船上环境的局促和他总是伏在桌前忙于通信所引起的。

其他海军军官的信件也表露了他们对家乡和家人止不住的思

念。因在桑特海峡战役中作为获胜方英国舰队的指挥官而于晚年名声大噪的乔治·罗德尼，与珍妮·康普顿结婚时是一名33岁的上校，而珍妮则是第6代北安普顿伯爵的次女。他们于1753年1月在伦敦结婚，第二年还拥有了在海德公园旁边的希尔街上的一栋联排别墅。他们的通信显示了对彼此炽热的爱以及对海军生涯所导致的分离的哀怨。罗德尼告诉她，雄心已经失去了它全部的魅力，对他而言，拥有妻子和孩子比其他任何事情都更有意义，“因为我不管要去做或正在做什么，想到的都只是希尔街，以及我留给你的亲爱的孩子”。珍妮回信说，什么也不能弥补当他不在时她所忍受的痛苦：“没有你，生活就根本不值一顾，家财万贯都不能教我高兴起来。”她总结道：“我希望你能尽可能快地离开那艘讨厌的船，就是它给我们带来了这么多痛苦。”[1]

虽然罗德尼无法放弃他的海军事业，但他确实向主将安森提出了从会被命令出海的国王激情号上调去90炮乔治王子号的申请，他相信这艘船在可预见的未来会一直待在朴次茅斯。安森批准了这一调动，于是他在朴次茅斯住下，这样珍妮就能过来陪伴他了。然而他们在一起只待了短短几周时间，他就接到了乔治王子号要去加入爱德华·霍克爵士的海峡护卫队的命令。珍妮对他们的离别感到心烦意乱，但后来还写了信为自己没能控制住情绪

1　戴维·斯平尼《罗德尼》（伦敦，1969）。

而道歉。她解释说:“当你(对我而言远比我自己的生命还要珍贵)离开我的时刻一到，我就再不能以恐怕是我应当具备的坚忍精神来撑持下去了。”1755 年 8 月，罗德尼的船只抵达了西班牙西北端的菲尼斯泰尔角外面。他坐在乔治王子号大舱里的桌前写道:“要告诉我最最亲爱的珍妮，感谢上帝我很好，但一点也不满意得一直待在海上。”他对她说，无论是梦是醒，他们的两个小男孩都一直出现在他脑海里，更感谢上帝赐予了他一位贤妻，她的爱对他而言比全世界还有意义。在接下来的 16 个月中，他们只在他的船只停入朴次茅斯时匆匆见过一面，但 1756 年 12 月，珍妮却病得很严重。于是罗德尼请假下了船，当她于 1757 年 1 月 29 日在希尔街的家中去世时，他就待在她身边。他们仅仅度过了 4 年婚姻时光。

罗德尼与妻子珍妮之间的通信提供了海军家庭在几个世纪里所面对的困难之一瞥。它虽生动却仍是片断化的。通过比较博斯科恩上将与妻子范妮之间的通信，则能得到关于他在海上服役的特定时期里二人生活的更为详细和清晰的描述。她的信件于 1940 年在一本题为《上将之妻》的自传中出版，我们将在后面一章进行讨论，它讲的是被留下的女人的命运。博斯科恩于 1755 年和 1756 年写给他妻子的信也在 1952 年出版了。

博斯科恩从未获得像罗德尼、霍克、纳尔逊和其他在著名的海上胜利中指挥战舰的英国海军上将一样的声望。他早期的大半海上生涯都是在西印度群岛上度过的。后来他领导了去北美的远征，并于1758年攻下路易斯堡，第二年，作为地中海舰队的总指挥官，他在拉古什给予法国舰队以毁灭性的一击。在其海军生涯当中，他攒到足够多的奖金买下了吉尔福德附近的海奇兰庄园。一开始，他跟妻子就住在这处地产上的老式都铎建筑里，但后来他们建起了一座壮观的红砖大厦，并委托罗伯特·亚当来对主要房间进行内部装饰。博斯科恩在海上时，一项主要任务就是为那片广袤的土地作规划，而他的妻子则忙于经营产业。

范妮·博斯科恩也许算是18世纪时许多嫁给海军军官的娴雅女性中最为聪明的一位了。她于1719年出生于肯特郡的圣克莱尔，父亲是国会成员及肯特郡郡长，母亲则是《日记》作者约翰·伊夫林的后人。1738年，当博斯科恩休假回家和姐姐待在肯特郡时，范妮第一次遇见了他。那时他是一名27岁的上校，而她才18岁。他们一直在肯特郡遇见，并于1742年12月结婚。范妮成了伦敦社交界家喻户晓的人物，也是戴维·加里克、乔舒亚·雷诺兹爵士和约翰逊博士的朋友。博斯韦尔在其《约翰逊的一生》中写道："她的仪态最为合宜，谈吐亦是所有我曾有幸结识的女性中最为优雅的。"她还是伊丽莎白·蒙塔古的密友，并与她共同建立了"蓝色长袜会"，其目标就是要以有益的交谈取代扑克牌游戏。

范妮并不对自己的容貌抱有幻想，在她写给博斯科恩的一封

爱德华·博斯科恩将军（1711—1761）

乔舒亚·雷诺兹爵士所绘

信中有段感人的文字："我从未结识过美貌。但我多么希望啊，亲爱的丈夫，你能发现我心灵的魅力，以及责任与爱情的魅力，并像在我最为年轻貌美时那般珍爱着我。"[1]

她的魅力也确实令忠实于她的博斯科恩珍爱着她。"别以为我会有一天不想你，"他在距离英格兰约300英里的国王托贝号上给她写信说，"放心吧，最亲最爱的人儿，我很好，我爱你，并一直想着你……"[2] 他很珍视当他在海上时她写给自己的信，把它们按顺序排好并反复阅读。范妮是个了不起的作者。她使博斯科恩了解到孩子们正在进行的各项活动，并以一种启发式的坦率和对生动细节的观察力，描述着她身边的朋友、她在伦敦和在他们的海奇兰乡村庄园里的生活。

相对地，博斯科恩也让她接触到了自己在海上的生活。有一阵子他天天给她写信，但她却抱怨他的信里除了老一套对风向和天气的描述以外别无其他。他解释说通常情况下的确没什么其他的好写，而且行船对除水手以外的任何人来说简直都无法理解。他的大多数时间都花在训练麾下的舰队、进行射击演习和察看哪艘船开得最快上面。他已经尽力去写一些能同范妮对其社交生活

1 1748年7月21日的信件，见《上将之妻：1719至1761年间爱德华·博斯科恩夫人的生活与书信》（伦敦，1940）。

2 1755年5月3日及7日发自国王托贝号的信件，见《1755—1756博斯科恩与妻书》，刊载于1952年第四期的《海军杂集》中。

弗朗西丝·伊夫林·博斯科恩（范妮是弗朗西丝的昵称）

的生动描述相比的话了，但对自己日常起居的描述却仍只限于寥寥数语。“我们6点钟以前起床，8点钟吃早饭，1点钟吃午饭，晚上8点钟吃晚饭，一切都很规律。我的午饭伙食团由6个人组成，但只跟科尔比和麦克弗森一起吃早饭和晚饭。”[1] 他说谈话内容很是局限，多数时候都只是在反复提及往日的航行，不过科尔比上校有时会穿插些猎狐的故事，因为他是个运动家。博斯科恩似乎在大多数的航行中都过得很好。菜单里有时有鹿肉，有时有海龟或新鲜鱼类，而且他还很幸运地拥有一位面包师，每天早上都做热腾腾的法式面包，他会在上面涂些橙子酱作早饭。范妮为他提供了一些书，但他似乎很少花时间去阅读。他告诉她自己觉得《古斯塔夫一世史》很有趣，但却不喜欢她给自己的那些法语书。

博斯科恩所写信件的一个显著特点便是他对其乡村产业的关心。“昨天下了一整夜的细雨，让我想起了海奇兰庄园。”他于1756年这样对范妮写道，而且他还经常托她将一些具体指示传达给这处产业的管家伍德罗斯先生。“请转告伍德罗斯要翻土和除草。我想他此时一定已经播好种了，请他务必别忘了给我买上大约12车干苜蓿，如果足够便宜的话。”他还想将庄园里的3条道路修缮一番，将岩洞周围的沟渠打扫干净，并将庄园低洼端的所有土地犁成一条宽阔的林

1　1755年5月3日及7日发自国王托贝号的信件，见《1755—1756博斯科恩与妻书》，刊载于1952年第四期的《海军杂集》中。

荫步道。但他的思绪又总会回到亲爱的范妮身上。“我真心厌倦了这种监狱般的生活，”1756 年，他在无敌号上写道，“我所想的也真奇怪，我越是年长，越是习惯于此，也越觉其厌烦。我多么希望每时都能跟你在一起，每夜都能梦到你。”

相较于其他阶层而言，我们更了解将军和海军上校们的感受，因为他们的通信更多地被保存了下来。另一个事实是，高级海军军官一般比多数普通水手明显年长不少，因此他们更可能有妻子和孩子。海军下层甲板上的多数水手都是二十几岁的年轻人。他们中的许多人出海是受了冒险精神的驱使，又或者是因为他们想看看这世界。他们通常都来自于航海之家，对这些家庭而言，他们出海谋生是理所应当之事。令人惊讶的是，在战争期间，许多年轻人却是因爱国而加入海军的，或者即便作为抓丁队的受害者，他们也已经做好了忍受那种艰苦生活的准备。一名被强征入海军，并在弗农舰队中参与攻克了波托贝洛的普通水手告诉他的妻子说，尽管他被一帮恶棍带离她时满心痛苦，但他却乐于为祖国而抗击那些无耻的西班牙人：“我和我们当中的每个人都下定了决心，要么丢掉性命，要么战胜敌人，真正的英国精神永存，只要还剩一滴血，我们都将在上帝的帮助下支持我们的国王和国家。”[1]

1　这段引文已现代语化，原文见彼得·肯普《英国水手：下甲板社会史》。

但许多水手都会同意博斯科恩所说的战船上的生活是“一种监狱般的生活”。而且他们还不像高级军官那样奢华地享有摆放着精良家具的大船舱，有法式面包作早饭以及美酒佐餐。年轻些的水手思念他们的母亲和姐妹，已婚的则思念他们的妻子。由于许多水手都不识字，那么对他们而言，就很难用书信跟所爱之人保持联系了。在1812年战争期间参与了抗击美国船只战斗的国王马其顿人号上的水手塞缪尔·利奇，曾为同船那些不会读写的水手担任书记员，但一定还有许多人在出海时便完全与家人失去了联系。对他们而言，能尽力在这种艰难的生活中幸存下来就算不错了。利奇曾描述过风平浪静时在甲板上举办的非正式音乐会。许多人会围着一门火炮聚集起来，其中一人将坐到炮上唱起一系列最受欢迎的歌曲。另外一人会站起来讲些故事，再有一人讲点笑话。利奇认为偶尔到访战船之人也许会从一船人的歌舞、狂欢中认为他们很快乐，但他却相信正是因为有了这些小插曲才使生活变得不那么难以忍受。“只有通过这样的方式，水手们才能设法从一直引发沮丧和悲伤的缘由中打起精神来。”[1]

来自于缅因州的美国水手威廉·内文斯将其回忆录命名为《海上40年……一本对40年出海经历中的变迁、艰辛、幸存、海难和痛苦的真实记录》。在稍前一章里，他忆及自己17岁便已

1　亨利·贝纳姆《来自下甲板：1780—1840年的老海军》。

出海，跟随一艘商船做了好几次去西印度群岛的航行，却在巴巴多斯为抓丁队所俘，并被迫成了一艘英国战船上的船员；他通过游到另一艘船上逃了出去，并最终在波士顿跟一位来自于利物浦的英国姑娘结了婚。那时她 19 岁，而他也才 23 岁。跟大多数水手一样，他因出海谋生而在随后几年里很少见到自己的妻子。在某次航行中，他得知妻子已经去世，还给他留下了一个 10 个月大的男婴。在这本出版于 1850 年的回忆录中，那时他已经历过无数次冒险，并成长为一名商船船长，内文斯回顾了自己婚姻中的那些年。虽然意识到很多人都会说水手是无法对妻子负责的，但他却指出，只有水手才会珍惜当航行结束时有爱人在那儿等着你所意味的一切。他曾这样写到自己的妻子：“尽管结婚以来我大多数时间都不在她身边，可当她活着的时候，我却觉得是有什么把我跟社会捆在一起的，我有一位善良且真诚的朋友，一位值得依赖的参谋，和一位可亲的伴侣。当我从一次长途航行中归来时，是多么渴望得到她热烈的欢迎啊。”

女人与水，女海妖与美人鱼

当科林伍德船长得知他舰队里的一艘船上有个女人时，便下令马上将她送回家。“我从不知道在有女人随船出海时，会没有不幸降临到那艘船上”，他这样向珀维斯上将写道。[1] 几个世纪以来，这一观点为水手所普遍相信，直到今天都还在一些水手和渔夫中流行。琳达·格林洛是渔船汉娜·博登号的船长，也是近年来在纽芬兰大浅滩的作业中最能成功保持骄人业绩的捕鱼人之一，她曾说，长久以来她都不得不忍受着格洛斯特码头上一名老渔夫如先知约拿般不祥的预言，每当她出发去渔场时，他都清楚地表明自己期待着某种灾难降临到她的船上。[2] 8 年来他看着她来来去去，却总是震惊于她能平安归港。

跟水手的许多迷信一样，我们很难找到女性在船上会招致厄运这一观念的起源，甚至更难找到任何事实依据。哥伦布、麦哲伦和德雷克也许不曾在他们史诗般的航行中携带女性，但清教徒

1　1808 年 8 月 9 日发自国王大洋号的信件，见《科林伍德上将私人书信集》（海军档案学会，伦敦，1957）。

2　琳达·格林洛《饥饿大洋；一位剑鱼捕猎船船长的旅程》（伦敦，1999）。

前辈移民们[1]所乘之船上就载着女性并成功横渡了大西洋，紧随他们之后的数百艘移民船只亦是如此。我们已经说到过，英国海军是愿意对生活在船上的准尉之妻，以及经常穿梭于海外却并未给她们自己和同船乘客带来任何伤害的船长、外交官和殖民地政府官员之妻采取忽略态度的。那些坚决反对女性出现在他们船上的海军军官似乎将她们视为一种麻烦而非一种厄运——从纳尔逊在1801年起航前写下的一番话中便可得出如上态度："周日我们将摆脱所有的女人、狗和鸽子，周三呢，我希望一大早就扬帆去托贝。"[2]

水手这一迷信的奇怪之处却在于它与长久以来认为水为阴性物质及女人对抗拒男人的海洋有掌控力的观点截然相反。这一观点可追溯至古希腊时期或更早。在克诺索斯找到的证据表明，克里特人的伟大女神不仅象征着多产，也掌管太阳与星星的运行，以及保护航行中的水手。当希腊人拿来了埃及的伊希斯女神，她就变成了航海者的女神，而且希腊的船只也多以她来命名。亚里士多德和他同时代的医学著作撰作者们都相信，从生理上讲女性比男性更为湿润。她们柔软、轻弹的肉体能从饮食中获得更多的

1 清教徒前辈移民：the Pilgrim Fathers，指1620年乘五月花号赴美定居，为美国奠定国家基础的英国清教徒。

2 1801年纳尔逊致杰维斯上将函，见《圣文森特伯爵上将大人回忆录》（伦敦，1844）。

水分，而月经的目的正在于从体内排除多余的水分。老普林尼在其出版于公元77年的不朽的《自然史》中总结了前代作家和哲学家的思想，认为女性所拥有的惊人力量是无限的：

> 首先，有鉴于，据说冰雹、旋风甚至闪电都会被一个处于经期的裸体女人所吓退。各种狂暴的天气状态都是如此；而在海上，一场风暴有可能仅仅靠一个光着身体的女人就平息下来，即便当时她并不处于经期。[1]

女人的裸体可以平息风暴的观点也许能解释为何许多船上的破浪神像都被刻成一个裸着半边或整片胸膛的女人。

人们相信女人所拥有的对水的掌控力则最清晰地体现在圣母玛利亚和海洋的联系上。在天主教国家，她曾被并仍被广泛认作水手和渔夫的守护圣人。我们能在法国、西班牙、葡萄牙和意大利沿海俯视着无数港口和渔村的山上和崖顶找到供奉圣母的教堂。在其中许多座里面都能发现专为水手建造的祭坛和小礼拜堂，而且几个世纪以来，航海者们在起航前向圣母献祭已成了一种习俗。天主教国家的船只（和宗教改革运动以前的英国船只）通常都会在艉楼甲板上设一座圣母神龛。克里斯托弗·哥伦布是

1　J. 博斯托克和 H. T. 赖利译《普林尼自然史》（伦敦，1855）。

众多航海者里唯一将自己的船只命名为圣母玛利亚号的一位，他相信圣母将指引他平安穿越海洋。在 1588 年的西班牙无敌舰队中，有 5 艘船都叫做圣母玛利亚号，4 艘叫做玛利亚号。

圣母玛利亚这个名字起源于拉丁语中的水，它象征着她的纯洁，而她的蓝色斗篷则代表了海洋、天空与永恒。在意大利文艺复兴时期的绘画中，她身后通常都画着一片遥远的湖水或一瞥大海的踪迹，而且一般都是代表着安宁的平静之海。在佛罗伦萨乌菲齐美术馆所藏的列奥纳多·达·芬奇的《天使报喜》里，年轻圣母绘像的远处有一座阳光灿烂的平静海港。这就是要象征其作为救赎之港的角色。玛利亚也与月亮和星星联系在一起，并以“海洋之星”而闻名。因为月亮控制着潮汐，而星星又被用于导航，所以玛利亚便被视为出海历险的航海者与自然环境之间的一位关键协调者。[1]

列奥纳多·达·芬奇画出《天使报喜》后 400 年，我们发现西格蒙德·弗洛伊德在维也纳大学 1915—1916 年冬季学期的讲座上指出了女人与水的关联。当时他已年近 6 旬，这些讲座总结了他大多数关于梦的解析的生平所著。在关于梦中景物的象征意义的第 10 场讲座中，他认为在梦里，水就代表着出生。他提醒

---

1 玛格丽塔·拉塞尔《海景：亨德里克·C. 弗鲁与荷兰海洋题材画作的源起》（莱顿，1983）；西尔维娅·罗杰斯《船只试水在皇家海军中的象征意义》（哲学博士论文，牛津）。

他的听众，不仅所有的哺乳动物，包括人类的祖先，都由水生生物演变而来，“而且任何单个的哺乳动物，每个人，都在水中度过了其存在的第一阶段——即作为胚胎存在于母亲子宫的羊水里，直至出生才从羊水里出来”。[1]

弗洛伊德也认为女性的生殖器在梦里是由包围着一片中空区域的物体所象征的，比如洞穴、窟窿、瓶子、盒子、箱子、橱柜和房间。船只亦在此列，他做出了颇为有趣的解释，即为词源学家们确认了的船只与女人之间的联系，“他们告诉我们，德语中的‘船只’（Schiff）原本就是一种陶器的名称，跟某处方言中的‘浴盆’（Schaff）是同一个词”。这可不同于下面这种模糊的争论，即当我们想起几个世纪以来，船只都被视作阴性，并被水手们称为“她”或“她的”时，所可能出现的情况。英语中将船只称为“她”的大多数早期文字记载都出现在16世纪的文献中，但也有一两处出现得更早。到18世纪时，绝大多数说英语的航海者都习惯于将船只称作女性，尽管“战士”、“商人”、“印度人”、“几内亚人”和类似的阳性词语仍被用来指称特定类型的船只。曾经有过许多对船只为何被视作阴性的解释，其中的某些说法更具说服力。他们中的一些人会说，因为船只很漂亮，或很善变，或充满曲线；有人会指出构造上的相似性——即船只

1　西格蒙德·弗洛伊德《精神分析学的基础讲座》（伦敦，1973）。

也有头，有脸，有肋骨，有腰部，有腹部，有臀部和膝盖；有人会说船只就像母亲一样给船上的人提供了子宫般的保护；也曾有人解释说因为船头通常都有一个女性的破浪神像，所以水手才认为船只是阴性的。

乍看之下，船只是阴性的这一概念与女性破浪神像之间或许存在着一种明显的关联。如果女性对海洋确实有特殊的掌控力，那么将破浪神像刻成女性，尤其是裸体或半裸体的女性，便是有意义的，毕竟裸女能够平息风暴。但实际上，女性破浪神像直到19世纪才流行起来，而这也仅仅是因为大多数存留下来的破浪神像是出现于1780年以后的，所以普遍才认为多数破浪神像被刻成了大胸的女人。事实是早几个世纪以前，多数破浪神像要么表现男性的主题，要么就刻着走兽、飞禽或怪物。埃及的船只展现了神灵的神圣象征，如猎鹰、朱鹭和莲花。希腊古典时期的船只通常都在船头刻有一颗公羊头或一头在公羊上面的野猪，并在船头两侧都绘有一只大眼睛，即眼睛饰。维京人的船上有蟒蛇或恶龙。中世纪欧洲沿海国家的战船上装饰着纹章图案，其破浪神像通常都是动物。伊丽莎白一世时期的英国船只上则有狮子、老虎、独角兽、老鹰以及圣乔治和龙。

在17世纪当中，战船船头和船尾的雕刻装饰数量激增。雕刻中充满了符号化的意象，目的在于突显每个国家的力量以及颂扬国家元首。受红衣主教黎塞留委托建造的法国船只伟大的路易号，有一尊表现朱庇特骑着老鹰的破浪神像。为瑞典国王古斯塔夫·阿道夫所造的瓦萨号于 1628 年在斯德哥尔摩的皇家造船厂里下水试航，它有一尊狮形的破浪神像，以及近 500 尊雕像。与前一世纪的玛丽·罗斯号一样，瓦萨号在首航时便沉没了，而且还是在观众的集体注视之下。被泥沙掩埋了 300 年后，她于 1961 年被挖起，此后经历了大范围的修复，并成为详细研究的主题。不少于 453 尊雕像被发掘出来，而对之进行的分析更揭示了许多关于这一时期船只雕刻背后的观念。装饰的主题便是颂扬国王，其雕像为船尾雕刻的中心。船舵上饰有一只踩在怪物头上的巨狮，而几幅雕像中的一幅则旨在表现瑞典人打败了她的敌人。瓦萨号上的大多数雕像都是男性形象，多为武装勇士、罗马皇帝与赫拉克勒斯一类的神话人物，以及象征着力量与进攻的持棒野人。仅有的女性形象是一些表现海中女神及十二个较小人鱼的女像柱。[1]

壮观的英国战船海上君王号（又称皇家君王号）也采取了一种类似的装饰规划。这艘 100 炮船由著名造船家彼得·佩特设计，并在位于伍利奇的皇家造船厂里被建造出来。她于 1637 年下水试航，而我们则有幸从托马斯·海伍德那里了解到对其装饰的详细解释，正是这名假面设计者做出了此项整体规划。他让我

1　汉斯·苏普《权力与荣光：战舰瓦萨号上的雕饰》（斯德哥尔摩，1986）。

们明晰了他想通过那许多雕像的象征意义所传达的信息：

> 船头的破浪材是骑在马背上脚踏七王的埃德加国王。艏柱上端有个丘比特，或一个像他的跨骑着狮子的小孩，这表示宽容可以抑制傲慢，以及天真可以约束暴力；也暗示着国王伟大的仁慈，而其仁慈更高于其一切功绩。正前方的船舱隔板上分别立着6尊姿态各异的雕像，它们的形象代表着康仕廉，即商议；库拉，即谨慎；科纳门，即勤勉；商议手持合起或折起的书卷；谨慎手持航海罗盘；科纳门，或勤勉则手持点燃的导火线。另一边与之前的雕像相呼应，维斯，表示武力或力量，手持长剑；维尔图斯，或美德，手持地球仪；以及维多利亚，或胜利，则手持月桂花冠。其寓意便是对一切崇高的事业而言，首先应从商议着手，然后是谨慎管理和勤勉执行；其次，就是要有抗争的能力和力量，以美德为指引，结果必是永远胜利在握，来为此项事业加冕。[1]

到17世纪末，英国船只上的雕刻工作已变得如此繁复和昂

1 P. N. 托马斯《英国的破浪神像及船只雕刻师》（伍尔弗汉普顿，1995）。

贵，以至于海军委员会于 1703 年颁布了一项命令，来限制雕刻的数量，以及要求除大型战船以外的所有船上都只有一尊狮形的破浪神像。繁复的破浪神像则被继续装置于大型的三层甲板船上，而且通常都由一个马背上的男性骑手和围绕并支撑着他的许多寓言人物所组成。

尽管大多数 18 世纪的英国、法国、荷兰和斯堪的纳维亚半岛的破浪神像或是野兽纹章和装饰性盾徽，或是男性骑马者，但也存在着例外。F. H. 查普曼在其 1768 年关于船只设计的伟大著作《风帆战舰建筑学》中，向我们展现了许多女性破浪神像，如 34 炮法国战舰女海妖号就有一尊表现女海妖的有翼女像；而许多商船也展示着女性雕像，持剑和天平的为正义女神，其他显然也是些女神。英国的皇家快艇通常都有尊女性破浪神像，一般多为以之命名的王后或公主的雕像。比如 1749 年的皇家卡罗琳号快艇上就有卡罗琳王后繁复的镀金雕像，她是国王乔治二世的妻子。这类船只装饰被赋予了重要的意义，这种意义便体现在其费用上。皇家卡罗琳号上的装饰性雕刻所费不下 1 100 英镑零 11 先令，而其破浪神像所需的 12 万片金叶子更耗费了 950 英镑 13 先令零 11 便士。换算成今天的价格，其雕刻和镀金的总费用约在 14 万英镑左右。

女性破浪神像于 18 世纪 80 年代才普及开来，并在 19 世纪当中变得跟男性雕像一样流行，尤其是在商船上。战船则继续使用国王、勇士、航海英雄和希腊神灵的形象，但如今这些之中也加入了一系列女神，如狄安娜、忒提斯、密涅瓦，以及女海妖、海中仙女和美人鱼；还有代表着正面特质的寓言人物，如名声、幸运和胜利。法国的女性破浪神像令人尤为印象深刻，并反映了法国纪念性雕塑的水平。在巴黎的海军博物馆里就有一些精美的代表性作品，比如《追逐者》中一位女战士活力四射的雕像，和海神的海中仙妻那傲慢且庄严的雕像，即《安菲特里忒》，以及小型皇家游艇的船头上那些异常美丽的人鱼，这艘小艇是为玛丽·安托瓦内特所建，且专为在凡尔赛宫的大运河上使用而设计的。

类似的主题也出现在瑞典工匠约翰·特恩斯滕的作品中，他是所有破浪神像的雕刻者中最有天赋的一位。其首件主要作品是1784年战舰卡米拉号上的破浪神像，展现了一个半裸的女人单手举起指向胸口的一支箭。在随后30年中，他接受了许多次委托，其中的许多船只都是根据首席海军建筑师弗雷德里克·查普曼的设计而建造的。他令人印象至深的雕刻是为阿伦号制作的一位拿着武器、戴着头盔的女战士，可能代表了雅典娜或密涅瓦。与之形成对比的是悲惨的俄耳甫斯之妻的哀伤雕像，那是为瑞典战舰欧律狄刻[1]号制作的。而风骚女人号的船头上双手托起她裸露双乳的无耻荡妇则更是气氛迥异了。[2]

1　欧律狄刻：即俄尔甫斯之妻。

2　詹卡洛·科斯塔《破浪神像：从古代至20世纪的船上雕饰》（布赖恩·多利译本，利明顿，1981）。

19世纪的商船船主同样喜爱女神和寓言人物式的破浪神像。1811年10月10日《波士顿公报》上的如下公告值得全文引用，因为它说明了哪怕是较小船只上雕像的象征意义也很重要，并无疑为新闻记者所推崇：

> 上周二，一艘名为皮克林号的双桅横帆船从纽伯里的威廉·梅里尔先生的工场中下水试航。她的破浪神像是自由女神。真理与正义两位女神在其船尾被展现出来，她们手持一顶花冠放在有爱国者之名的那位著名的女神的半身像头顶。她们的旁边则是和平与丰饶。这艘船约有250吨重，是我们迄今所见最漂亮的之一；我们知道其所有者为格洛斯特的萨金特诸先生公司。以伟人命名的船只很是常见，但我们却极少遇见集合了如此多美丽的象形寓义的一艘。其设计与制作为船主和工匠带来了同等的荣耀，而它也为皮克林先生带来了应得的精妙赞美。

但并非所有船主都如此关心其破浪神像的象形寓义。1798年，苏格兰格里诺克的斯科茨公司给伦敦的船只雕刻师亨利·霍普金斯去信，只简单地预定了"一尊符合现代品味的时尚女性头像"。霍普金斯被要求将它刻成5英尺长，完工后用第一班贝里克的单桅小帆船送去爱丁堡附近的利斯港。1849年，同一家造船厂也为一艘东印度商船订制了破浪神像。这艘船将被叫做塞林伽巴丹号，而雕刻师阿奇博尔德·罗伯逊则被要求制作一尊7英尺高、身着东方服饰的男像。但如果他觉得一尊东方女性雕像更显眼、看上去更好的话，就把它刻成那个样子。

除去女神像、印度少女像和那些代表着信仰、希望和慈善这类抽象概念的女像以外，许多商船上的破浪神像也是船主所熟知的女性的雕像。如1840年，德文郡的船主乔舒亚·昆顿为他的纵帆船玛丽·安号预订了一尊雕像，刻的是那名把他家孩子从水里救起的保姆。而许多商船的破浪神像则雕刻着船主的妻子或女儿。弗吉尼亚州纽波特纽斯的水手博物馆里有许多精美的破浪神像，其中一尊属于纵帆船艾尔玛·本特利号，这艘船由乔治·本特利在1908年建于新斯科舍的格雷维尔港。乔治·本特利15个子女中的一人辨认出了那尊破浪神像，并告知博物馆说，那是船主之女艾尔玛在四五岁时的肖像。艾尔玛·本特利随即到访博物馆，还提供了一份完整的雕刻历史。她说自己陪同父亲经历了许多前往加勒比和更远地方的航行，并因为自己是个好水手且从不晕船，才被选为破浪神像的原型。

一份对17世纪至19世纪末船头和船尾雕像的调查表明，有3或4种女性形象曾持续受到委托制作这些装饰性雕像之人的青睐。第一种便是持武器、戴头盔的女神或者通常代表着雅典娜或密涅瓦的女战士。第二种是海中仙女或女神：她们通常出现在船尾的雕像群中，或者作为对破浪神像的支撑，只有当船只以特定的海中女神，如阿瑞图萨或伽拉忒亚命名时，她们才会被用作破浪神像的主题。第三种女像是女海妖，她最开始是希腊神话中的鸟女，但在船上却常常被刻成一个美人鱼状的雕像，还有着翅膀和鱼的双尾。第四种雕像就是美人鱼本身，她作为破浪神像的次数跟出现在船尾装饰中的次数几乎一样多。

武装的女神是战船上破浪神像的流行主题，因为她们将一种令人印象深刻的好战外表与女神雅典娜的本质属性，以及人们相信女性所拥有的对水这一元素的神奇掌控力结合了起来。这一形象的吸引力也被如下事实所强调，即大不列颠采用了它来象征自己作为海上强国的角色。手里添上一把三叉戟，盾牌上绘上英格兰和苏格兰的旗帜，希腊女神雅典娜就变成了不列颠尼亚。不列颠尼亚最初的样子可追溯为一位被俘女战士的形象，她代表着被征服的不列颠岛出现在罗马许多皇帝所打造的硬币上，但在 17 世纪当中，一种戴头盔的雅典娜形象却作为爱国主义的象征而被越来越多地投入使用。[1] 托马斯・阿恩为一首诗谱写的激动人心的曲子就更加放大了这一视觉形象，这首诗终被披上了对皇家海军的国家赞美诗的外衣。《统治吧，不列颠尼亚!》是詹姆斯・汤姆森受威尔士亲王委托，为 1740 年在其夏季行宫里上演的假

1 关于不列颠尼亚形象的进一步研究，参看玛丽娜・沃纳《纪念碑与女子：女性形体的寓意》（伦敦，1985）。

面剧所作之终章。诗句反映了一个善战的岛上民族的渴望，它曾在遥远的过去遭受了罗马人、维京人和诺曼人的征服，也曾抵御了西班牙的无敌舰队，并决心再也不会被人征服：

当不列颠顺应天意
率先从蔚蓝大海中崛起，
这是大地的特许
护佑天使齐唱此曲
“统治吧，不列颠尼亚！不列颠尼亚，统治海路，
不列颠子民永不，永不，永不为奴。”

像吉尔雷和乔治·克鲁克香克这样的英国漫画家则经常将不列颠尼亚当作英国的化身。在与拿破仑治下的法国作战期间出现的粗俗连环画中，不列颠尼亚看上去更像是一名身穿奇装异服的粗壮洗衣妇，而非一位希腊女神，但后来她却呈现出更为严肃的一面。无论当她出现在英国的硬币还是纸币上时（现在能在 50 便士的反面找到她)，都更接近于最初的雅典娜形象。

欧洲船只船头和船尾上装饰的海中仙女形象大多源自希腊神话。在希腊传说中有两大海中仙女家族，分别是生活在海洋里的海洋女神，以及海神涅柔斯和多里斯的 50 个女儿，即海中女神。据雅典的阿波罗多洛斯所说，至少存在着 3 000 名海洋女神。其

中最有名的便是卡吕普索，她统治着爱奥尼亚海上的奥提吉亚岛。在荷马的《奥德赛》中，她将奥德修斯困在岛上的一个山洞里达7年之久，直到宙斯下令让她放了他。

海中女神则是些金发的美丽少女，有时能看见她们在波浪中嬉戏，陪伴她们的是人身鱼尾的特里同。在船上的装饰中，海中女神通常是以骑着海豚的形象出现的，一般还有几个特里同随侍在侧。许多战船都以特定的海中女神来命名，最流行的就有阿瑞图萨、伽拉忒亚和忒提斯。在希腊神话中，阿瑞图萨曾被一名多情的猎人所追求，却化身为奥提吉亚岛上的一泓清泉逃掉了。伽拉忒亚则被独眼巨人波吕斐摩斯追求过，但她爱的是年轻的牧人埃西斯，并变成了一条小河。忒提斯更是如此美丽，以至于宙斯和波塞冬都在她决心嫁给色萨利王珀琉斯之前追求过她。5艘英国战船曾被叫做卡吕普索。另有5艘英国战船以及一些法国船只曾被叫做阿瑞图萨。曾有5艘战船叫做伽拉忒亚，而在1717至1855年间，还曾有不少于9艘英国战船是以海中女神忒提斯来命名的。

跟海中女神一样，女海妖也起源于希腊神话。[1] 她们与肯陶

---

1 在关于女海妖和美人鱼的所有参考书中，作者认为以下几本是最有帮助的：安杰洛·S. 拉帕波特《水手们的迷信观念》（伦敦，1928）；F. S. 巴西特《各时期各地方有关海洋与水手的所有传说及迷信思想》（芝加哥、纽约，1885）；海伦·金《半人生物》，收录于约翰·彻里编订的《神兽》（伦敦，1995）中；格温·本韦尔和阿瑟·沃《海中魔女：美人鱼及其同类生物的故事》（伦敦，1961）；比阿特丽斯·菲尔波茨《美人鱼》（伦敦，1980）。

洛斯和斯芬克斯同属半人半兽的混合物种，生活在已知世界的边缘地带，只有更勇敢的旅行者和探险者才有可能遇见她们。有人曾说，女海妖是死亡恶魔：像古埃及的灵魂之鸟一样，她们是被派去抓捕灵魂的灵魂。女海妖的歌声是很难抗拒的，它们引诱航海者遇难和死亡。根据某些记载，人们被吸引是因为歌声太美。有人说，那就像是天籁之声。另一些记载则坚持认为歌曲内容才是其吸引力之所在：它是知识的源泉；它将人们最想听到的东西告诉给他们，尤其是它预言了未来。

最早关于女海妖的书面记载出现在《奥德赛》里。基尔克曾警告待在自己施了法的岛上的奥德修斯要小心女海妖：

> 你首先将会见到塞壬们，她们迷惑
> 所有来到她们那里的过往行人。
> 要是有人冒昧地靠近她们，聆听
> 塞壬们的优美歌声，他便永远不可能
> 返回家园，欣悦妻子和年幼的孩子们；
> 塞壬们会用嘹亮的歌声把他迷惑，
> 她们坐在绿茵间，周围是腐烂的尸体的
> 大堆骨骸，还有风干萎缩的人皮。[1]

1　王焕生译，他将 siren（女海妖）直接音译为“塞壬”。

基尔克建议奥德修斯在其船员的耳朵里塞入蜂蜡，并让他们把他绑在桅杆上，这样他就能听见女海妖的歌声，但又不能接触到她们。当他们的船只靠近其居住地时，奥德修斯听到她们美妙的歌声从海上传来，便充满了渴望，甚至命令他的手下为他松绑，但他们并不理睬他，而是毅然划向前方直至脱离了危险。荷马没有在《奥德赛》中描述过女海妖的外貌，但在希腊和罗马的文学艺术中，她们通常被刻画为鸟女，有时是有翼的女人，更多则是长着女性头颅的鸟类。传统的说法是，她们就住在意大利海岸线以外的卡普里岛上。

美人鱼虽跟女海妖具有某些共同点，但总的来说却更为迷人。因为她们曾以多种形式出现在许多国家的神话之中，所以很难判断其起源。在俄罗斯的民间故事中，淹死的少女很可能变成水泽仙女。在多瑙河流域的南部地区，水泽仙女们拥有美丽的外表，并用甜美的歌声蛊惑着她们的受害者，因此在她们怀里死去是很平静的。而在寒冷的北部地区，水泽仙女们看上去就很吓人了；她们的眼里闪烁着绿色的火光，头发蓬乱、未经梳理，皮肤好像淹死的尸体。斯堪的纳维亚半岛的传说讲述了有个叫做“强夺者”兰的女神，她在海上引发风暴，并用巨网俘获快要淹死的水手。她在海底一个巨大的厅堂里取悦那些淹死的人，给他们吃各种鱼做的佳肴。她的 9 个诱惑者女儿则会伸出手臂，将年轻男子拽入海底。

1909 年由赫伯特 · 德雷珀绘制的《尤利西斯与女海妖》

出现在西欧文学艺术中的美人鱼则总是很美丽，但同样与死亡有关。她由男性所创造，并成了男性对女性所持矛盾情感的象征。她是个夏娃般的诱惑者，而其鱼尾又让人想起了伊甸园里的蛇。跟从海上一个扇贝壳里出生的阿佛洛狄忒一样，美人鱼也有一头飘逸的长发，那无疑暗示着丰沛的性欲。她同样像阿佛洛狄忒那样手持一面镜子。这象征着虚空，但同样能从镜子里看见未来：预言的天赋是美人鱼和女海妖的一大重要特征。除了一手拿着镜子，美人鱼还总是另一手拿着梳子。其含义对今天的我们来说已然不明，但在古典时代它却直接联系着女性的性欲，因为梳子的古希腊语 kteis 和古罗马语 pecten 都被用来指称女性的阴部。诗人，同时是一部神话大百科全书的编纂者罗伯特·格雷夫斯却提出了另一种解释：在《白女神》中，他认为美人鱼的梳子原来是女海妖用来弹拨其七弦竖琴琴弦的拨片。

常有人推测说，美人鱼源自水手错将儒艮或海牛当成了长着鱼尾巴的女人，但这一解释却未免过于简单。首先，儒艮是种笨重且丑陋的动物，它们有着光亮的秃头和触须。只有在水手非常近视或者醉得厉害的情况下，它才会被错当成美人鱼。第二，许多次看见美人鱼都是在海里，但那根本不可能是儒艮或海牛的栖息地。儒艮生活在印度洋周边国家、印度尼西亚群岛以及澳大利亚的浅水里。海牛则常去佛罗里达的淡水河湖、一些西印度岛屿、巴西以及非洲的刚果河。还从未听说过有哺乳动物生活在地中海、北大西洋或者北海里，但那里却是许多人鱼传说首次浮出水面的地方。儒艮或更有吸引力的海豹也许能说明有些人看见美人鱼的原因，但美人鱼似乎更可能是诗人、作家和艺术家的创造物。她跟独角兽和恶龙那一类的生物一样，出现在早期民间故事中，并牢牢抓住了人们的想象力。

无论她是如何起源的，但从中世纪以降，美人鱼就越来越多地出现在文学和绘画之中。她被中世纪的教会用作罪恶的象征：她是用狂野的禁忌之乐引诱男性的娼妓。她横亘于男性及其救赎之间，必须为那些虔敬上帝之人所抵制。我们因此能在大小教堂里发现美人鱼的踪迹，她被雕刻在圆柱柱顶、屋顶饰球，以及橡木折叠椅上那些普通且不虔敬的场景中，这种椅子是为做祈祷的僧侣和牧师所准备的。美人鱼还常出现在中世纪手稿的页边及无数海图中。她还是歌曲、民谣和传说的主角。

在中世纪所有人鱼传说中最流行的便是梅露希娜的故事。让·达拉收集了她的故事的多个版本，并在出版于 1387 年的《编年史》中重述了这个故事。据说，普瓦图伯爵的养子雷蒙德外出打猎时，在林中的一座喷泉边遇到了 3 名可爱的少女。他爱上了其中最漂亮的梅露希娜，并请求她嫁给自己。她同意这样做，但条件是他必须在每个周六让她一人呆着，不去干扰她的独处。雷蒙德欣然同意了这个条件，于是他们便在吕西尼昂的一座宏伟城堡里结了婚，那是梅露希娜送给他的结婚礼物。许多年过去，雷蒙德恪守诺言，但还是被关于梅露希娜每周隔绝起来的奇怪传言所困扰。他决定必须去探个究竟，因此在一个周六，他走进她的房间，并发现她把自已锁在了浴室里。透过锁孔，他看见梅露希娜正在洗澡，却惊恐地发现她身体的下半部分竟然变成了鱼的尾巴。当梅露希娜得知他已发现了自己的秘密便逃走了，从此雷蒙德再也没有看见过她。据传说所言，每当这座城堡的领主快要去世时，她的魅影就会盘旋在城垛之上。于是在随后几个世纪中，要求承诺或设下一旦遭到破坏就将导致严酷惩罚的条件，便成了其他许多人鱼故事的一个特征。

伊丽莎白一世时期的诗人倾向于强调美人鱼歌声的美妙。在其叙事诗《海洛和利安得》中，克里斯托弗·马洛描述了利安得从海浪下面被拽入海底，那里的地上铺满了珍珠，还有：

> 歌声甜美的人鱼在厚厚的金子堆上，
> 与爱人竞逐嬉戏，并极力享受着，
> 漫不经心地踢开沉船宝藏的快乐。

在斯宾塞的《仙后》中，美人鱼是用虚假的旋律诱惑意志薄弱的旅行者的危险女巫，“谁被抓住，谁就得死”。也许最令人难忘的章节还是在莎士比亚的《仲夏夜之梦》里出现的，其中奥布朗描述了他曾坐在一个海岬上：

雷蒙德与梅露希娜

望见一个美人鱼骑在海豚的背上
她的歌声是这样婉转而谐美，
镇静了狂暴的怒海。[1]

接下来的每个世纪都产生了各自关于美人鱼的故事和诗歌。最为今天的人们所熟悉的莫过于《小美人鱼》，它是丹麦最著名的故事作家汉斯·克里斯蒂安·安徒生的作品，最早出版于1873年，跟《爱丽丝漫游奇境记》、《海角一乐园》和路易莎·梅·奥尔科特的《小妇人》一样同属于儿童故事，并超越了国界。小美人鱼在一艘沉船里救起一位王子并爱上了他，她去问海底女巫要如何才能赢得他的爱情。女巫跟她进行了一次残酷的讨价还价。她将给予小美人鱼人类的双腿以代替她的鱼尾，但她就必须失去她的舌头和美妙的歌喉。她还必须忍受更大的痛苦，因为她每走一步都会觉得像是走在刀子上一样。她遇见了王子却没能赢得他的爱情。当他跟另一个女人结婚时，小美人鱼便满心悲伤地死去了。

除故事与神话以外，报纸和船只的航海日志上也有一些水手的实况报告，说他们出海时看见了美人鱼。在航海大发现的时代，当欧洲的航海者驶过未知的洋面时，看见美人鱼的次数突然

1　朱生豪译文。

大增。由于这些水手期待在旅途中看见怪物和奇特的生物，因此便不太可能像后世的水手那样对自己是否真看见了美人鱼发生质疑。有人曾表示，受过古希腊、罗马文学教育的船长都希望能遇到一些古典神话里的传说生物，因为这样便能将他们的航行置于英雄传统之中，就像奥德修斯、伊阿宋、阿耳戈英雄和其他古代人的航行一样。这是个有趣的理论，也许能为某些人看见美人鱼的例子提供一种比儒艮理论更加令人信服的解释。它无疑能帮助解释哥伦布曾十分确定地报告说在海地的海岸线以外看见过 3 条美人鱼。他说她们高高跃出了水面，却因为她们“不如人们说的那么好看，面孔看上去还有点像男人”而感到失望。

但说到探险家亨利·赫德森航海日志的每日天气观察里出现的如实描述，我们又该怎么看呢？1608 年 4 月，他从伦敦出发去寻找一条由西北方向通往印度的海路。离开英格兰两个月后，他的船只到达了位于北纬 75 度的大西洋深处。他于 6 月 15 日写道，风从东边吹来，而且阳光灿烂，然后就写下了下述文字：

> 今早，我们的一名同伴在朝船外看去时发现了一条美人鱼，于是他叫来另一些同伴一起看她，又一个人来了，这时她离船边也更近了，还急切地看向这两个人；一会儿以后，一波海水把她打翻了过来；从肚脐往上，她的背部和胸部看着都跟女人的一样（据看见她的人

说），她的身体就跟我们这些人差不多大；皮肤很白；身后拖着长长的黑发；朝下半身看去，他们发现她的尾巴跟鼠海豚的一样，也像鲭鱼那样布满斑点。看见她的人叫托马斯·希尔斯和罗伯特·雷纳。[1]

两年后，另一名英国水手在大西洋的西北岸也看见了一个像美人鱼一样的生物。后来被加封为骑士并出版了《探讨和探索纽芬兰》一书的理查德·惠特伯恩船长，当时就站在纽芬兰圣约翰斯港的海边，他发现看上去像是个女人的什么东西正朝他游来。它五官匀称，好似头发的蓝条垂至颈间，显得很是美丽。当它足够靠近时，他还看见它有着白皙、光滑的肩膀和背部，但身体的下半部分却长得像是宽宽的钩状箭头。他的一名同伴也看到了这个生物，它后来还试图登上港口的一些小船，但一名水手朝它头部狠狠一击，于是它便被打下去掉回了水里。惠特伯恩说，因为关于美人鱼已经有太多记载了，所以他觉得自己有必要讲述看到的一切，但他却总结道："我不知道它是不是美人鱼。还是让别人去判断吧。"[2]

约翰·史密斯船长对自己于1614年在一座西印度岛屿外看到的这一可爱生物是如此着迷，以至于都开始体验到爱情的最初

1 2　本韦尔、沃《海中魔女：美人鱼及其同类生物的故事》。

效应了，直到她一个不经意的动作让他发现了她从腰部往下都是鱼的身体。当他第一眼见到她时，她正优雅地在岸边戏水。她长着大大的眼睛、优美的鼻子和精致的耳朵，而“她绿色的长发还赋予了她一种极为吸引人的原始特性”。

偶尔也有抓到了美人鱼的报告。当荷兰的海堤在1403年的一场暴风雨中被淹没时，一条美人鱼也被冲上了岸，搁浅在埃丹镇附近的泥沼里。几名妇女在去给奶牛挤奶的路上发现了她。她们把她带回家清理掉粘在她身上的海藻后，还给她穿上了衣服，并喂她吃了些面包和牛奶。她被教导如何纺纱以及完成其他一些女人家的活计，却因为总想试着溜回海里而不得不被严密看管。据说她活了15年，但在那段时间里，她始终保持着沉默，从未开口说过一个字。

最有名的被活捉的美人鱼还是安波那[1]美人鱼，它是18世纪早期时在婆罗洲沿海被抓到的。一位在德国殖民地供职的牧师描述了这一生物如何在一罐水里存活了4天零7小时。它拒绝食用喂给它的鱼类，还发出如鼠叫一般痛苦的声音。它被画进了1754年版的路易斯·雷纳关于鱼类的书中，画面上的它有着椭圆形的脸、卷曲的棕发、长着有蹼手指的修长手臂、娇小的胸部，以及更像是鳝鱼而非鱼类的蓝色长尾巴。

---

1 Amboina，又译“安汶”，属印度尼西亚。

1900 年由约翰・威廉・沃特豪斯绘制的美人鱼

几个世纪以来，看见美人鱼的情况每隔一段时间就会出现，它们与诗歌和童话一起，为油画家和插画家提供了丰富的资源。他们的画作从迷人的、装饰性的到极度性感的不一而足。其中最富魅力的还是出现在14和15世纪动物寓言集里的美人鱼木版画。这些书籍由僧侣编纂而成，里面充满了对传说中的奇怪生物的描述，以警告人们抵抗各种诱惑和罪恶。与此相反，维多利亚时代的艺术家，如赫伯特·德雷珀和约翰·沃特豪斯，都曾画过许多极精美的关于想象中最迷人的女海妖和美人鱼的现实主义画作。美人鱼的一些最佳作品出现在由阿瑟·拉克姆和诺曼·罗克韦尔等天才画家绘制插画的书中。但最杰出的还是那些德国的象征主义者，尤其是阿诺德·勃克林的画作，他似乎曾对美人鱼做过一些修正，在他所画的一系列作品中，最纵情享乐的男女人鱼都以一种放荡的姿态在岩石与波涛之间翻滚、嬉戏。

美人鱼曾是如此多故事、传说、民谣、诗歌、歌曲、油画、素描、青铜雕塑以及木、石版画的主题，以至于毫无疑问，对某些人而言，她们似乎就跟仙女和女巫一样真实；而且水手也曾偶尔在其航海之旅中见过她们。即便是今天，她们还继续激发着作家和艺术家的灵感，甚至成为不少电影的主题，比如1984年那部汤姆·汉克斯爱上了达丽尔·汉纳的《美人鱼》——一条来自于深海的金发美人鱼，就像任何人能够想象出来的一样。

每个港口上的妻子

奥古斯塔斯·赫维在玩弄女性方面达到了史诗级别。他在1740至1750年间担任海军上校时，运用自己的贵族关系、魅力和金钱引诱了数量惊人的性感女性。他指挥着一艘英国战船沿欧洲海岸线的巡航不时被一系列奢华的宴会、曲折的风流韵事和一夜情所打断。社交名媛和歌剧明星，修女和村姑全都沦为了他永不知足的性欲的受害者。在晚年时，他发现自己正处于一桩丑闻的中心，在当时这一丑闻几乎跟纳尔逊和汉密尔顿夫人之间的关系一样臭名昭著。他那爱情生活同样多姿多彩的妻子与金斯顿公爵重婚，从而成为第一位也是唯一一位因重婚罪的指控而在上议院面前受审的女性。赫维那时已年逾五旬。他承袭了伯爵之位，成了一名海军少将兼海军部委员，并与情妇在伦敦过着一种相对平静的生活。在经历了一辈子与有夫之妇的耳鬓厮磨以后，他却不得不忍受着自己作为戴绿帽子那一方而出现的绯闻洪流。[1]

---

1 赫维生平资料来自：M. J. R. 霍姆斯《奥古斯塔斯·赫维，海军中的浪荡子》（爱丁堡、剑桥，1996）；由戴维·厄斯金编订的《赫维日记：皇家海军中一位船长在海上与岸上生活的详尽记录，1746—1759》（伦敦，1953）；1783《绅士杂志》上奥古斯塔斯·赫维的讣告；以及《大英传记辞典》中赫维与伊丽莎白·查德利的条目。

奥古斯塔斯·赫维于1724年5月19日出生于伦敦。他父亲是艾克沃斯的赫维男爵，母亲玛丽·勒佩尔是一名准将之女，其美貌负有如此盛名，以至于曾得到过许多诗人和作家的颂扬，如薄柏、格雷和伏尔泰。他的祖父是布里斯托尔伯爵，奥古斯塔斯将于多年后承袭这一爵位，但首任伯爵于1751年去世后，爵位却先是传给了他的长兄乔治。奥古斯塔斯是次子，根据贵族家庭的一般传统，家人希望他参加海军，而他的幼弟弗雷德里克则入了圣职。他在威斯敏斯特公学待了几年后，便加入了国王彭布罗克号。他那时才11岁，而那艘船的船长就是他叔叔威廉·赫维阁下，他素以残酷著称，最终还上了军事法庭并被解职。奥古斯塔斯于1736年被评定为候补少尉，随后转入开往直布罗陀海峡和地中海的灰狗号战舰。在1740年之前，他又回到了一艘由他叔叔威廉指挥的船上，这次则是国王超凡号。当年5月，他以罕见的16岁低龄通过了中尉考试。同年，他的战船在驶出一场风暴后便停入里斯本，正是在那里他有了似乎是他的首位性伴侣。这女人叫做埃琳娜·帕盖蒂，他后来形容她为“一位很有名的意大利歌手，其美貌亦不遑多让”。

随后他又被派往其他船上，并在西印度群岛亲历了战争，接着便指挥着一艘海军委员会的供给船在英国东海岸奉命强征水手。1744年休假期间，他在温彻斯特的赛马会上遇见了伊莉莎白·查德利。当时她24岁，新近被指派为莱斯特宫威尔士王妃

1768 年由托马斯 · 庚斯博罗绘制的奥古斯塔斯 · 赫维画像

的荣誉侍女。她那活泼的美丽风度吸引了19岁的汉密尔顿公爵，他曾追求过她，并许诺等他从欧洲大陆游学归来后就会跟她结婚。可当他不在时，她却让自己陷入了赫维中尉的情网。他俩都是不假思索地为本能所驱使，因此几周之内便结婚了。

婚事是秘密操办的，直到20年后这场奇特婚礼的细节才在重婚罪的丑闻中被披露出来，它对英国社交圈而言都一直是个秘密。保密的主要原因还在于如果查德利小姐被发现已婚，她便不得不放弃自己荣誉侍女的职位，以及它所带来的400英镑。当然也存在另一个事实，即赫维的显赫家庭并不乐于同意这次结合。

这场婚礼于晚上11点在温彻斯特附近兰斯顿的一家小教堂里举行。除了教堂牧师和新郎、新娘，当时仅有另外4个人出席，其中一位是查德利小姐的姨妈，另一位是她的侍女。由于采取了预防措施，因此教堂内部的所有相关人员都不知道到底在筹划着什么，而且这一简短的仪式还是在半明半暗中进行的，唯一的照明就是插在芒特内先生帽子上的一根点燃的蜡烛，他也是其中一位见证者。这对新婚夫妇随后便返回了他们的住处，而伊丽莎白·查德利的女仆还帮助他们悄悄从后门进了屋，这样他们就能溜进卧室共度新婚之夜了。几天后，赫维返回了他停在朴次茅斯的船上，在他出发去西印度群岛以前他们都没有再见到过彼此。

除了1746年赫维从牙买加归来时的短暂团聚以外，他们就一直分隔两地并各自在外寻欢作乐。正如她一贯为人所知的那样，查德利小姐的名声很糟，而且越来越糟，最具代表性的便是1749年5月她在萨默塞特宫威尼斯大使舞会上的惊人穿着。到达时她穿着一件那么透、那么薄的服装，以至于她大部分可爱的优美身段都暴露在外。国王和在场的其他男性似乎都很高兴，但女士们可就不同了。威尔士王妃用外套盖住了她荣誉侍女那光裸的肩膀和胸部，而后来伊丽莎白·蒙塔古夫人还曾写道："查德利小姐的衣服，或根本就没穿衣服，真是非同寻常；她是被献祭的伊菲革涅亚[1]，却过于裸露，以至于大祭司轻易便能探知这一牺牲品的内脏。荣誉侍女（并非严格意义上的侍女）们觉得受了冒犯，都不愿意跟她说话了。"

同时，赫维则过上了一种他所致力于追求的生活，终其为海军效力的岁月，这种追求始终不曾停歇。得亏他有一本私人日记，我们才能得知与此最为紧密相关的细节，后来这本日记还被他用作了一部叙事生动的回忆录的基础。如果这本日记曾是打算出版的话，那么人们便不禁会想到，正是他自己臆造了那些极不寻常的情节，目的就在于树立起他情圣的声望，不过这本日记是在1767至1770年间（重婚丑闻出现的前几年）写成的，而且据

1 伊菲革涅亚：希腊神话中迈锡尼王阿伽门农之女，被献祭给女神阿尔忒弥斯以求得前往特洛伊的顺风，后成为她的女祭司。

出现在 1749 年 5 月的萨默塞特宫威尼斯大使舞会上的伊丽莎白·查德利小姐

他自己所说："我将这些全写出来纯粹是为了从回忆起我一生中大多数的各类事件中得到满足，我追求的是它的线索，正如我生命中的每一天都会在它发生时把它记录下来，只除了不会完全记录所有与之相伴的极特殊情况而已。"

1747 年，赫维迈出了成为上校舰长[1]的关键一步，而他与上层的关系也确保了他能在一些小型战船上短暂地指挥过一段时间后便被派去指挥 70 炮的公主号。乘着这艘宏伟的战列舰，他与宾上将的舰队一同驶往了地中海。在这一阶段，法国的威胁已然消失，因此这支舰队的目的只是到许多港口进行正式访问以显示军力，以及做好应对战事重起的准备。和平时期则为高级海军军官在外国海港组织娱乐活动以及结织当地名流，尤其是女士，提供了一个理想的机会。由于每艘船上都有音乐家，因此在诸如里斯本或热那亚之类的文明港口多作停留的特点便是有一连串的盛大宴会和音乐晚会。赫维陶醉于这种生活。1748 年 1 月，他在热那亚附近的小港口瓦多举办了一场船上的假面舞会，并让整艘船被点得如此灯火通明，以至于"它对岸上人和船上人而言同样都是一道美丽的风景"。舰队上的所有军官到场时全都身着华服，而整条船上的人皆被说服戴上了舞会面具。

几周后他又组织了一次规模更大的娱乐活动。在意大利的里

1　上校舰长：post-captain，即实际指挥战舰的上校，不同于只拥有上校头衔的军官。

窝那港，他邀请了省长与他的情妇，以及从佛罗伦萨和比萨到访这座城市的28名贵族成员。船上的一场音乐会开启了这次晚会，而当夜幕降临，客人便坐在小船上沿着城市的运河被划来。赫维安排照亮了所有的桥梁，并在运河的交汇处为客人安排了有音乐家表演的小船和载着饮食的小船。有几千人出来围看这一奇观，一些是从窗口往外看的，其他人则簇拥在运河的两岸。

作为回报，赫维也曾收到许多宴会和音乐会的邀请。他发现佛罗伦萨的女士是意大利最为大胆的，她们的丈夫也最少妒忌，于是除去其他人不计，他便能与佩科里侯爵夫人和阿恰埃欧拉侯爵夫人畅享欢愉。回到里窝那后，他则与两名商人的妻子消磨时光："在第一位身上我能享有一切我所希望的快乐，她非常美丽，而且令人愉悦。"为表示她的衷情，她还将自己的肖像和一只镶钻的戒指送给了他。

在1748年9月之前，舰队都停在里斯本，这便使赫维重拾了与帕盖蒂夫人的旧情，这位意大利歌手在他还是个16岁的中尉时就把他带上了自己的床。他觉得她依然很美，但也在其他地方寻欢作乐。他到访过几次奥迪韦拉什的女修道院，那里的管理体制非同寻常地自由。前任国王在那里包养了两名情妇，并跟她们中的每个都生了一个孩子。赫维注意到其中的许多修女都是贵妇而且美丽非凡。他曾这样描述后来一次到访这座女修道院的情形："我们待到很晚，以（她们所称的）弗瑞瑞阿提卡的方式做爱。”与此相反，他也会光顾当地的妓女。他曾写道，一天上午，跟巴尼奥斯公爵和后来成为韦尔热讷伯爵暨路易十六治下外交大臣的夏尔·格拉维耶一起，“我们披着斗篷去了多达，我确信，30 处女士之家——我的意思是，提供乐子的女士”。[1]

赫维的贵族背景及社会关系为他打开了上流社会的大门。离开里斯本的战船后，他于 1749 年夏天在巴黎度过了数周时光。他被引荐给法国王后，并拜访了蓬巴杜夫人，还定期与路易十四的孙子暨法国海军上将庞迪耶弗公爵一同打猎。在这段时间里，他惯于早起，并为保持身材而在每天上午跳半个小时的舞蹈，以及每周骑 3 次马。如果在家用餐，饭后他便会花上两个小时弹奏大键琴。夜晚则是跟两名巴黎歌剧院的舞者共同度过的。

当他于 1749 年 11 月遇到苏珊娜-费利克斯·雷斯加尔莫时，这一轮的社交活动和寻花问柳便被打断了，他将她形容为法国最美丽的女人。她曾被推荐成为国王的情妇，但黎塞留公爵却保证让蓬巴杜夫人得到了这一位置，因此她便另嫁给包税人卡泽先生，这位先生后来还成了内阁秘书。赫维是在一场假面舞会上被介绍给卡泽夫人的，然后便疯狂爱上了她。他遣散了歌剧女和其他所有的外遇对象，为的就是追求她。卡泽夫人显然也被他所吸引，但离他们有机会私下待在一起并互相袒露心声尚有一段时

1 《赫维日记》。

间。他们继续抽空相会，在她将一只刻有锦句“前缘已定”的戒指送给他，并对他说她再也不是自己的女主人而只全身心属于他时，这段关系便达到了顶点。但不幸的是，他们试图同床共枕的打算却总被其他人，尤其是她丈夫和母亲的在场所阻挠。然而，距离他们初次见面已逾数周的某天，当一切障碍都不复存在时，卡泽夫人派人请来了赫维，这样他们才能共度一下午和一晚上时光，“给予并接受一种不羁之爱最后的迷人证明，而我从未品尝过如此至乐，也从未对此事如此精熟”。[1]

这以后他们就安排着每天见面了，但总得想方设法避免引起丑闻或激起她丈夫的妒忌。有次当卡泽先生走进房间时，这对情人正在温柔地告别。赫维立即用悬挂在腰带上的大暖手筒遮住了胯下的勃起，而尽管卡泽先生看到了两人罪恶的凌乱状态，却以为他俩仅仅是在亲吻。他踩着脚走进了自己的书房，并将他对他俩友谊的真实性质所产生的任何怀疑都留给了自己。当卡泽先生被任命为内阁秘书，并不得不在凡尔赛宫度过大部分时光时，这对情人的生活便简单多了。这使得赫维能够每天与卡泽夫人共度良宵。他会于深夜到达她家，由马厩进入，并与她一起待到凌晨两、三点钟。而尽管同船军官似乎给了赫维相当大的自由度，但还是到了他必须回船的时候。

1 《赫维日记》。

他于1750年12月之前领半薪回到英国，然后用尽了一切关系试图能够再次带队出访，最终他被任命为20炮船凤凰号的船长，这是他那个等级的军官所能指挥的最小型号——安森爵士通知他说，眼下再没有更大的战船了。而正当他在德特福德监督这艘船进行装配时，却收到了卡泽夫人写来的一封信，她告诉他自己已下定了不再背叛丈夫的决心，将对他忠诚一生。

1752年3月，赫维乘凤凰号从朴次茅斯启航，驶往葡萄牙和地中海。他先是开进了里斯本，在停靠的4个月里，他愉悦自己的方式是重拾与奥迪韦拉什女修道院女士们的旧爱以及与当地的葡萄牙妇女做爱。他于8月继续驶往马赛，并在那里遇见了萨拉赞小姐，这个欢快且活力四射的法国女人是一名法国陆军上校的情人。她坚持让他把自己带到海上去。等他答应下来，她便带着侍女登船与他驶往了梅诺卡、直布罗陀和里斯本，他在里斯本租了间房把她安顿下来，这样他们就能在他空闲时待在一起了。然而这一安排却并不能阻止他去享受跟其他女性的情事。1752年10月，他被一个骑马的男人拦了下来。赫维以为这人是奉命来暗杀自己的，但后来却发现他是被派来将自己领到一位希望结识他的女士跟前的。他被带往了一处产业的花园入口，然后走进一所大房子里的一个装饰精美的房间。他发现有名女士正在那里等待着他。“她告诉我我们的时间很短，而且必须上床，对此我没有丝毫犹豫，因为她已经在我全身点着了火。我将手枪放到枕头底下，并度过了最最愉快的一晚。”经过几次跟这位神秘女性更为秘密的约会后，他发现原来她是卡达瓦尔公爵夫人，并是洛林皇室的一位公主。

在接下来的4年中，只要他的船只在港停泊得够久，赫维就继续跟贵妇们有染。如1754年8月，当凤凰号驶入热那亚时，他便开始了与佩莉妮塔·布里尼奥莱夫人的风流韵事。她是一名来自于热那亚一个显赫家庭的聪明漂亮的30岁女性，也是一位成功的音乐家，她深深迷住了赫维，以至于在他于地中海度过的剩余时光里，她始终是他首要的追逐对象。她当然是结了婚的，这类事实从未在以前阻挠过他，但这次他们却不得不运用一些智谋了。最初，布里尼奥莱夫人假装是眼睛发了炎，这就为她睡在一间暗室的床上提供了借口。赫维悄悄潜入她的卧室，跟她同睡在一条厚厚的羽绒被下面。当她丈夫用过晚饭进来跟她道晚安时，赫维还一直藏在被子底下。经过一些紧张的时刻，她丈夫走了出去，“把我留在一个最最可爱的女人的怀抱里。我一直呆在那里直至接近天亮时分，表现得无与伦比”。黎明时分，他又成功潜出了这所房子，并在没有人发现的情况下返回了自己的暂住之处。后来还有一次，他被迫在情人的床下藏了两个小时，直到能够安全出现并又做了一整晚的爱。

除了与上流社会的女性有染以外，赫维也曾干过引诱十几岁漂亮姑娘的勾当。1752年5月，他把船停进里斯本的海港，并在那里做了弥撒。当在集会教众中看到一个漂亮的乡下姑娘时，他便派人跟上了她并把她带到跟前来。她显然是“个最可爱的人儿”。这一年晚些时候，他又在同一座城里对费利西娅娜·德·西尔维拉小姐发起了攻势。她是个高挑、匀称的 15 岁姑娘，当她坐在窗前时，他便常常与她交谈，并终于劝服她跟他上了床。根据他的日记，她带给他的愉悦跟他所能记起的一样多。1756 年 1 月，他将凤凰号驶入了马翁港。由于宣战在即，他便命令船只做好出海的准备，但这并没有阻止他跟所住那家小酒馆主人的女儿调情。“她跟我很合拍，我一直把她留在身边，她是个如此甜美的尤物，以至于独占了我在这里的所有时间，而当我躺在屋里时，也根本没人来打扰我们。”

但 1756 年战争开始后，这种耽于感官享受的生活却在一定程度上受了减损，在随后 7 年里，他大部分的时间都花在战时服役上。他显然是个勇敢、积极的指挥官。尽管错过了参与基伯龙战役的机会，但他却曾在霍克麾下战斗在英吉利海峡上。1760 年，他又追随凯佩尔上将前往贝尔岛，并在西印度群岛战役中，以及攻克马提尼克岛、圣卢西亚和哈瓦那时扮演了重要角色。但他也确实曾在英国休假期间抽空干了几桩风流韵事，其中最有名的便是跟姬蒂·费希尔，她是一名交际花和高级妓女，也是乔舒亚·雷诺兹爵士最爱的模特，曾为他扮成坐着的埃及艳后克莱奥帕特拉。1763 年当他从西印度群岛归来时，又跟一名海军部大臣的女儿姬蒂·亨特建立起了情人关系。她后来还给他生了一个名叫奥古斯特斯的儿子，他是赫维所知唯一的孩子。他长大后成为了一个跟他父亲一样迷人、冲动的年轻人，并曾作为候补少尉加入海军，但他 18 岁那年，却悲惨地在解放直布罗陀的战斗中遇害了。

赫维一生中最后一场轰轰烈烈的爱情是跟玛丽·内斯比特夫人发生的。据一位不太友善的评论者所说，她的出身可以追溯到一辆独轮手推车上，但她卓越的美貌和明快的个性却为她打开了通往上层社会的大门。[1] 她嫁给了一位城里的银行家，而且就像姬蒂·费希尔一样，被乔舒亚·雷诺兹画了下来。她一直对丈夫不忠，并在 1770 年左右跟赫维好上了。直到赫维去世，他们都始终在一起。

同时，赫维的妻子，即臭名昭著的查德利小姐，也成为了金斯顿公爵的情妇。由于金斯顿公爵这人富有且慷慨，所以她决定要嫁给他。将自己与赫维所经历的婚礼视作“一场如此仓促、寒酸而且还没完成的交易”，以至于根本就不作数的想法很是适合于她。尽管上流社会存在着大量关于事情真实状况的流言蜚语，但她还是成功地用未婚女人的身份满足了教会法庭，并于 1769

1　内斯比特夫人身世不详。1775 年 1 月的《城乡杂志》里可见到如下一段话：“这位出身可以追溯到一辆独轮手推车上的女士结识了当时与人合伙开银行的一位值得敬重的年轻绅士内斯比特先生……”

1759 年由乔舒亚·雷诺兹爵士所绘制的姬蒂·费希尔
扮成克莱奥帕特拉的坐像

由乔舒亚·雷诺兹爵士绘制的玛丽·内斯比特夫人像

年3月嫁给了公爵，成了金斯顿公爵夫人。而赫维也一直在思考无论如何都要跟她离婚，并保守着这个秘密，但4年后当金斯顿公爵去世时，他最年长的那位被剥夺了继承权的继承人却决定对他的遗嘱提出质疑，并挑战其婚姻的合法性。律师们忙了一整天，这位前查德利小姐才发现自己必须去面对重婚罪的指控。

这时赫维已经承袭了家族的封号并成为布里斯托尔伯爵，因此这场审判便不得不在上议院面前进行，因为如果查德利小姐与赫维的婚姻合法，那么她就是布里斯托尔伯爵夫人，而如果它不合法，那么她就是金斯顿公爵夫人。无论如何她都是一位贵族夫人，因此必须由贵族来审判。这个案子引起了多方关注，以至于审判不得不从上议院移至议会大厅，以接纳所有的听众。王后、威尔士亲王，以及大部分的伦敦名流都前来聆听了辩方与控方的争论。议员们最终判定查德利小姐与赫维的婚姻合法，因此她犯有重婚罪。然而，却没有对她采取任何行动。她后来动身去了欧洲大陆，并在1788年时死于巴黎。

赫维也明智地离开了英国，并在随后的日子里隐居于尼斯。1776年审判时他51岁，是个富有金钱和产业的人。3年后的1779年12月22日，他在位于伦敦圣詹姆斯广场的家中去世。

赫维的猎艳史算得上是一个吸引人的典型个案，但他究竟又在何种程度上代表了同时代其他的海军军官呢？有证据显示，就与他同床共枕过的女人的绝对数量而言，他的确不寻常，但在别

查德利小姐与她的两个丈夫，当时的讽刺画

的方面，跟其他有着贵族社会关系及来自奖金或其他私人收入的财富的军官相比，他的生活也没什么不同。尤其是和平时期，许多军官都在国外的派驻点享受着迷人的社交生活。船上和岸上的音乐会、舞会与宴会都是家常便饭。每艘船上总有一两个会拉小提琴的船员，而在18世纪当中，英国的战船上有个横笛和鼓乐队也是惯常之举。有些船长还要确保船上有足够的乐手来组成一个小型管弦乐队。但这一做法并不局限于海军的船只。稍大些的商船，尤其是那些搭载着乘客的，一般都会为他们提供音乐上的娱乐。威廉·希基在回忆录中描述自己于1769年搭乘东印度商船普拉西号的经历时，曾留给了我们生动的一瞥：

> 5艘英国船、4艘瑞典船、6艘法国船、4艘丹麦船和3艘德国船里的每一艘上都有一个优秀的乐队，乐器由各种类型的管乐器和军乐器组成，当太阳跃出地平线的时候，全部乐器都会奏响，并将持续一个小时。在日落前一个小时也会有同样的事情发生。我从未听过更加美妙的乐声。[1]

赫维所描述的岸上的奢华宴会并非不常见，而且更富有的海

1　戴维·普罗克特《海上音乐》（伦敦，1992）。

军军官有时会举办规模更大的娱乐活动。1800 年 4 月 7 日的《朴次茅斯电报》上有一份对爱德华·拉塞尔上将在里斯本附近一户贵族人家举办的宴会的描述。它招待了超过 6 000 名客人，当晚的焦点则是花园里的一个大型大理石喷泉。拉塞尔安排往喷泉里灌满了由 4 大桶白兰地、8 大桶水、25 000 个柠檬、20 加仑酸橙汁、13 担上好的白糖、5 磅磨碎的肉豆蔻、300 块烤饼干和一管马拉加山区葡萄酒制成的传统潘趣酒。一顶巨大的帐篷被竖起在喷泉上面，而一条载着一名年轻水手的小船也飘浮在潘趣酒表面的柠檬和碎肉豆蔻之中。到了晚上，这男孩便绕着喷泉划船，为欢快的客人斟满酒杯。

至于跟当地妇女的风流韵事，赫维船长也许比大多数人都更加乱来，但许多其他水手也会在上岸时一夜风流。除了当时的报纸、信件和日记上所包含的传闻，某些海军军官的遗嘱里也有婚外恋的确凿证据。上将科尔维尔爵士在 1767 年草拟遗嘱时，就为他的 3 个私生子女查尔斯、詹姆斯·亚历山大和索菲娅做了特别安排。两个男孩被生在了英国，但索菲娅却出生于新斯科舍省的哈利法克斯。

将军级别以下的海军军官的情欲活动则有个有趣的信息源，即伦敦档案局所藏一卷为海军遗孀提供抚恤金的机构的审议记录。这一机构的全称为“管理为皇家海军贫困的军官和准尉遗孀发放善款的特别法庭”。它于 1732 年设立，所发钱款扣除自海军军官的薪酬。委员们要在一年里碰几次头，而他们的决定也会被一名书记员正式记录下来。他们总是按规定办事，但偶尔他们的权威也会在有两位妻子申请同一个人的抚恤金时陷入两难。比如在1750年1月3日的会议上，我们发现，“两份分别来自于梅莉奥拉和伊丽莎白·沃伦的申请都是来为无敌号已故大副索斯·沃伦的遗孀申请抚恤金的……”而在同一次会议上，弗朗西斯·皮克顿则声称是砂浆号单桅帆船的已故二副约翰·皮克顿的合法遗孀，但一份来自于萨拉·皮克顿的申请也被收到，她更是提供了证据来表明自己同样是其合法遗孀。委员们还收到过玛丽·斯夸尔和另一个女人的申请，她们都声称自己曾嫁给了在国王萨费尔之奖号上失踪的马修·斯夸尔上校。

对这些记录的研究表明，在1750至1800年间，总共有22起两位妻子申请同一个人的抚恤金的案子。这些已故者包括三名上校、两名中尉、四名乘务长、六名水手长、一名军医和一名木匠。而那些慈善委员们对两位妻子的申请的判断方法就是找出哪个女人最先嫁给了所讨论的水手。只要能提供有关结婚日期的充分证明，她就会被授予抚恤金，而第二位妻子就会出局。但这些记录并未提供足够的细节来表明水手与第二位妻子是否是在外国的港口结婚的。与之相关的女人们无一例外地都有着像玛丽、玛格丽特、安、萨拉和伊丽莎白之类普通的英国名字，这就说明他们既可能是在随便哪个海外港口跟英国人或英国人的后代发生了重婚行为，也完全有可能是在英国本土结的婚。

水手们在外国海港风流无度的名声早在 18 世纪以前就被确立起来，而且还常常被反映在绘画和诗歌之中。在法国大革命战争期间，当皇家海军的行动不停出现在头版头条时，以水手为主题的讽刺画就曾一度呈现爆发态势。其中最受欢迎的主题便是一名快乐的年轻水手在上岸时搭上一个漂亮姑娘的图画。标题则不可避免地使用了类似于“一艘战船将一艘护卫舰拖入海港”之类的航海用语。这一主题直到维多利亚时代还很流行。在那一系列“单色一便士，彩色两便士”的迷人版画中就有一份被命名为《订婚的标志》，作品由两幅并列的画作组成。一幅展示了一名水手在一座英国海港一手搂着一个漂亮姑娘的腰，那姑娘头戴一顶系着缎带和蝴蝶结的软帽。他的另一只手正举起一只装着他薪水的钱包，以作为订婚的标志。第二幅则展示了一名水手在热带的某处地方同一个黝黑的少女调着情，她身上有羽毛和像是狮皮的东西作为装饰。这名水手订婚的标志则是一块在她眼前晃悠的怀表。[1]

很多海上的号子和歌谣唱的都是水手在外国海港的情欲活动，有些还特别警告了年轻女子不要爱上水手。这一类型中最具

1　见查尔斯·N. 鲁宾逊《现实与虚构中的英国水手：关于水手生活的诗歌、感染力文字及幽默作品》（伦敦、纽约，1909）。

代表性的便是这首《告择婿之年轻女士》。它开头便是：

格林尼治的美女，无论你身份高低，
愿你千万别对出海的男人动心思；

接下来更继续提醒少女们，嫁给一名水手会遇到重重困难：

除了海上将有那么多的艰难险阻，
他们上岸后还会游荡到喜爱之处；
在海港小镇四下追求妇人和少女：
他们会骗你；别听水手的甜言蜜语。

这首诗歌结束于建议那姑娘去喜欢一个老实的生意人，因为他将一直在身边“分担所有需要分担之事”。[1]

由于大多数水手都是未婚的年轻人，这便无怪乎他们一上岸就要去寻找女伴了。18 世纪中叶在海军做了多年普通水手的杰克・克里默曾描述过当他的船只驶入马翁港时所发生的一桩真实事件。他是跟船上的木匠一起上的岸，然后两人就出发去了一家位于一座老教堂边上的西班牙妓院。他们喝了许多酒，很快便跟

1　由 C. H. 弗恩编订的《海军军歌与歌谣》（海军档案学会，伦敦，1908）。

“两个健康、黝黑又好看的姑娘”搭起讪来。[1] 尽管这些姑娘已经被两名英国军官预定了，但杰克和他的同伴却并不知晓此事。由于姑娘答应要跟他们睡上一两个小时，因此便被他们带回了船上。但他们的欢爱却被前来讨要女人的两名军官的出现所打断。军官们拔出剑后，一场打斗便随之而来，杰克在打斗中掐住其中一名军官的脖子并威胁要杀死他。女人们则迅速解除了军官们的武装，于是杰克和他的同伴赢得了胜利。

在一本更为平和的笔记中，我们发现了伦纳德·吉莱斯皮在其日记中记载的他跟一名当地妇女的关系。当他待在马提尼克岛的海军医院里时，跟当地一个穆拉托姑娘生了两个孩子，他只在日记中简单地提及她叫卡罗琳。看上去她似乎是他的女仆或管家。他将第一个孩子形容为“一个四分之一的混血男孩”，还让他受了洗，给他取名为伦纳德。后来在 1800 年 2 月 2 日，他写道：“今天早上 8 点整，卡罗琳生下了一个女孩，说我是她的父亲。”等到了离岛的时候，他把女孩留给了卡罗琳，却把男孩带回了爱尔兰。

当一艘战船在结束一段航程返回母港后，许多船长都在离岸处下锚停船，他们会让水手的妻子和其他的女人们上船，而不会

1 《流浪的杰克：约翰·克里默船长日记，1700—1774》（伦敦，1936）。

冒着让水手弃船逃跑的风险允许他们上岸。当一艘船到达一座海外的港口时，也会采用同样实用的方法。爱德华·汤普森在他的船只于 1756 年 10 月到访安提瓜的英吉利港时曾记录过这一情形。他在一封写给朋友的信里说，每周日，来自于岛上不同地方的黑人妇女都会来一次大探访。而尽管他已经习惯了不洗澡的水手、船上的牲畜以及舱底污水的臭味，但还是特别提及了岛上黑人的独特气味。

> 但臭味并未损害水手们的欲望，每个人都拥有一位临时夫人，她们为自己对所选男子的忠诚而自豪，在这一特殊方面她们是严格这样做的。就我所知，某周日晚上，曾有 350 名妇女上船吃、睡，并于拂晓时分回到了她们各自的种植园里。[1]

而他对遥远的大西洋圣赫勒拿岛上妇女的印象却好得多。他认为这座岛屿本身便浪漫得无以复加，而且还拥有他所见识过的最晴朗的气候。他将它与基尔克曾对尤利西斯[2]及其同伴施下魔咒的岛屿作比，发现圣赫勒拿的女人是有魔力的。他认为她们美

---

1 爱德华·汤普森《1754 至 1759 年间一位水手在其去往欧洲、亚洲、非洲和美国的航程与旅途中写给几位英国好友的信件》（2 卷本）（伦敦，1767）。

2 尤利西斯是奥德修斯的拉丁文名。

得精致，头发就跟维纳斯和美惠三女神的一样。她们是那么可亲、可爱，以至于让他觉得任何到访过圣赫勒拿的人都会将他的心留给岛上的一位仙女。他则将自己的心留给了一个美丽不可方物的女人，她便是“留住了青年特勒马科斯的卡吕普索；用爱之网如此纠缠于他”。

水手们则对南海群岛上的年轻女子抱有相同的感受，尤以塔希提岛上的为甚，这座岛屿曾在水手中获得了人间天堂的美誉。由塞缪尔·沃利斯上校指挥的英国船只海豚号于1767年6月首次途经此岛。沃利斯在10个月前离开英国，奉命去寻找人们相信存在于南太平洋某处的南方大陆。他越过大西洋一直行驶到南美洲，他的船员在那里上了岸，并发现巴塔哥尼亚巨人的故事是被严重夸大的（最高的巴塔哥尼亚人被证明为6英尺7英寸，而大多数都在5英尺10英寸到6英尺之间）。从巴塔哥尼亚出发，他又穿过麦哲伦海峡，然后向西横穿了太平洋。6周以后仍然未见任何陆地的迹象，而一些水手却生起了坏血病。

6月19日下午，他们跑在了一阵强劲的东风之前。天空还很澄澈，但地平线却被一层薄雾笼罩得模模糊糊。下午3点钟的时候，他们看见几座高山峰巅耸立在薄雾之上，便改变航向朝它们驶去。他们行驶了整整一夜，到第二天清晨才能清晰地看见眼前多山的绿色陆地的形状。等离得更近了，他们还看见海浪拍打着礁石所激起的白色浪花，并有超过100只独木舟正朝他们划来。独木舟上的人似乎在看到三桅帆船时很是惊讶，但他们却兴奋地弄懂了水手们友好的手势，而且其中一个人还往海里扔了一根粉芭蕉枝以示和平。经过几场无果的谈判后，海豚号向西改变了航道，船上的高级船员则在礁石中寻找着一个缺口以及一个安全的下锚点。他们在沿着海岸行驶时，还能看见数百名男女和儿童正簇拥在岸边的椰子树下。35 岁的海豚号大副乔治·罗伯逊在他的日记中写道，“这个国家拥有你能想象的最美景致”[1]。他说沿海还有一条两或三英里宽、遍布种植园的浅水带，像长谷仓一样的房子就坐落于种植园间，而所有房子的屋顶都整齐地覆盖着茅草。房屋和牧场远处是高耸入云的群山，它们的斜坡都被浓密的高树厚厚地掩住了。

海豚号沿着海岸小心地行驶了好几天，还不时停下来跟数百只共同前行的独木舟做些交易。罗伯逊估算说某天早上有近4 000个人坐着独木舟围绕他们的船只停了下来。几只独木舟上有些年轻女子，其美貌和撩人姿态引来了年轻水手不加掩饰的歆羡。独木舟上的人迅速捕捉到了这点，并竭力将女人用作诱饵，好让他们登船或诱使水手上岸。由于英国人正急着储备食物和淡水，而放小船上岸的尝试又被独木舟上边挤边笑的人阻碍了，因

1 见由休·卡林顿编订的《发现塔希提：国王海豚号第二次环球航行期间……船上大副乔治·罗伯逊写下的日记》（伦敦，1948）。

此便发生了几起恶性事件，其中一起是塔希提人开始往船上扔石头，直至英国人展现出枪炮的威力，并打死、打伤了几名塔希提人，才好不容易休了战。

6 月25 日，海豚号在一个蜿蜒大海湾的5 英寻深的水中下锚停泊，远处还有一些礁石作为掩护。这便是马塔怀湾，罗伯逊认为它“跟世界上任何一个优良海湾一样好”，后来它就成了库克船长最爱的锚地之一。海湾的最前端有一条河，河水如池塘般平静，因此水手们便能将小船停在沙滩上，并在跳上岸时保持武器的干燥。夜晚的空气则充满了热带花卉和草木的甜香味。

随着船只的安全停泊，与岛民的关系也迅速得到了改善。这很大程度上还应归功于岛上的年轻女子，她们是在年长者的鼓励下同水手结交的。罗伯逊曾描述过当海豚号上的一条小船最终能登陆到海滩上时，水手与女人们的首次相遇。

> 但我们的小伙子在看到一些非常俊俏的年轻姑娘时，便忍不住紧盯着这么美好的景象。几个年长的男人把这看在眼里，于是挑出了几名年轻姑娘，她们有些是浅古铜色，有些是黑白混血，还有些几乎就是白人。这些老男人让她们一字排开，还示意我们的人带走他们最喜欢的，甚至喜欢多少就带走多少，因为生怕我们的人对如何使用这些可怜的年轻姑娘一无所知，这些老男人

更向我们示范了该如何对待这些年轻女子。小船上的所有船员似乎都很好地理解了这点，并恳求军官们能接受一些年轻女子上船。[1]

水手则向姑娘们示意，他们并不像那些老男人以为的那样无知，这让老男人们很是高兴，“但那些可怜的年轻姑娘却显得有点害怕，尽管不久后就变得熟悉多了”。

由于负责管理登陆人员的军官未曾获准将任何一个当地人带上船去，因此他向那些女人暗示道，他们很快便会回去，并命令他的人回到小船上。返回海豚号以后，所有水手都发誓说他们生平从未见过更加俊俏的女人，并宣称宁愿损失每日津贴的三分之二，也不愿失去每人拥有一个姑娘的机会。于是沃利斯向那不可避免之事低头了，水手们便很快与年轻女子交换起礼物并熟悉起来。塔希提人跟其他的南海岛民一样，尤其珍视英国人船上的铁钉、舱门等金属物件，而且一有机会就把它们偷走。如今他们通过拿女人做交易得到了想要的足够多的铁。水手们则发现一颗铁钉差不多就是女人为其性行为索要的价格。这类交易变得如此活跃，以至于一名木匠向罗伯逊报告说，船上的所有铁栓都不见了，多数人也舍弃了他们的吊床转而睡在甲板上，因为他们钉吊

1 《发现塔希提》。

床的钉子全被拿走了。

在 7 月 27 日海豚号起航前，即首度发现塔希提 6 周后，岛民们与英国人之间最初的敌意已为双方最热烈的友谊所取代。当海豚号于 1768 年 5 月回到英国时，沃利斯上校报告说塔希提是太平洋上为船只提供给养的理想基地。它有丰富的食物、木材和淡水储备，有隐蔽的海湾和安全的锚地，还有友好的岛民。海军部和准备在南海进行科学探险的皇家学会则决定，塔希提将成为观察金星围绕太阳运转的理想地点——这一观测将有助于弄清太阳与地球之间的距离。

1769 年 4 月 5 日，海豚号到访后两年，由詹姆斯·库克船长指挥的改装运煤船奋进号在马塔怀湾下锚停泊。奋进号上的艺术家、天文学家和植物学家在此番库克的首次大探险之旅中确立了塔希提作为人间天堂的美誉。[1] 悉尼·帕金森的画作和水手的观察都确认了当地人外貌的俊美。跟库克一起的富有的年轻科学家约瑟夫·班克斯，几乎在无需劝说的情况下就将一名塔希提妇女当作了在奋进号 3 个月到访期中的情人，后来他写道：

在塔希提岛上，爱情是当地人的主业，是他们最爱、甚至几乎是唯一的享受；女人的身体和灵魂全都是

1　参见 J. C. 比格尔霍尔《詹姆斯·库克船长传》（伦敦，1974）。

那一软科学的终极完美的模型；闲散这一爱情之父几乎正以一种无忧无虑的安逸统治着这里……[1]

塔希提女人的美誉还曾得到来访的法国探险家的肯定，其中最著名的便是路易·德·布甘维尔的到访，他于 1768 年 4 月 2 日在马塔怀湾以东几英里处下锚停泊，此时距国王海豚号离开还不足一年。布甘维尔从前当过兵，做过外交官，后来出版的《环球航行》使他蜚声国际，这本书详细描述了他在环球航行过程中的发现。在航行中陪伴他的是一位天文学家以及植物学家菲利贝尔·肯默生，此人是法国皇家科学院的杰出院士，还在无意之中为我们已知的女水手名单又添上了一位。肯默生身边有个作为他贴身男仆的年轻人，而直到他们抵达了塔希提，他才发现他的贴身男仆其实是个女人。她名叫让娜·巴尔，尽管她成功地欺骗了船上的所有人，可当他们在塔希提登陆时，岛民们却立马看穿了她的伪装。[2]

布甘维尔在塔希提只待了不足十日，但这点时间就足够让他完全沉迷于此地了。他用希腊岛屿新塞西拉来为它命名，而爱神维纳斯正是先从塞西拉岛的海浪中升起的。他认为那里的气候在

1 帕特里克·奥布赖恩《约瑟夫·班克斯传》（伦敦，1987）。
2 林恩·威西《发现之旅：库克船长与太平洋探索活动》（伦敦，1987）。

全世界最为宜人。“自然本身颁布了法律。当地人和平地遵照这些法律，从而构成了可能是全世界已知的最快乐的社会。”至于那些男男女女，则像希腊的神灵和女神一样。“我从未见过更健美的，以及四肢更符合比例的男人，”他写道，“为画出赫拉克勒斯或马尔斯，人们不可能在其他地方找到如此优美的模特。”有次，一个年轻的塔希提女人正站在他那艘船甲板上的起锚机边，却不小心让外袍滑落在地，她“站着让所有人都能看见，就像维纳斯站在佛里吉亚的牧羊人面前一样；而且她也有维纳斯一般的仙躯。于是水手们急忙赶到舱口，从未如此急切地转动起起锚机来。”[1]

在库克和布甘维尔到访后20年，布莱上校也指挥着国王赏金号到达了塔希提。他于1777年首次见到这座岛屿，那时他还是库克在第3次航行中所指挥的决心号上的大副，而这次他则完全对它着了迷。尽管在海上是一名严格且苛刻的船长，但他却注定般地让他自己和他的船员在岛上的气候和无忧无虑的岛民的亲切影响下进行了休整。赏金号此次航行的目的是要将在塔希提长得如此丰茂的猴面包果树的幼苗带走，并将它们移植到西印度群岛上的英国殖民地，因为人们相信它们能为在那儿的种植园里干活的奴隶提供食物。赏金号上装配了能容纳几百个花盆的特殊行李架，而且一等船在马塔怀湾安全停泊，并跟岛民们互换过问候

1 戴维·刘易斯《从茂宜到库克：太平洋的发现与殖民活动》（悉尼，1977）。

与礼物后，布莱便派遣他的植物学家们在金星点培育了一块苗圃。培育这些幼苗并将它们移植到花盆里耗费了 5 个月的时间，在这期间，赏金号的船员们享受着岛上的各种欢愉，尤其是年轻女人，他们发现这些女人就像他们曾被引导着去相信的那样极其诱人和自愿。尽管布莱保持着对他妻子的忠诚，但弗莱彻·克里斯琴和其他一些船员却上岸永久居住了下去，并同塔希提妇女形成了一直持续到兵变以后的性关系。二副克里斯琴 25 岁，是坎伯兰郡一名律师的儿子。他有着欢快且英俊的面孔、热烈的态度，而且相当有魅力。以前的一名同船水手曾评价他为“女人的大情人”。他以体格的强壮而闻名，但也偶尔屈服于沮丧的负面情绪。在跟好几名塔希提姑娘上过床后，他终于认定了一个异常美丽的叫做马瓦图阿的年轻女人，她是一个头人的女儿。他给她重新取名为伊莎贝拉，而她也陪伴他走到了最后。

1789 年 4 月 4 日，赏金号载着超过 1 000 株猴面包树和一船已变得松懈、懒散的船员从塔希提启航。早在几周前就有 3 个人试图弃船逃跑，而近一半的船员还在忍受着性病的折磨。布莱为重整军纪狠做了一番努力，可他却缺乏天生的权威，正是这种权威让库克能够带领着他的船员度过任何困难，而且几乎未曾招致不满的龃龉。布莱个头矮小，脾气暴躁，言语尖刻，还有着爱在人前羞辱手下军官的习惯。离开塔希提尚不满 3 周，他便让弗莱彻·克里斯琴忍无可忍了，于是后者在 4 月 28 日拂晓时分发动了一场兵变，这导致布莱和18 名船员被扔进一只小划艇里漂流去了。

当布莱成功穿越了4 000 英里的海域到达巴达维亚时，由弗莱彻·克里斯琴领导的兵变者却将赏金号开往了土布艾岛。他们在那里经历了和沃利斯首次遇到塔希提人时一样的情况。岛民们划着独木舟跑了出来，并蜂拥上船偷走一切可以拿到的未经固定之物。虽然他们被兵变者赶下了船，但第二天上午，一只载着由5 个男人护送的18 个年轻女人的独木舟又跑上前来。这些女人的容貌都是经过精心挑选的，而且跟塔希提的姑娘一样，她们也有着明亮的黑眼睛和长至腰际的秀美黑发。等女人们吸引了赏金号船员的注意力时，土布艾人便开始发动进攻。5 只满载着武装士兵的独木舟围住了那艘船。克里斯琴下令给火炮装上霰弹，并在近距离平射射程上向独木舟开火。在随后的大屠杀中，有一打岛民被打死，更多被打伤，其余人则逃回了岸上。这对正在寻找一个避难所的兵变者而言真是个不吉利的开端。他们将那个地方命名为血腥湾，而尽管已经登陆并开始动工修建一座要塞，几周后他们还是决定返回塔希提。据兵变者约翰·亚当斯所说："我们缺乏女人，一想到在塔希提，我们所有人都建立起了亲密的友谊，就决定回到那里，于是我们每人都能得到一个女人。"[1] 因

1　理查德·霍夫《布莱船长与克里斯琴先生：男人们与兵变》（1972，作者所引为1988 年的伦敦版本）。

此他们便开回了塔希提，并于 1789 年 6 月 6 日在马塔怀湾下锚停泊。但他们却不敢待太长时间，因为他们知道海军会派出一艘战船来追捕他们，而塔希提也将是他们会来搜寻的第一站，于是他们往赏金号上装满了羊、猪和鸡，并劝服了 4 个塔希提女人、7 个男人和男孩跟他们一起走。他们还将另外 7 名妇女骗来跟他们一起，方法是先引诱她们上船，然后在她们还能上岸前就起锚开船。

在接下来的 6 个月中，兵变者漫游在太平洋上以寻找一个合适的、能让他们跟女人定居下来的天堂岛。最后弗莱彻·克里斯琴决定前往皮特凯恩岛。因为他曾在一卷霍克斯沃思的《航海纪行》中看到过对它的描述，而它距离塔希提以东 3 000 英里的遥远位置又似乎很有吸引力。他们花了两个月时间来寻找它，最终它那多岩石的轮廓终于出现在了地平线上。1790 年 1 月 18 日，他们在一个无遮蔽的、后来被称作赏金湾的海湾里下锚停泊，然后派出一支武装小分队乘快艇上了岸。这座岛屿似乎很是契合他们的目的。因为它有肥沃的土壤、充足的水果和淡水、周边水域里无数的海鱼，以及宜人的气候。而且没有人居住在岛上，因此他们再也不必去对付那些有敌意的当地人的进攻了。更何况它还被错误地标注在海图上，所以海军也不可能去那里找到他们。

他们卸了船，在海湾上方的小台地上为自己建起简易房屋，还种下了农作物。开始的几个月看上去一切都好，但问题却正在酝酿之中。兵变者之间存在着对抗与憎恨，而正被发起兵变的罪恶感所折磨的克里斯琴，则明显是个喜怒无常且无能的领导者。那些塔希提女人虽强壮、能干，却非常想念她们的朋友和家人。更严重的是来自于那些被当作奴隶和劳工的塔希提和土布艾男人的憎恨，因为他们不得不5个人分享3个女人。当一名兵变者的女人死去后，他还坚持要带走那3个女人中的一个，这大大惹恼了她的丈夫。阴谋与杀戮随之而来，并在一个炎热的午后发展成了一场血腥的大屠杀，其中5名兵变者被波利尼西亚人枪杀或殴打致死。当弗莱彻·克里斯琴在他的花园里挖土时，后脑被枪击中，面部也被人用斧子砍坏了。但流血事件并未就此结束。那些塔希提女人对于她们的白人丈夫被谋杀感到生气与愤怒，于是对同行的岛民展开了报复。一个名叫珍妮的塔希提女人后来描述了正午时分，当两个塔希提男人正躺在一间屋子外面晒太阳时，“一名妇女抄起一把短柄小斧劈开了后面一个人的头盖骨，同时大叫着让扬开枪，他照做了，还打死了另一个当地人”。在短短几天时间里，15个到达皮特凯恩的男人中就有11个被残杀致死。岛上的人口数也骤减至两名白人男性、11名悲伤的波利尼西亚妇女和数名儿童。

兵变者要与他们的女人在一个天堂岛上共度余生的梦想最终以屠杀和幻灭收场。但得益于随后关于兵变的报道，和以这个故事为基础的多部电影，布莱上校与弗莱彻·克里斯琴之间的冲突却让后来几辈人觉得饶有兴味——这次兵变、塔希提的异域景象，以及那些在发间戴着木槿花的可爱的年轻女子都是那么地引人遐思，而那些女子更是给所有在马塔怀湾下锚停泊的水手留下了多么深刻的印象啊。

两位海军英雄和他们的女人

我们很难找到另一个在玩弄女性方面的记录能与奥古斯塔斯·赫维相提并论的英国水手，但美国海军中最著名的水手却也曾获得过女士情人的显赫声名。跟赫维一样，他的后半生也被丑闻的阴影所笼罩。约翰·保罗·琼斯尽管从未结婚，却明显爱慕女性，她们反过来也觉得他很有吸引力，尤其在他被赞誉为海军英雄以后。他常常会被拿来跟纳尔逊进行比较，而两人也确实有很多共同点。他们都身形瘦弱且个头矮小，却拥有极度狂热的雄心和不顾一切的勇气。他们都在年纪很小时就到了海上（纳尔逊是 12 岁，琼斯是 13 岁），而且在 20 岁出头就获得了船只的指挥权。他们都是天生就能掌握战斗策略，并拥有在遭遇敌人时的杀戮直觉。他们是战斗中鼓舞人心的领导者，拒绝在似乎失去一切时接受失败，还鼓励他们的手下一直战斗到敌人被全歼或者被迫投降。他们都曾赢得过使他们驰誉欧洲的巨大胜利，尽管英国人从不承认琼斯所取得的成就。由于在美国独立战争中遭受了军事上的失利，英国人被他对英国船只的无畏进攻所激怒，因此坚持将他视为一个叛徒和海盗。而琼斯作为一名指挥官的不幸就在于他从未有机会领导一支舰队去参加战斗，却不得不局限于只包含3、4艘船的小规模行动。然而，对曾经追随过他的数代美国水手来说，他的言行却始终是一种鼓舞。

像许多美国最著名的人士一样，约翰·保罗·琼斯是个移民。他于1747年7月6日出生于苏格兰，是家里5个孩子中的老四。[1] 他父亲是索尔韦湾岸边一处位于阿尔比格兰的庄园里的园丁。他母亲琼·麦克达夫是一位当地农夫之女。1761年约翰·保罗给一名水手当了学徒，并作为双桅横帆船友谊号上的随船侍者而出海。这艘帆船从怀特黑文启航，横穿了大西洋到达巴巴多斯。它在那儿装载了一船朗姆酒和糖，然后朝北向弗吉尼亚的汉普顿驶去，并于1761年5月抵达。友谊号后来又从汉普顿沿切萨皮克湾而上到达弗雷德里克斯堡，约翰·保罗在那儿与他做裁缝的长兄威廉重聚了。

在接下来的7年中，约翰·保罗继续搭乘在怀特黑文、西印度群岛和美国东海岸之间做生意的商船来回横穿大西洋。他于1768年结束了学徒生涯，并在21岁时被指派为利物浦的60吨双桅横帆船约翰号上的大副。他作为船长的首次航行是从苏格兰的

---

1 约翰·保罗·琼斯的生平资料来自：塞缪尔·埃利奥特·莫里森《约翰·保罗·琼斯：一位水手的传记》（波士顿，1959），其内容相当全面；威廉·吉尔克森《约翰·保罗·琼斯麾下船舰》（安纳波利斯，1987）；G. W. 艾伦《美国革命时期的海军史》（波士顿，1913）。

约翰·保罗·琼斯准将（1747—1792）

柯库布里港驶往牙买加的金斯顿。第二次则是去向风群岛。1772年，他获得了更大的船只贝齐号的指挥权，并乘着它从伦敦去到爱尔兰、马德拉和多巴哥，然后返航。当他拒绝在多巴哥给船员提高工资待遇时，他们就开始哗变了。领头者是个强壮的男人，在外航行时显然很粗野，他用一块钝器袭击了约翰·保罗，并将他赶入他的船舱。约翰·保罗拿起了自己的剑，并在随后的打斗中打败并杀死了那个男人。然后他立马跑到岸上去，把自己交给了当地的治安法官。尽管他在军事法庭上必定会被宣判无罪，但朋友们却建议约翰·保罗要在当地人决定为他杀死的那个人复仇前逃离这座海岛。于是他搭上一条当地的小船走了，而且人们对他在随后一年半中的行踪毫不知情。等重新出现在人们视野里的时候，他已经将自己的名字从约翰·保罗改为了约翰·保罗·琼斯。

1775年12月，他加入了美国海军。当时美国正处于跟英国开战的边缘，这场战争将最终使美国赢得独立。国会指派乔治·华盛顿担任新近成立的大陆军的总指挥，并已下令创建海军。在这一阶段刚刚成立的，后来被称为大陆海军的全部美国海军，仅由两艘轮船、两艘双桅横帆船、三艘单桅帆船和一艘纵帆船所组成。它们还都是经过改装的商船。而同时期的英国海军却有400艘战列舰，以及800艘护卫舰、双桅横帆船和单桅帆船。

约翰·保罗·琼斯被任命为20炮船艾尔弗雷德号的中尉。350吨的重量及220名船员的配置使它成了这支匆匆集结起来的舰队里的最大船只。艾尔弗雷德号的首个任务是与 3 艘其他的美国船只一同开往巴哈马。目的就在于从拿骚的英国基地为华盛顿的军队攫取弹药和武器。由于并没有部队或战船驻守在新普罗维登斯岛上，因此美国船只尚未开战便攻下了拿骚，并带走了 388 门火炮和大量有用的弹药和军火。一个月以后，美国舰队于 1776 年 4 月 6 日在布洛克岛附近遭遇了 20 炮英国战船格拉斯哥号，然后展开战斗。经过双方著名的火力虽猛却不太精准的两小时鏖战，格拉斯哥号被迫停止了战斗并退回纽波特。于是美国媒体和国会宣告独立战争期间海军的首次战役光荣胜利。不久以后，约翰・保罗・琼斯就获得了单桅帆船普罗维登斯号的指挥权以及上校的临时级别。他于 1776 年 8 月从特拉华角出海，不到 5 周便已俘获 7 艘属于英国及其殖民地的商船。

1776 年 10 月，琼斯返回了艾尔弗雷德号，但这次是作为船上的指挥官。给他的命令是去劫掠布雷顿角并俘获英国船只。他再次展现了对战斗的残酷嗜好，共俘获 3 艘商船和一艘武装运输船，还派小船去坎索港，让他的人在那儿的一艘英国供给船上放火，并俘获一艘小型纵帆船。然后他又继续在路易斯堡以外俘获了 3 艘运煤船，以及一艘英国私掠船。可当他带着一长串捕获物[1]向南回航时，却在科德角半岛外面遭遇了战舰国王米尔福德

1　捕获物：指的是在海上以武力抢占的船只。

号。在随后的战斗中，那艘英国战船重获了私掠船，而琼斯则带着剩下的捕获物逃脱并返回了马萨诸塞湾。

琼斯在波士顿的一家小客栈里度过了1776年冬天。1777年6月14日，国会又指派他去指挥18炮的漫游者号。这是为现今的合众国海军而造的一艘新船。与使纳尔逊扬名的那些船只相比，它确实很小，但对琼斯的目标而言却够大了。他驾驶着它穿过大西洋抵达法国，这位英国的老对手在那里帮他装配了船只，以便在英国水域上航行时实施大规模劫掠。当漫游者号的帆、索和军备在潘伯夫的一家船厂里进行检修时，琼斯跟特蕾丝·德·肖蒙夫人有了一桩风流韵事，她丈夫是一名在东印度贸易中发了财的法国企业家，他曾买下一座位于卢瓦尔的城堡和一栋位于帕西的联排别墅。德·肖蒙先生还拥有一支商业船队，除了为法国海军弄到供给以外，他还跟美国驻巴黎的特派员本杰明·富兰克林谈判说要供应美国海军。他邀请琼斯住进了他的联排别墅，而当他出门去做商业旅行时，琼斯却利用了这个机会跟他的妻子欢爱。这绝非琼斯的第一桩风流韵事，却是他跟法国富有的或出身高贵的女士们发生过的数段关系中的第一段。

1778年2月，他从布雷斯特出发，在爱尔兰海上俘获了两艘轮船，然后又在他位于苏格兰的老港口怀特黑文领导了一次劫掠。在海港外面下锚停泊后，他就带着两只小船上的武装小分队上了岸。他们在回到船上以前，阻断了保卫海港入口的炮台上的火力，并在港口的一艘运煤船上放了火。然后他穿过索尔韦湾行驶至圣玛丽岛，目的就在于挟持塞尔扣克伯爵。不幸的是伯爵出了门，琼斯面对的乃是一位果敢的塞尔扣克夫人。为了不至于空手而归，他们勒令她交出家里的银子，而她顽抗了一番才同意这么做。

劫掠的消息如野火一般四处蔓延，并在海岸线上造成了恐慌。尽管并没有人失去生命，所造成的损失也很小，但是劫掠本身的大胆狂妄激怒了英国人，自 1667 年荷兰人在梅德韦河上进行过劫掠以来，他们还从未受到敌人的袭击。海军部命令爱尔兰海上的战船去追击漫游者号，于是 4 月 24 日琼斯在贝尔法斯特以外的海上遭遇了 16 炮的国王德雷克号。一场激战就此展开。经过一小时的猛烈交火，英国战船的上校被打死，他的中尉也受了致命伤，于是这艘船便投降了。不过这艘船受损极重，琼斯不得不拖着它，直到他的人能修好帆和索。5 月 8 日，漫游者号跟被俘的英国战船一同驶入法国的布雷斯特港，并将英国国旗倒挂在美国的星条旗下面。琼斯为期 28 天的短期巡航对美国人而言是一场声势浩大的政治宣传，而尽管他的成就在法国引起的关注很少，但他却在英国成了一个臭名昭著的人物，并是那里许多惊悚流言和恶意漫画的主题。

1779 年 2 月，琼斯被授予了好人理查德号的指挥权，这艘船以前是法国的东印度商船，船上的 40 门火炮则是在洛里昂装配的。他还兼管着6艘其他船只，并将自己称为“美国在欧洲舰队的总指挥约翰·P. 琼斯上校”。他和他的舰队于8月起航，接下来在英国各岛上的劫掠将是他职业生涯中最伟大的功勋。在沿爱尔兰和苏格兰巡航的过程中，他曾俘获过半打商船。然后又沿着福斯湾向上行驶，只是一阵迫使他改变航道的巨大西风阻止了他对利斯的进攻。他接着往南寻找更多捕获物，并于9月23日在弗兰伯勒角以外发现了一支船队。后来证明它是一支波罗的海来的约有40艘商船的护航队，由两艘英国战船，即44炮的塞拉皮斯号和20炮的单桅帆船斯卡伯勒伯爵夫人号一路护航。

接下来的弗兰伯勒角战役以好人理查德号与皮尔逊上校指挥的塞拉皮斯号之间的英勇对决为中心。这场对决共持续了3个小时，致使逾150人丧生。战斗于下午7点20分开始，猛烈的爆炸吸引了附近悬崖上众多围观者。由于太阳在8点以前就落山了，因此大部分的战斗都是在一轮满月的冰冷清辉下展开的。除了帕拉斯号曾与斯卡伯勒伯爵夫人号交战，并在零星的战斗后迫使其投降外，琼斯舰队里的其他船只几乎都没有参加这场战斗。而由疯狂且狠毒的法国上校皮埃尔·兰黛指挥的同盟号却曾数次朝琼斯的船上开火，并打死了他的一些手下。

琼斯的目的是要与塞拉皮斯号近距离交战并登上那艘船，因为他很快就意识到那艘船行驶得更快且武装得更好，如果任其由舷侧炮轰好人理查德号那老掉牙的船体的话，势必会将它捣成碎片。经过一小时猛烈的交火，由于双方的上校都试图从中攫取最有利的位置，两艘船便连在了一起。看了看其舷侧所遭受的损伤，皮尔逊上校大声喊过来："你的船被打到了吗?"对此，约翰·保罗·琼斯做出了著名的回答："我都还没开始战斗呢。"

在第二个小时结束以前，好人理查德号被打击得如此惨烈，以致似乎都到了沉没的边缘。琼斯的一个手下来到他跟前恳求道："看在上帝的份上，上校，罢手吧!"琼斯却回答道："不，我宁愿沉没，也决不罢手。"晚上10点半，皮尔逊上校终于扯下他的英国商船旗帜投降了。几分钟以后，他船上的主桅也撞碎在了甲板上。两艘船都被这场战斗损毁得厉害，但好人理查德号上却已在严重漏水，以至于不得不被舍弃并于晚些时候沉入大海。于是琼斯便将他的旗帜移至塞拉皮斯号上。当战斗的消息传到伦敦的海军部时，一支由5艘战船组成的舰队从斯皮特黑德被派出，去追捕琼斯，但他却躲过了它们，并将俘获的两艘英国船只和他舰队的余部开去了荷兰的泰瑟尔，并在那儿的锚地下锚停泊。

约翰·保罗·琼斯的胜利在美国得到了热烈欢迎，在英国引发了强烈抗议，但在法国却使他成了英雄。本杰明·富兰克林从巴黎给他写信说："在巴黎和凡尔赛宫，除了你在那场恶战中出色的领导和坚持的勇气外，人们几乎不谈别的。"

5月的时候，他发现自己在法国首都被奉为了名人。作为本杰明·富兰克林的秘书班克罗夫特博士的客人，他在那儿待了6周。由于成了名人，群众在街上为他欢呼，而他也不断到访歌剧院。他还被带入凡尔赛宫去觐见国王，并获赐一把金柄宝剑，剑上所刻的拉丁铭文翻译出来便是，“路易十六奖给海上勇敢的自由捍卫者”。国王还允诺封他为军功勋章骑士，在美国国会同意他接受外国勋章后，琼斯才于晚些时候接受了它。同时，法国最重要的雕塑家乌东也被派来为他雕一尊半身像，这尊雕像曾在巴黎沙龙中展出，并始终是后来以他为原型的众多雕像中最精美的一尊。

他在法国停留期间最快乐的事莫过于有那么多漂亮女人来招待他。我们从英国记者卡罗琳·伊兹那里得知：“他在这里大受崇拜，尤其是女士的崇拜，她们疯狂地爱着他，正如他也疯狂地爱着她们，但他最为爱慕的还是某夫人——她曾以全部的礼貌和关心敬爱着他。”[1] 这位被讨论的夫人正是26岁的洛温达尔伯爵夫人，她是一位皇室亲王之女。据卡罗琳·伊兹所说，她被赐予了“年轻、美貌和智慧，以及其他一切女性的才艺”。她也已是一位陆军准将的妻子，而尽管她很高兴能被这位时髦的海军英雄所追求，却并不准备跟他上床。他曾给她写过奉承的优雅书信，而她也曾为他画过最精巧的微型画像，可她最终还是厌倦了他的

1 莫里森《约翰·保罗·琼斯：一位水手的传记》。

追求并结束了他们的关系。

但他在尼科尔森伯爵夫人迪莉娅那里的经历却非常不同。她出身于一个苏格兰家庭并嫁给了威廉·默里伯爵，他也是苏格兰人。他们在蓬图瓦兹拥有一座城堡，还在巴黎的时髦街区拥有一所房子。琼斯于1780年5月遇上了她，并与她在埃纳邦度过了激情的5天，那里离洛里昂港只有几英里远。她写给琼斯的一些信件被保存了下来，并显示了她对他强烈的爱：

> 我的天使，我亲爱的琼斯！我们何时才能相见并永不分离？……我觉得除了那梦一般的5天外，唉，我就压根没活过……我根本不考虑我的财产，因为我既不能用它让你快乐，也不能跟你一起富足地生活；对我而言，一间船舱和我的爱人，就能让我幸福到无以复加了！[1]

当她得知琼斯发现筹钱给他的船员发工资有困难时，她便提出要帮忙："以那所有啃噬着我的爱的名义，如果我还有用的话就请命令我。我有钻石和多种财产；我轻易就能找到一种：命令你的情人，这将使她快乐。"她还在另一封信里说，只要不失去他，她甘心情愿去做他最低级的船员。当琼斯充满感情地回报她

1 莫里森《约翰·保罗·琼斯：一位水手的传记》。此信原文为法文。

的爱时，他也依然沉迷于美丽的洛温达尔夫人，而等他于 9 月出海时，他跟尼科尔森伯爵夫人的风流韵事也便告一段落了。但这两桩情事并未阻止他玩弄其他女性。就在他新近指挥的瞪羚号于洛里昂进行装配时，他还跟年长的爱尔兰商人詹姆斯·莫伊伦那漂亮的 17 岁妻子共度了一夜。还有一次，他将一名妓女带入了剧场，然后又回到她的出租屋里。而且他还保留着海军慷慨好客的传统，在他的船上组织了一次有一位亲王、三名将军和无数贵妇参加的“盛大娱乐活动”。

1780 年 9 月 5 日，当琼斯指挥着瞪羚号从洛里昂启航时，他在法国的愉快插曲便戛然而止了。狂烈的巨风迫使他在格鲁瓦锚地停泊了一个月，等他终于在 10 月 7 日出了海，他的船又被一阵巨风吹断了桅杆，并几乎在庞马尔岩礁失事。于是他驶回洛里昂进行维修，然后穿过大西洋到达西印度群岛，他在那儿跟一艘英国劫掠船有了一次不成功的遭遇战。从加勒比海出发，他又向北行驶，并于 1781 年 2 月 18 日抵达费城。然而无论琼斯作为一名战士是如何成功，他缺乏必要的外交技巧，无法为自己赢得富有影响力的朋友，甚至不能保证得到他认为自己理应得到的提拔。而且他也没有得到他极度渴望的新建战船美利坚号的指挥权。经过多方游说，他终于劝服了上司将他派回欧洲，以重获好人理查德号、同盟号和漫游者号上的军官所应得的奖金。国会同意了他的请求，于是 1783 年 11 月 10 日，他又从费城起航了。

回到巴黎后，他在蒙马特尔区找到了一处落脚点，并恢复了其政治与社交联系。他参见了法国的海军部长和外交部长，并被再次介绍给国王，还曾多次见到全权公使本杰明·富兰克林。他仍被法国社交界视为英雄，而且正当他为奖金进行旷日持久的谈判时，他身边仍有一大帮子人与其交游往还。画家维杰·勒布伦夫人常与他共进晚餐，并认为她从未遇见过更加谦逊的人。“根本不可能让他谈起自己的伟大事迹；但对于其他任何话题，他都能极有智慧且毫不造作地侃侃而谈。”他同时还与自己在回忆录里称之为“T夫人”的女士有过一桩风流韵事，这位女士自称是国王路易十五的女儿，但现已得知她就是一名英国人的遗孀，汤森夫人。她在接下来的几年里一直给他做情人，还在这一时期生了个儿子，这男孩似乎是他的，尽管他从未公开承认过此事。

与生命结束于特拉法尔加荣耀光华中的纳尔逊不同，随着弗兰伯勒角外英勇战斗后的首次胜利到访巴黎，约翰·保罗·琼斯的生命却在稳步走着下坡路。他第二次对巴黎的访问持续了3年，但无论其社交生活多么愉快，其海军生涯却实际走到了尽头。他所有想在美国海军和法国海军中获得将军军衔的努力都化为了泡影，而且再也没有得到自己曾效忠过的海军里另一艘战船的指挥权。最后他被推荐给了俄国的凯瑟琳大帝[1]，她于1788年

1　凯瑟琳大帝：即叶卡捷琳娜二世。

任命他为俄罗斯帝国海军准将。他旅行至圣彼得堡以觐见女皇，然后去了黑海，把他的旗帜升起在俄国战船弗拉基米尔号上面，并接管了那里的舰队。如今他已 41 岁，尽管在过去的 5 年中活得很失意，但他却给俄国水手留下了很好的印象。一名水手曾说："他跟我们所有人穿得一模一样，但武器却更为精良。他有着勇敢的外表；头发有些灰白，却仍然强壮、勤奋，而且对我们的任务充满了敏锐的理解。"

1788 年 6 月，他领导着俄罗斯舰队在位于第聂伯河河口的利曼跟土耳其舰队开战。两周后又打响了第二次战役。在一场无序且血腥的混战中，许多土耳其船只都搁浅了，而俄罗斯舰队则获得了决定性的胜利。土耳其人失去了 15 艘船只，3 000 人阵亡，另有 1 673 人被俘。俄罗斯人却只失去了 1 艘军舰，被打死 18 人，打伤 67 人。这场胜利应在很大程度上归功于约翰·保罗·琼斯的战略，可最后却使一位俄国将军赢得了声望。这是琼斯的最后一战。他被授予了一枚次等勋章，并于不久后在圣彼得堡退役。他曾在那里时髦地生活。除去在海军部大楼附近的一幢房子里买下了一套公寓外，他还会进行社交访问以及参加宴会。他家里有一名翻译，一名男仆，一名俄国勤务水兵和一名乡下车夫。但 1789 年 4 月，当警察报告说他曾试图强奸 10 岁的幼女凯特琳娜·戈尔茨瓦尔特时，他的世界便随之崩塌了。凯特琳娜是在附近经营一间牛奶房的德国移民之女。这个故事的众多版本都曾经琼斯最杰出的传记作者塞缪尔·埃利奥特·莫里森所仔细研究。他的总结是琼斯确实与她发生过性关系，但并非完整的性交，而琼斯在辩护中所称的自己决不会对女人施暴，以及并未夺取她的童贞则很可能就是事实。在对警察长所做的异常坦白的陈述中，琼斯承认她以前曾来过他家好几次，而他也总是付钱给她："我还以为她比阁下您所说的要大上几岁，而每次她来我家，都非常亲切地让她自己去做一个男人想要她做的任何事情。"但无论这件事的真相是什么，琼斯都发现自己已被圣彼得堡的大部分朋友和熟人所唾弃了。

1789 年 6 月，他最后一次觐见了女皇，然后于 8 月离开俄国，经华沙、维也纳、阿姆斯特丹和伦敦旅行至巴黎，并买下了一套位于卢森堡宫附近图尔农街 52 号的公寓。他的许多贵族朋友都逃出了革命中的法国。连国王和王后都被巴黎的暴民驱逐出了凡尔赛宫，并被拘禁在杜伊勒里宫中。于是约翰·保罗·琼斯把时间都花在了写信上，几乎是孤身一人待在这座几年前还将他当作英雄来招待的城市里。他忍受着黄疸的折磨，并感染了支气管性肺炎，终于在 1792 年 7 月 18 日去世，年仅 45 岁。两天后，人们在附近的墓地里为他举办了一场安静的葬礼。走在棺材前面的是宪兵队的一支掷弹兵小分队。这可能是在当时巴黎的环境下我们所能期待于他们的全部，但它却与为在特拉法尔加战役中阵亡的纳尔逊举办的盛大葬礼形成了鲜明对比。

在所有水手的女人中，最著名的当然还是汉密尔顿夫人。她与纳尔逊公开的情事取悦了当时的流言散播者，也为漫画家们提供了丰富的主题。它一直都是令人着迷的资源，并曾成为无数书籍、一部杰出戏剧和几部电影的灵感，其中最著名的电影便是由劳伦斯·奥利弗饰演纳尔逊，费雯·丽饰演汉密尔顿夫人的《汉密尔顿夫人》了。在此过程中，这段风流韵事已经被浪漫化，并具有了当时并不存在的神异色彩。而事实是尼罗河战役后，当纳尔逊和汉密尔顿夫人在那不勒斯相遇时，他们与《汉密尔顿夫人》所刻画的迷人形象相差甚远。[1] 纳尔逊虽然年仅 39 岁，却被病痛和指挥的责任弄得精疲力尽。他发色灰白，双颊凹陷，还极少微笑。右臂已被截肢，外套上空荡荡的袖子被别在了胸前。“他看上去很老，”埃尔金爵士曾写道，“上牙已经没了，一只眼睛看不清东西，而且双眸上都覆盖着一层翳膜”。一位见过他的德国人则认为他是自己曾见过的最不起眼的人物，“是我遇到过的最为悲惨的干瘪骨头架子”。

而汉密尔顿夫人也不再是脸蛋和身材曾吸引着亲王和贵族的关注，并激发着画家和诗人灵感的年轻女人了。她已经 33 岁，

1　纳尔逊与汉密尔顿夫人的生平资料来自：弗洛拉·弗雷泽《亲爱的埃玛》（伦敦，1986）；乔治·P. 奈什《纳尔逊与妻书》（伦敦，1958）；戴维·豪沃思《特拉法尔加：纳尔逊派头》（伦敦，1987）；汤姆·波科克《纳尔逊的女人》（伦敦，1999）；《纳尔逊画传》（伦敦，1995）；奥利弗·沃纳《纳尔逊勋爵画像》（伦敦，1958）。

还发胖得厉害。一位瑞典外交官评论她是自己曾留意过的最胖的女人，但他却认为她有着最美丽的头部。当她和纳尔逊的情事已弄得人尽皆知时，年轻的英国贵族詹姆斯·哈里斯甚至认为她“绝对是我曾见过的最粗俗、最没礼貌、最讨厌的女人”。

那么这两个人又从彼此身上看见了什么呢？纳尔逊的外在形象也许难以令人印象深刻，但他说话很坦率、举止有魄力，而且面容也生动，这些对男女都很有魅力。他是诺福克的一名牧师之子，12 岁时就已出海，曾在西印度群岛服过现役。当他还是驻守背风群岛的一名年轻上校时，便在尼维斯岛遇见了范妮·尼斯比特并与她结婚。她是一名带着一个小男孩的 27 岁寡妇，父亲是位法官。如果嫁给律师、医生或牧师，她肯定会是个理想妻子（众所周知，她确实跟纳尔逊的父亲相处融洽）。她沉静、淑女，有着精致的容貌和文雅的气质，然而却不是最适合水手，尤其是一个战争天才和渴望荣耀者的妻子。当纳尔逊出海时，她感到孤独和难过，并常常劝他不要拿生命去冒险。“我真心希望，亲爱的丈夫，你能把所有这些如登船之类不可思议和不顾一切的行动留给别人。”这里所说的便是 1797 年纳尔逊在圣文森特角战役中的行动，他在行动中以非同寻常的战略使自己一鸣惊人。作为指挥着 74 炮船上校号的司令官，他把自己的船开到了战线以外来阻止西班牙战船逃跑。在他的船行至跟 80 炮船圣尼古拉斯号并排后，他便引领着一支登船小分队成功占领了它，然后又带着他

纳尔逊夫人，弗朗西丝（范妮）·纳尔逊（1761—1831）

的人穿过这艘船的甲板来到巨型西班牙战船圣约瑟夫号上面，因为这两艘船是连在一起的。其军官在他的疯狂进攻下投降了，这一行动则被称为“纳尔逊一级战舰专利架梁术”而名垂千古。其大胆进攻的回报便是骑士身份和指挥英国地中海舰队的准将职位。

第二年，他便抓捕了一支停泊在尼罗河河口附近阿布基尔湾一处防御要地上的法国舰队。1798 年 8 月 1 日傍晚，他发现了法国人的船桅。他并没有进行侦察，然后准备在第二天清晨发动进攻，反而长驱入港，抓住了那些不设防的法国人。战斗在下午 6 点半左右打响，两小时以内就有 5 艘法国战船投降。晚上 10 点钟的时候，法国旗舰东方号爆炸，战斗则一直持续到第二天凌晨。战线上共有 9 艘法国战船被俘，只有两艘潜逃。这是历史上所取得的最完全和最惊人的海军胜利。纳尔逊的盲眼被伤得如此厉害，以至于他都以为自己大限将至了。“我被杀死了。请代我向我妻子问好”，当他被放到军医身下时曾这样说过。但事后证明这伤其实相当轻微，而他也得以向其上级口头汇报了此次行动。

这场胜仗的消息很快传遍欧洲，在那不勒斯，人们听闻之后，都表现得相当愉快，仿佛如释重负。几年前，当纳尔逊还是一个籍籍无名的上校时，曾与他匆匆见过一面的汉密尔顿夫人此刻更激动得晕倒在地。等她醒来时，立马给将军写了封信。虽然奇怪的拼写暴露了她缺乏正规教育的不足，但其充沛的情感却处处闪光。

> 我最最亲爱的先生，
>
> 我该如何开头，又该对你说些什么？我都不会写字了，因为自从上周一，我便高兴得昏了头，并向你担保还因为激动和高兴而发了烧。上帝，多大的胜利！绝对、绝对不会再有什么能够得上这次大捷一半的光荣、一半的完整了。我在听到这个欢乐的消息时便晕了过去，跌倒在地还受伤了，但那样也好，我觉得为这样的原因而死都是光荣的。不，在没看到和拥抱尼罗河的胜利者以前，我还不想死呢……

而她也确实拥抱了他。战斗过去3周后，纳尔逊的旗舰阿伽门农号抵达那不勒斯，汉密尔顿夫人及其丈夫是第一批前去迎接他的人。他们被带上一只小船来到停泊的旗舰上。一等跟旗舰并排，汉密尔顿夫人便匆忙登船，扑进纳尔逊的怀里喊道："噢上帝这是可能的。"她已经为他的声名所倾倒，并一心只愿分享他的荣耀。而那天纳尔逊所受的欢迎就像一位罗马将军胜利归来时的那样。全城都来迎接这名凯旋的英雄。当地人从柳条编织的笼子里放飞了阵阵鸟群以作为传统的胜利庆典，而整个海湾都回响着乐队演奏他们各自版本的《统治吧，不列颠尼亚!》和《天佑国王》的激昂乐声。连那不勒斯国王都乘坐着他饰有彩色阳篷和徽章的皇家游艇前来迎接纳尔逊。海湾里则停满了许多当地的小船，人们坐在上面向他们的解放者纳尔逊欢呼和致敬。

威廉·汉密尔顿爵士更邀请纳尔逊住到他家来，而纳尔逊也感激地住进了这位大使家一间可以俯瞰整个海湾的房间里。除了头部受伤所引发的疼痛外，他在西印度群岛上感染的疟疾也复发了。汉密尔顿夫人便担负起了护理他的责任，而这一角色正是她所乐于扮演的，也将成为他们未来关系的一大特征。等他能够起床活动了，她仍继续为他感到担忧，后来当他们一同旅行去欧洲时，她都还牵着他的手为他引路，在吃饭时为他切好食物，以及像对待病人那样对待他。

在前一次与汉密尔顿夫人相见时，纳尔逊便将她形容为“一位举止亲切，并为她所升至的地位增添荣耀的年轻女士”。如今他则写信对妻子说：“她是世上最好的女人之一。何其少的人能够做出像她那样的改变啊。她是女性的荣光，并证明了即便是名誉也能被重拾，但我承认那需要有伟大的灵魂。”显然他很清楚她的过去，而对她所做的转变完全是抱持着一种欣赏的态度。

汉密尔顿夫人埃玛从她在利物浦附近威勒尔半岛的卑微出身起步，走了很远一段路。她父亲是一名为当地煤矿工作的铁匠，在她出生后两个月便去世了，她将自己早年的发展归功于将她带去伦敦，并为她在许多家庭里谋得侍女工作的母亲。围绕着她在这一时期的活动产生了许多故事。但她却不太可能为皇家学院的模特儿教学课摆过姿势，而是曾在阿林顿街凯莉夫人经营的一家高级妓院里卖淫。她显然跟凯莉夫人混过一段时光。正是在此期间，她的惊人美貌为她带来了哈里·费瑟斯通豪爵士的关注。1781 年，她在 16 岁时便做了他的情妇，并被安排住进他位于萨塞克斯郡阿帕克庄园的一幢小别墅里。据说她曾在餐厅的桌子上裸体跳舞以取悦哈里爵士和他的朋友，而她后来也如此描写过她生命中的这段时光："哦，我亲爱的朋友，我承认有段时间我的道德曾被贫困所击溃，但我的道德感并未被打败。"

但哈里爵士很快便厌倦了埃玛并将她带回伦敦，她则在那儿劝服了他的一位朋友查尔斯·格雷维尔将自己纳入他的保护之下。他把她和她母亲安顿在埃奇韦尔路上的一所房子里，并付给她生活费，条件就是她得放弃混乱的私生活并忠实于他。而爱上了格雷维尔的埃玛当然乐于接受这一安排。她过了一段相对安静的生活，其间最重要的活动便是常常到访乔治·罗姆尼的工作室，他则是受格雷维尔所托来为她画像的。罗姆尼非常迷恋她的外表和她作为扮演许多不同角色的女演员的能力，因此她成了他最喜爱的模特，以及一系列将她画成阿里阿德涅、基尔克、朱诺、美狄亚和许多古典希腊故事里其他女性的作品之灵感。

而伦敦西区的平静生活却并未维持多久。虽然格雷维尔喜欢

1782 到 1784 年间乔治·罗姆尼笔下正值美貌鼎盛期的埃玛

埃玛，也爱到处炫耀她，但他也有其他兴趣，以及经济上的问题。他的解决方法便是跟一个女继承人结了婚，并劝说他舅舅威廉·汉密尔顿爵士把埃玛从自己手中带走。威廉爵士已有53岁，并新近成了鳏夫。他见过埃玛几次，后来也承认她惊人的美貌曾在他到访伦敦期间深深打动了他，但他却对带她一起回那不勒斯持保留态度。经过甥舅之间漫长的谈判，他们最终一致同意让埃玛和她母亲在1786年春天去意大利旅行，同时格雷维尔则去苏格兰旅行。

还没等埃玛在威廉爵士可以俯瞰整个那不勒斯湾的可爱别墅里安顿下来几周时间，她便得知格雷维尔并不打算过来带走自己。有段日子她极为伤心。“我觉得没有你生活就没有了意义，”她写信对格雷维尔说：“哦，我的心都完全碎了。”但很快她欢快、外向的个性和威廉爵士殷勤的关怀便使她精神振奋起来。在几个月以内，她已经开始享受那不勒斯的生活了。她去剧院看戏，在海湾上泛舟，还到周边的乡下去观光。许多生活在城里的画家都来为她画像，她还成了那不勒斯国王和王后宫廷里的宠客。威廉爵士为她聘请了语言教师、歌唱教师和音乐教师，并鼓励她在受邀而来的听众面前唱歌。1787年3月，在她抵达这里一年后，歌德也到访了这座城市，并记录下他对埃玛扮演的一系列依据希腊和罗马雕像的神态、姿势所绘素描形象的印象：

经过多年对艺术的热爱和对自然的研究后，威廉·汉密尔顿爵士现已在一个20岁的英国姑娘身上找到了这些快乐的顶点，她有着美丽的容颜和完美的身材。他为她做了身希腊装束，这极度成就了她。穿着这身衣服，她放下长发，裹上几条披巾，摆出那么多不同的姿势、手势和表情等，以至于观众几乎都不敢相信自己的眼睛了。他看见千千万万名艺术家所希望表达的东西在他面前以运动的形式和惊人的变化被呈现出来——站立、下跪、端坐、斜倚、严肃、悲伤、嬉笑、狂喜、悔悟、诱惑、威胁和焦虑，一个姿势接着另一个姿势，中间都没有停歇。

1786年底，埃玛终于屈从于威廉爵士的求爱而成了他的情妇，他们还于5年后，即1791年9月去伦敦旅行时结了婚。那时，威廉爵士已经60岁，而埃玛才26岁。她已经成了一个有修养的女主人，并以其非凡的美貌、歌声和不寻常的舞台表演而闻名，她的表演甚至被称颂为汉密尔顿夫人的姿态。

这便是如今纳尔逊发现每时每刻都跟自己在一起的那个女人。他欣赏她，并觉得跟她在一起很轻松。他也许已经是个获得了许多荣誉的将军，可他出身乡野，也没有依附上强大的关系。他无疑会觉得跟她比跟遇见的其他贵族妇女更有共同点。而且他肯定也陶醉于她的奉承。他一直都觉得自己是能左右命运之人，

扮成酒神巴克斯女祭司的汉密尔顿夫人
1790 年由路易丝-伊丽莎白·维吉-勒布龙绘于那不勒斯

并极度渴望认可和光荣，而她则不断向他提及他的声名和成就。1798 年 9 月，在他抵达那不勒斯几周后，她就为他的 40 岁生日宴会安排了一场奢华的庆典。有 80 名客人前来威廉爵士家用餐，还有近 2 000 人参加了舞会。人们唱起向纳尔逊致敬的爱国主义歌曲，并在中间立了根凯旋柱的沙龙里跳舞，柱子上还镌刻着尼罗河战役中英雄的姓名。

发生在那年年底的戏剧性事件更拉近了埃玛和纳尔逊的关系。12 月时，法国军队入侵了那不勒斯王国并挺进了市区。纳尔逊负责让费迪南德国王和他的王后经由一条地道逃出皇宫并来到海边。在这愁云惨雾又狂风大作的夜晚，他们被划向了国王先锋号。汉密尔顿夫妇则早已在船上，他们于圣诞节前两天起锚驶往巴勒莫，那是费迪南德另一个王国西西里的首都。圣诞前夜时，他们遇上了一场纳尔逊曾见过的最强的风暴。先锋号的上桅帆被吹裂为碎片，水手们则拿着斧子站在近旁以备在船桅被飓风级别的狂风吹倒时砍断索具。大部分乘客都因害怕和晕船而感到沮丧，但埃玛却证明了自己是个女英雄。当威廉爵士将自己窝进一把椅子里并双手拿起上好膛的手枪，准备一旦沉船便打死自己时，埃玛却从未退缩到她的床上，而是在照看皇室子女。那个最小的孩子由于病得厉害最终死在了她怀里。先锋号则于节礼日[1]

1　节礼日：圣诞节后的首个工作日。

当天安全抵达巴勒莫港。

很大程度上多亏了纳尔逊在后面几个月里果敢却残忍的行为，法国人才从那不勒斯撤退，意大利的叛徒也被暴民们绞死，费迪南德国王总算夺回了王位。在那不勒斯的君主制被恢复以后，纳尔逊返回了西西里，并再次处于向他致敬的庆典和宴会活动的中心。但地中海舰队的总指挥，海军上将基思爵士却前来看望了他，并一点也不能隐藏他的不赞成态度。“我在巴勒莫这长长的 8 天时间里所发生的一切就是一幕令人生厌的虚荣和荒谬的场景。”而正是在 1800 年 2 月当中，纳尔逊与埃玛之间的关系已从互相欣赏发展为身体上的亲密和一桩典型的风流韵事。威廉爵士一直都有晚饭后就上床休息的习惯，这样便把埃玛和纳尔逊单独留在了帕拉戈尼亚宫的私人公寓里。他们花了许多夜晚在牌桌前赌博，而他们的行为则使纳尔逊一位最忠实的上校特鲁布里奇向他发出了警告：“如果您知道您的朋友对您有怎样的感受，我保证您就将停止所有晚间的宴会；到处都在谈论巴勒莫人赌博的事。我恳求阁下您，赶快离开。汉密尔顿夫人的形象将会受损；没有什么能阻止人们不再谈论。”而特鲁布里奇还只是提到了赌博，可人们当然也在谈论着一桩已在众目睽睽之下发生的风流韵事。

纳尔逊却对这警告置若罔闻，1800 年 4 月他还提出要带汉密尔顿夫妇乘坐闪电号去巡航。他们从叙拉古出发，还上岸参观了古迹，然后又驶往马耳他，并于5月4日抵达圣保罗湾城。正是在这次巡航中，埃玛怀上了她的双胞胎。

但在地中海的艳阳下宴饮、玩牌和巡航的快乐生活并不能永远继续下去。威廉爵士得知自己驻那不勒斯英国公使的职位将被取代，而纳尔逊也从英国海军部部长斯潘塞爵士那里收到了一封措辞轻快的书信。流言已经传至伦敦，纳尔逊的上司正在对他丧失耐心。他早已借口健康状况不佳而请求留在意大利，但斯潘塞爵士却告诉他，比起处在异国宫廷里一个不活跃的位置上，他更有可能在英国恢复体力，“无论对你的服务所表示的尊敬和感谢也许多么令人愉悦”。而当纳尔逊乘坐他的旗舰回家的请求遭拒以后，他便计划与汉密尔顿夫妇一起经由陆路返回。那不勒斯王后也决定加入他们部分的行程，因为她想去维也纳看望她那正做着奥地利女皇的女儿。

于是一场非凡的穿越欧洲的胜利之旅便开始了。1800年7月12日，一支由4辆马车和4辆行李车组成的队伍从里窝那启程，向佛罗伦萨进发。队伍包括了纳尔逊、威廉·汉密尔顿爵士、汉密尔顿夫人与她的老母亲、那不勒斯王后、她的3个女儿以及随行的皇家仆从。他们于8月1日抵达的里雅斯特，并发现城里正在欢庆尼罗河战役胜利两周年。由于拿破仑的铁骑正在踏碎大半欧洲，因此纳尔逊便被当作曾给予法国舰队致命一击并挫败了其埃及计划的人来招待。从的里雅斯特出发，他们又继续前往巴登。而无论他们去到哪里，都会遇上为纳尔逊举办的宴会和接待，而且他对埃玛的忠诚都会被人注意到。途中最重要的一件事便是到访由约瑟夫·海顿出任宫廷乐师的艾森施塔特。让威廉爵士高兴的是，连作曲家都在埃玛唱歌时为她伴奏，她还在一场音乐会上应不少喝彩声而表演了海顿的《阿里阿德涅在纳克索斯岛上》。报纸上有则评论将她形容为“一个35岁的高挑英国女人，有着非常俊俏的容貌，而且十分清楚该如何突显自己。她许多稀有的特质之一便是其清晰、有力的嗓音，在著名的海顿的伴奏下，她的歌声使听众热情激荡，以至于他们几乎都变得狂喜起来”。

在维也纳与玛丽亚·卡罗莱娜王后及其随从伤感地分别后，汉密尔顿一方则继续向汉堡行进，并在那里登上了一艘开往英国的船只。11月6日，他们在喧闹的欢迎声中抵达大雅茅斯。欢呼的人群聚集在海滩上，他们拖着归程中的英雄的马车穿过大街小巷。紧跟着这一热烈欢迎的则是在他们到达伦敦后来自于纳尔逊夫人的冰冷接待。范妮早已十分清楚纳尔逊的风流韵事，并对这次见面感到害怕。接下来便是持续数周的可悲的公开场合，其间她被期望陪同丈夫出席一系列的聚会、晚宴和观剧活动。但纳尔逊却以冷淡的疏离态度对待着她，甚至在一次海军部部长举办的晚宴上使她伤心落泪。而现已怀孕7个月的埃玛同样觉得情况艰难。她嫉妒范妮的优雅举止，也被她的敌意弄得心寒。可幸运的是，海军部解救了他们所有人，因为纳尔逊被提拔为了海军中将，并奉命前往朴次茅斯加入他的旗舰。他对已去布赖顿定居的范妮说，她决不能再来探访他。

1801年1月29日，埃玛在皮卡迪利的一所房子里产下了一对双生女儿。她认为在当时的情况下，养一个孩子就超出能力范围了。于是她安排将第二个孩子交给一个护士照看，然后又送进了霍尔本的孤儿院里。纳尔逊被告知只有一个孩子存活下来，于是一等他能排出几天假来，他便匆忙赶往伦敦与情妇以及他们那个叫做霍雷希娅的女儿团聚。“随便哪两个人都生不出更好的孩子了，”他曾这样写道，“说真的，一个爱情的结晶!”

而可怜的范妮如今却被冻结在了纳尔逊的生活之外。1801年4月，当他在哥本哈根战役中大败丹麦舰队以后，她给他写了封道贺的信，并附言道：“让我恳求，不，乞求你相信，没有哪个妻子比我对丈夫怀有更深的感情。而且就我所知，我一直都在做你所希望的所有事情。如果我曾忽略过什么，那么我要对此说声抱歉。”她还可怜巴巴地在最后说道：“我还能做些什么才能让你相信我真的是你深情的妻子呢。”

但纳尔逊从未给她回过信。他们的关系实际上已经结束了。可同时，他却每天，有时甚至是一天几次地给埃玛写信。当他从波罗的海作战归来后，便跟埃玛住进了默顿别墅，那是一所小巧却美丽的乡村小屋，就在萨里郡温布尔登附近的一座小村庄里。

而自从在那不勒斯首次遇见纳尔逊起就一直是他忠实朋友的威廉·汉密尔顿爵士，虽已做好了无视他妻子迷恋海军英雄的准备，最终也开始抱怨起埃玛的生活方式来，尤其是她那无节制的晚宴。“我虽不希望离群索居，”他对她说：“但每一餐总有不少于 12 到 14 人在桌上，来的又总是不同的人，于是那些在意大利居住的最后几年中变得令我如此厌倦的东西便又回来了。”他想要降低他们的花销，但也需要一种安静的生活。1803 年春，他搬去了伦敦，并在那里死于埃玛的怀中，纳尔逊当时还正握着他的一只手。

1802 年 3 月，在《亚眠和约》签订以后，纳尔逊本能期望得空去默顿别墅享受欢愉的，可事实却很快表明英法之间的和平只不过是一个短暂的插曲。拿破仑已下定决心要重拾他占领欧洲尤其是入侵英国的计划。而海军部则已选定去阻止拿破仑实现这些计划的人便是纳尔逊。他被授予地中海舰队的指挥权，并于 1803 年 5 月在国王胜利号上升起了他的旗帜。在随后的两年时间里他几乎一直都在海上。当维伦纽夫将军指挥的法国舰队成功躲过了英军对土伦的封锁后，纳尔逊便指挥着一支由 12 艘战船组成的舰队穿过大西洋一直将他追至西印度群岛。而维伦纽夫又在那儿躲过了他，并驶回加的斯与西班牙舰队的主力部队会师，但这支联合舰队却在那里遭到了由科林伍德指挥的 25 艘英国战船的包围。当时纳尔逊则已回到朴次茅斯，还雇了一辆驿车将他带回默顿，他在那里受到了埃玛狂喜般的欢迎。

在被召回他的船上并动身前往特拉法尔加角以外对付法国舰队之前，纳尔逊一共在英国待了25天。那是快乐的25天。虽然在伦敦有无数的官方会议，但他仍有时间跟心爱的埃玛待在一起。默顿宽阔的花园在夏末的艳阳下呈现出一片欣欣向荣的景象，而摆满过往战役的画像和奖章的房子里也待满了孩子。明托爵士曾在一个周六前来拜访，他发现纳尔逊正跟一大家子人坐在桌边吃饭，其中有他哥哥威廉·纳尔逊及其妻子和孩子们，还有一个姐妹的孩子们。埃玛当时就坐在桌首，而她母亲，年迈的卡多根夫人则坐在桌尾。纳尔逊显得异常放松。“他看上去非常健康且有活力。他的言谈是这段消沉日子里的一帖兴奋剂……”至于纳尔逊和埃玛之间的关系，明托爵士则说“激情一如从前般火热”。

9月2日清晨5点钟，一辆马车横扫过砾石大道。布莱克伍德上校带着正在加的斯以外的舰队发来的急件直接从朴次茅斯驰来。然后纳尔逊便匆忙赶往伦敦并被要求重新指挥舰队。在两周以内他又回到了国王胜利号上，然后便沿着英吉利海峡向下行驶。9月28日，即在47岁生日的前一天，他重新加入舰队，并受到了科林伍德及其同僚军官的热烈欢迎。所有人都意识到一场大战已迫在眉睫了。10月19日，纳尔逊在他旗舰的主舱里给埃玛写信说：

我最亲爱的、心爱的埃玛，我心中亲爱的朋友。敌人的联合舰队正驶出港外的信号已经发出。可我们这里却几乎没有风，因此我便没有希望能在明天之前见到他们。愿战神以胜利来为我的努力加冕；无论如何，我都将努力使自己的名字成为你与霍雷希娅最为珍视的宝物，我珍爱你们就跟珍爱自己的生命一样。由于我在战前所写下的最后几行字一定是给你的，因此我祈祷上帝，让我活到战后来写完我的信。

10 月20 日，维伦纽夫将军跟着由33 艘法国和西班牙战列舰组成的联合舰队溜出了加的斯。第二天黎明，等待中的英国舰队看见他们的船桅出现在东方的地平线上。纳尔逊麾下有27 艘战列舰，他对其将士的精神和船上的火力都如此自信，以至于计划分成两列长纵队去接近敌人的战线。这虽将使他的领头战舰完全暴露在敌人的舷侧位置，却能让英国人将敌方战线一切为二，然后便可在先锋调头过来营救他们之前在中央和后方取得数量上的优势，并压制住那两处的船只。当时大西洋上正刮起一场风暴，船只们都在长长的涌浪上颠簸，但那天上午却只有一阵轻柔的西风，因此两支舰队仅花了6 个小时便越过了它们之间间隔的10英里距离。法国战船暴烈号上的火炮在正午前不久便向科林伍德将军的旗舰君权号开火了，后者当时正引领着英军的一支纵队。

乐队演奏的军乐声很快便淹没在大炮此起彼伏的咆哮声，以及战斗桅楼上狙击手射击的爆裂声中。

而纳尔逊的女人们则在英国焦急地等待着消息，范妮第一个听说了战斗的结果。她那时正在巴斯，并于11月6日收到了一封来自于海军部部长的书信，信的开头是：

> 亲爱的夫人，怀着最深切的关心，我必须告知夫人您，在胜利过程中，您杰出的伴侣纳尔逊子爵阁下牺牲了。在将英国舰队带领至与敌军近距离作战并见证了他们的失败后，他被一颗射入胸膛的火枪子弹所击倒。

汉密尔顿夫人当时则正在默顿卧床，因为生了皮疹而感觉不适，这时却突然有辆马车停了下来，随后皇家海军的惠特比上校被领入她的房间。

“我们取得了巨大的胜利。”他以虚弱的嗓音说道。

“别管你的胜利了，”埃玛说，“我的信呢——把我的信给我。”然后她才看清楚他的面色是死一般的苍白，眼里还饱含着泪水。当意识到这意味着什么的时候，她发出了一声尖叫然后便跌回到枕头上去。根据她自己的叙述，她有整整10个小时既不能说出一个字也不能流下一滴泪。当一个朋友在一周后来拜访她时，她还仍旧待在床上，而且似乎不能理解自己究竟失去了什么。“我能做些什么？我该如何活下去？”便是所有她能找来说的话了。

整个国家都怀着只可比拟我们这个时代肯尼迪总统遇刺和戴安娜王妃去世所引发的悲伤来为他哀悼。纳尔逊之死为此番胜利蒙上了一层阴影，而这场胜利是如此完满，它使英国的海上霸权维持了100年，并终结了法国人任何的入侵计划。在格林尼治医院的大厅里庄严地安放了一段时间后，装载着纳尔逊遗体的棺材终于被一支由驳船和小船组成的庞大舰队沿泰晤士河运了回来。然后它就在一驾由6匹黑马拉着的壮观的葬礼马车上穿街走巷地行进到圣保罗大教堂，并被安葬在地穴里。而汉密尔顿夫人和纳尔逊夫人竟然都没有出席葬礼。

在船只参战前的那个漫长上午，纳尔逊曾起草过一份文件，其中，他将汉密尔顿夫人交托给了国家，要求由国家来供养她和女儿霍雷希娅的生活费。而当范妮收到了一笔每年2 000英镑的抚恤金，并且纳尔逊的哥哥威廉也接受了伯爵爵位和一笔每年5 000英镑的抚恤金（与一笔99 000英镑的置业金）时，汉密尔顿夫人却未曾得到过一笔抚恤金，还被除一些忠实朋友之外的所有人给抛弃了。不过，纳尔逊给她留下了带有70英亩田地的默顿别墅，况且她还有笔从威廉·汉密尔顿爵士那里继承来的遗产。她本该生活得相当安逸，可她却没法改变自己奢侈的生活方式，于是很快便负债累累，甚至被迫卖掉了默顿别墅，但在

1808年春天以前，她仍然欠债超过8 000英镑。1813年，她因债务问题被捕，并于朋友赶来救她以前，在萨瑟克的王座监狱里待了一段时间。到那个时候，她已严重酗酒，并沉沦在极端负面的情绪里。1814年夏天前，她认定逃避债权人的唯一出路便是出国。于是她和自己现已13岁的女儿霍雷希娅在伦敦池登上了一艘开往加来的班轮。她们在城里租住下来，而埃玛则于1815年1月死在了那里。随后霍雷希娅便在英国领事和他妻子的安排下返回英国，并受到纳尔逊家人的欢迎与照料。1822年，她嫁给了肯特郡滕特登的教区牧师菲利浦·沃德。他们共有9个孩子，霍雷希娅一直活到了80岁。1859年为她拍摄的一张照片显示出她的五官跟纳尔逊有多么相似。而尽管她知道自己的父亲是谁，却始终不知道她母亲就是汉密尔顿夫人，而且直到她去世那天还相信自己是被她收养的孩子。

看守灯塔的女人

在19世纪的英国，跟之前好几百年一样，报纸上经常刊载船只在海上失踪或被冲到岩岸上的凄惨事例。其中有起失事事件尤其激发了公众的想象力。它发生在英国遥远的东北岸一带，当时一片漆黑，还刮起了一阵9月的巨风。失事船只是桨轮蒸汽船福弗尔郡号，如果不是因为当时环境险恶，9条生命危在旦夕，这起事件也不过将成为当地报纸上的一条简讯。

救援活动的非比寻常之处正在于它是由一名灯塔看守人和他女儿共同实施的。此前还没听说过女人能在风暴中划向失事船只，而且这女人才22岁，有着漂亮的脸蛋和谦逊的态度，名字也可能是直接从维多利亚时代的小说里得来的，这些事实都为故事增添了吸引力。在短短几周时间里，格雷丝·达林便成了国民女英雄。艺术家被派来为她画像，诗歌传颂着她的事迹，斯塔福德郡的雕像以她为原型，另外还有成百上千幅版画为纪念这次救援而被制作出来。在全英国的家庭里，都能在壁炉架上或餐具柜里找到关于灯塔看守人之女的纪念品。

尽管格雷丝·达林无疑很勇敢，且在营救失事船只上的数名幸存者时起到了至关重要的作用，但她的事迹仍然难以跟美国的一些女灯塔看守人相提并论，尤其是艾达·刘易斯，她曾在25年时间里至少独自救起过18条生命。不过，福弗尔郡号失事事件独特的戏剧性却使它成了口耳相传的完整故事，而尽管这个故事中的某些关键特征完全是虚构出来的，但仍然不难看出它为何曾如此牢固地抓住了公众的想象力。

这个戏剧性故事的发生地是法恩群岛，它就在诺森伯兰的海岸线以外，与班堡小镇相对而立。不像北方10英里外的霍利岛那样大到足可支撑起一个小型社区，法恩群岛不过是些外露的岩层的集合。涨潮的时候，其许多岩石和小岛都会被部分或全部淹没，因此便一直给沿海岸线上下穿行的船只带去了极大的危险。人们曾在群岛中的一座内岛上建起过一座灯塔，却仍然难以阻止船只的经常性失事，于是一座新的灯塔又在最外围的朗斯通岛上被建了起来，并于1826年投入使用。

朗斯通灯塔由一座高达85英尺的圆塔构成。塔内有7个圆形房间，另有一些低矮的外部建筑与之并排，其中就包含着一座油仓和一间船屋。格雷丝·达林的祖父曾照管过早期的灯塔。其幼子威廉又于1815年继他之后成为看守人，并在适当的时候与妻子托马西娜搬入了新的灯塔。他们共有9个小孩，孩子们似乎更多地生活在主岛而非这座荒岛上。至1838年福弗尔郡号失事之前，他们均已长大成人，除两个以外其余都生活在班堡或更远的地方。只有格雷丝和她的幼弟与父母共同生活在灯塔上。[1]

在救援发生时已经52岁的威廉，看似有着冷漠而果决的个性。由托马斯·马斯格雷夫·乔伊为他所作的一幅精美肖像展现了一个面容坚毅而瘦削、眉毛深黑且表情警惕的英俊男子。在被指派为看守人以前，他曾做过几年摆渡到灯塔去的船夫。因此他极为擅长在各种天气条件下划船，并熟知各岛上和岛屿间的所有浪潮与湍流。其日记是一个简洁的范例，且在语气上跟许多海军上校的航海日志甚为相似。1834年12月27日的那篇尤为典型。他只用了寥寥数语来描述一场发生在冬季风暴中的救援，而在那场风暴中，他跟他的儿子们都差点丢了性命：

> 东南方向，清新的巨风。晚上11点，来自于并前往彼得黑德的单桅帆船"秋天"号，载着从纽卡斯尔运来的煤，撞上了"恶棍石"的东端，并立即沉没。船上共有3名船员：两人失踪，经过3小时的努力，另一人被灯塔看守人及其3个儿子，即威廉、罗伯特和乔治救起。在岩石上损失了两只桨，真是九死一生。

1 格雷丝·达林故事的详细情节来自康斯坦丝·斯梅德利《格雷丝·达林与她所处的时代》（伦敦，1932）；理查德·阿姆斯特朗《格雷丝·达林，少女与神话》（伦敦，1965）；威廉·达林《格雷丝·达林之父威廉·达林的日记》（伦敦，1886）；《格雷丝·达林的真实故事：来自其家人手中未刊发的资料》（伦敦，1880）。

托马斯·马斯格雷夫·乔伊所绘威廉·达林像

在关于这个戏剧性故事的所有叙述中，威廉·达林的妻子都不曾有过任何戏份，她一直都是个若有若无的存在。当时她64岁，由于已经生下并养大了9个儿女，因此她很可能正感觉自己在慢慢变老。值得一提的是，嫁给了一个住在离岸塔楼上的灯塔看守人，生活是孤独且吃力的，因为它极大地依赖于天气，尤其是在冬季的时候。

至于格雷丝·达林本人，则有许多肖像可供我们挑选。但就人们可以辨别的来说，最像的却是由不知名艺术家亨利·珀尔雷·帕克画下的，他曾创作过一幅精美的水彩素描和一幅栩栩如生的油画肖像。它们都证明了一位采访过她的记者的观点，即说她有着“清秀的面容——对岛民而言已相当漂亮了——和从各方面看来都最具真正女性化特征的善良且温柔的表情”。这名记者明显曾希望发现一个高大、魁梧的乡下姑娘，却震惊于她的外表一点也不男性化。实际上，她5英尺3英寸的身高都有些低于平均值了。每个人都曾对她安静且矜持的态度做出过评论，而即便受到了这么多赞扬，她也始终不改其谦逊。

但这个故事的中心还是汽船福弗尔郡号。许多艺术家也曾描绘过这艘船，其中最著名的便是约翰·沃德，他是一位来自于赫尔的天才海事艺术家，尤其擅长船舶绘像。1834年在船下水后不久，他就为它绘了像，从他的图画中看，这是一艘典型的用于运煤和载客的早期汽船。船体两侧都有巨大的桨轮，船上还有一根细长的烟管，以及两根挂帆的桅杆，以防她遭遇发动机故障。她的指挥者是亨布尔船长，船上的木匠约翰·塔洛克后来还将他形容为“一个坚定且值得信任的人，无论在海上或陆地上都总是忠于职守，并且是个好水手”。

1838年9月5日，福弗尔郡号从赫尔出发，满载着由五金件、细棉布、肥皂、锅炉板和纺车齿轮混杂而成的货物驶往邓迪。除亨布尔船长和他妻子外，船上还有55名乘客和船员。当这艘船沿海岸而上向北驶去时，风力逐渐加大，而在他们到达弗兰伯勒角外面以前，海面上已变得波涛汹涌，右舷的锅炉还往舱底泄漏着沸水。抽水泵也难以清理这些漏水，但船长却决定继续前行而不是在惠特比或泰恩河口寻求庇护。后来锅炉被修好了，在6号下午6点钟的时候，他们正全速通过主岛和离岸诸岛之间的航道或内部水域，以驶离法恩群岛。可他们身后南东南方向的风却以稳定的速度将他们朝北方扫去。

等夜幕降临时，情况更是急转直下。当他们开到伯威克以外，风向从南方转至北东北，并上升到了巨风级别。失灵的锅炉又开始泄漏得如此厉害，以至于抽水泵都无法清理那些沸水了，船长在别无选择之下只得关掉发动机。他调头将船向南开去，打开前后风帆并跑在了巨风之前，试图赶往泰恩河上的庇护点。可因为载有笨重的桨轮罩，这艘汽船在风暴天里扬帆前行就变得十分困难了，何况降低了能见度的倾盆大雨和飞溅水花还让情况变得更糟。似乎亨布尔船长正试图从法恩群岛和海岸线之间的原路折返。当他看见前方有灯光时，还以为那是法恩内岛灯塔上的灯光，如果这样的话，那他就正好行驶在穿越航道的规定路线上了。但那其实是朗斯通的灯光，而他却直接驶向了外围群岛中央的那座岩石岛。在船上的所有人都看见或听见海浪打到他们身边以前，实际就已经太晚了，这艘400吨的汽船重重撞上了哈克斯岩礁的西边。有巨风在身后全力吹刮，还有海水猛烈拍打着岩石，船开始发生断裂。在不到15分钟的时间里，甲板已经开裂，这艘船从船尾附近的桨轮罩那里断成了两半。船尾部分被扫入黑暗之中并迅速沉没，淹死了亨布尔船长和他妻子，以及41名乘客和船员。

而船只的前半部分则搁浅在岩礁上，上面的12个人中包括了一名妇女、两个孩子、一位神职人员（罗布牧师）、锅炉工丹尼尔·多诺万和船上的木匠约翰·塔洛克。塔洛克负责照管起这些人来，等白日将至并开始退潮时，他设法让他们离开了船只的残骸，还在岩礁之间找到了一个庇护点。然而他们的情况却不容乐观。搁浅在一座离岸的小岛上，还被雨水和浪花弄得浑身冰冷、透湿，他们唯一的希望就是在死于受冻和高烧以前，能被掌管着远方灯塔的人所发现。但那座灯塔却远在将近1英里外的另一座岛上，中间还横亘着一片广阔的灰色浪潮。

福弗尔郡号撞沉那天的高潮出现在凌晨4点13分。因为预见到会有一场罕见的高潮，威廉·达林在很早的时候就叫醒了他女儿。他们跑到高塔下面的院子里，把所有能移动的工具都搬入室内，并确认了小船正牢牢系在支柱上。等一切都万无一失，格雷丝便接手了在塔顶的灯室里观察的任务，而她父亲则去睡了一觉。4 点 3 刻时，刚好有足够的光线让她看出哈克斯岩礁上那艘船的轮廓。于是她叫醒了父亲，然后他们还用一架望远镜来察看是否能发现任何生命迹象，但阴沉的天空、大雨和船只残骸四周激起的浪花所形成的水云都让他们难以看清任何细节。因此他们便轮流来观察那残骸，而直到 7 点钟潮水已深深退下的时候，他们才看到岩礁上有 3、4 个人。

这时，威廉·达林便面临着一个艰难抉择。那条灯塔小船是一条当地典型的重型平底渔船，有着能够破浪下水和停靠的高船头和弯舷弧设计。这种平底渔船以适于航海而闻名，但它们却是敞篷的，因此在波涛汹涌的海上就有沉没的可能。朗斯通的这条小船总共长 21 英尺，宽 5. 5 英尺，能被 4 个人轻松划动，而在一般情况下则只要两个人。但不幸的是，灯塔看守人那 20 岁的儿子威廉却在几天前上了岸，这便意味着只有他老迈的妻子和他女儿能帮忙了。而据他推测，在巨风向海岸吹来时，也不可能有救生船从主岛下水，所以他要不就放任那些人在哈克斯岩礁上死掉，要不就试着把那条平底渔船划去他们那儿。但他也不能独自划去岩礁并把幸存者带回，而只有在他女儿的帮助下才有可能。

据传说所言，格雷丝不得不劝服她父亲放下小船，并坚持要跟他去残骸那里。但实际上这似乎却是个共同的决定。在一封他后来写给领港公会的信件中，威廉·达林描述了他们如何发现了岩礁上的人，并“同意如果能到达他们那儿的话，他们中的一些人就能在回程时帮助我们，没有这一帮助我们将无法返回；由于不可能有小船从北森德兰过来，我们就立刻放下了我们的小船……”

他们如果走的是直接从灯塔到残骸的路线，那么就会被巨浪掀翻，或者被扫向哈克斯岩礁的北边，而那里却是一个下风岸，因此他们穿过克雷福德海峡朝那座岩礁岛南边有遮避的水域驶去。穿越海峡的航程被完全暴露在巨风的全副威力之下，因此将会极度颠簸。而威廉·达林在回程时需要更多帮助的原因就在于他要在风浪的联合作用下穿过海峡。由格雷丝举着一只桨，威廉举着另一只，他们从朗斯通岛的停靠点出发，而达林夫人则从灯室里观察着他们的进程。小船曾一度从她的视野里消失，一想到它已经沉没，而自己也失去了丈夫和女儿，她便昏倒和崩溃了。等她清醒过来，并再次从望远镜里看了一眼，却发现他们正稳稳当当地朝哈克斯岩礁划去。

他们在成功抵达岛上相对安全的背风处后，又接着朝西边驶去，因为那些幸存者们都聚集在那儿。严寒显然对他们中的3个人来说太厉害了。牧师在清晨的早些时候就已死去，后来两个孩子也死在了他们母亲的怀抱里。要救的还剩9个人，但威廉·达

GRACE DARLING.

格雷丝·达林与父亲在大风浪中出海救人

林却认为在当时的条件下，一次把他们带上船就太多了。于是他跳上岩礁以阻止他们所有人蜂拥上船，并劝服了4个人等他跑第二趟船。与此同时，格雷丝被留下独自看管那条重型平底渔船，让它远离岩礁。后来她回忆起看到船只残骸时的惊恐说："那时我相信自己已很难想起任何事情了，只能尽最大的努力，我的心绪被这一可怕事件的景象所搅动，甚至都能想象自己仍在看着海水覆没过那艘船。"

一名妇女和4个男人爬上了平底渔船，然后他们便动身返回一英里远处的灯塔。这次他们终于能用4只桨了，但因为载着7个人，小船有些负荷过重，而这在他们离开哈克斯岩礁的庇护点，并驶入克雷福德海峡的海浪中时，就尤其令人担心了。然而，他们还是平安抵达了朗斯通岛，然后两个被威廉·达林救下的男人又帮助他再次划向了残骸。此时已接近低潮，这便意味着哈克斯岩礁的背风处将出现更多的庇护点。于是那4名剩下的幸存者也被搭载着带回了灯塔。现在已是9点左右。整个救援行动只花费了不到两个小时。

就在这一切发生的时候，福弗尔郡号的残骸也被正在班堡城堡防卫墙上的一个人发现了。人们发射了一门火炮，好让随便哪一个幸存者得知他们已被看见，另外还有一条平底渔船也从北桑德兰下了水。划动它的共有7个人，其中一个便是灯塔看守人的儿子威廉·布鲁克斯·达林。他们这段到达法恩群岛的7公里路途十分艰辛和危险，因此直到上午10点钟才接触到船只残骸，却发现已有人抢先一步，而他们的救援行动则是竹篮打水一场空。然而，他们还是将死去的牧师和孩子们的尸体搬到了岩礁的最高处，然后便朝朗斯通岛驶去。他们虽然在风暴天里很难靠岸，但最终却找到了一个停船点并上了岸。巨风则一直猛烈地从北方吹来，直到两天后，大海才平静到足以让他们离开这座小岛并划回主岛。

这是救援的故事变得众所周知前几天的事情。9月15日，当地报纸《贝里克和凯尔索卫报》只简单提了一笔。之后不久，班堡当地的一位居民斯凯夫先生则给诺森伯兰公爵写了封信，以引起他对威廉·达林和他女儿的英勇行为的注意，信里还放入了一份由约翰·塔洛克和丹尼尔·多诺万这两名幸存者签过字的简短救援报告。然后公爵便派了他的秘书前去调查，并采访了达林一家人。公爵显然对其秘书的报告印象至深，因此还给皇家人道协会（他就是协会主席）和领港公会（负责英格兰和威尔士沿海信号灯和灯塔的机构）主席写了信。如今事情便进展很快了。《泰晤士报》上刊登的一份救援记述更将格雷丝·达林抬高到了国民女英雄的地位。

已不可能有足够的语言来形容达林先生和他真正英勇的女儿所表现出来的无与伦比的勇敢和无私，后者尤其如此……整个历史或小说中可曾有过一个能与之相比的女英雄的例子？

《贝里克和凯尔索卫报》的编辑则意识到这一事件会有更多新闻点可挖，不能就此带过，于是他派了一组记者去朗斯通灯塔以获得对达林一家人的第一手采访资料。记者们写道："当我们提及她高尚、英勇的行为时，她却微红着脸，并为避免让自己引起注意而显得不安；她只是对我们的赞美付诸微笑，却从不回答什么。"

在之后的4年时间里，格雷丝·达林不得不面对那种在现当代只有电影明星和皇室成员才经历过的谀扬之声。而朗斯通灯塔也变成了一个旅游胜地，1839年夏天，从附近港口出发的短途汽船带来了一批又一批为好奇心所驱使的游客前来参观。那么多肖像画家被派来为格雷丝和她父亲画像，导致威廉·达林都开始抱怨这些人妨碍到他们执行灯塔的正常任务了。同时信件和礼物（多是《圣经》和宗教小册子）也大量涌入，人们甚至向格雷丝索要几缕她的头发。她和她母亲还不得不一直打扫灯塔和招待游客。由于压力巨大，以致诺森伯兰公爵和公爵夫人都介入进来以保护她不被公众的要求所妨碍。1838年12月，格雷丝和她父亲受邀前往阿尼克城堡拜访他们，也正是在这次拜访以后，他们才同意让公爵成为她的保护人。

然而，大势却是不可逆转的。基于这一救援故事的全景画在纽卡斯尔的皇家剧院和桑德兰剧院被展出。人们还特意写了一出叫做《海上沉船》的戏剧，并在伦敦的阿德尔菲剧院上演。连华兹华斯等诗人都受其激发，为赞颂格雷丝·达林的事迹而创作了诗歌。同时还有来自于官方人士的表彰。皇家人道协会一致同意应该向格雷丝和她父亲颁发他们所能授予的最高荣誉，即荣誉金质大奖章。对格雷丝的褒奖则称其“异乎寻常的无畏、镇定和仁慈”促使她“因极度渴望救下9名失事船只上的受难者，而将自己置于小船上的生命暴露在巨风和惊涛的威胁之下”……她还曾从格拉斯哥、爱丁堡和利斯的人道协会那里收到过银质奖章。

可渐渐格雷丝的健康状况却明显变差了。她一直都在咳嗽，而她的家人是如此关心，以致终于将她带到了岸上。1842年夏天，她跟姐姐托马辛一直待在班堡。诺森伯兰公爵派了自己的医生给她看病，公爵夫人也去看望了她。然后她父亲还把她搬到了班堡城堡围墙下面的小屋里，那是她祖父母曾经生活的地方，也是她度过童年时光的地方。但1842年10月20日，她还是死在了自己出生时的床上，年仅26岁。

她的死讯反而增加了人们对她的兴趣，就像对那些早逝的名人一样，人们如今对她更是津津乐道。随着故事的流传，更多的人开始略过她父亲而关注起格雷丝个人在整件事中扮演的角色来。故事的其中一个版本（传闻多少就是在这种故事的基础上产生的，我们今天仍能在许多儿童书籍和百科全书里找到这样的故事）讲述了格雷丝在听到来自于失事船只上的呼救，并在乞求集合起来的船夫去做一次营救溺水者的努力而无果时，如何叫醒了她父亲。（而就我们所知，那些船夫直到幸存者被救起时才刚刚到达。）根据这个故事，她父亲正是被她的眼泪所打动才喊道这姑娘一定会如愿以偿，并同意将小船放下水的。于是他俩就划入风暴，然后救起了聚在岩礁上的所有人。这一版本从未提及威廉·达林所做的第二次救援。

达林一家人做了最大的努力来纠正这一说法。格雷丝自己就曾在一封信里指出："当时我非常焦虑，并确已提供了力所能及的一切帮助，但我父亲也是如此，而且他对这类情况很有经验，也十分清楚能做些什么，因此根本不需要我的催促。"而她那位出版了一本以手中所有的家人资料对事件进行说明的著作，并编辑了威廉·达林日记的姐姐托马辛也曾清楚地表示，"这一流行浪漫故事中威廉·达林听从他女儿恳求的部分等等，纯粹是编造出来的"。

格雷丝·达林故事异常流行的一个原因就在于它的不同寻常。正如人们不会要求女人去做水手或渔民一样，人们也不会指望她们在看守灯塔的工作中发挥什么积极作用。在英国，只有男人才被允许成为正式的灯塔看守人。妻子和孩子们能够与丈夫或父亲生活在岸边的灯塔上，但岩礁或小岛上的离岸灯塔上却几乎只有男性看守人。可在美国，情况就相当不同了。虽然男性看守人仍占据着绝大多数，却有数量惊人的女性接受正式指派去看守灯塔，而且在许多例子里都是独自照看那里的信号灯的。这些被派去的女人一般都与曾做过看守人的男人有关，而且她们的工资还总是比从事相同工作的男人要低。1880 年，当贝蒂·汉弗莱从她做了 18 年看守人的缅因州摩希根岛灯塔上退休时，她每年的工资是 700 美金，比她丈夫去世时所挣的要少整整 100 美金。[1]不过，美国灯塔局至少还是意识到了女人也能从事这项工作。

从某些方面来说，维持一座灯塔的运转需要某些传统意义上男性才拥有的技能：粉刷和维修灯塔的外墙，修理建筑物及其机械装置，划着重型小船来来往往，以及从船上装载和卸载供给。但最基础的工作，即照看信号灯本身，却是男女都能干的工作，而且这在历史上也有能追溯到圣经时代的由女性掌灯的先例。

19 世纪时，烧油的信号灯一般来说需要有人不间断地照看着。许多盏灯都得在日落和午夜时分加油。在非常寒冷的天气里，由于所用的鲸油容易凝固，因此要让它正常工作就必须用厨房的炉子来给它加热。在傍晚时分点燃一盏或数盏灯后，守望者还得定期修剪灯芯：夏天时，只需在午夜做一次修剪，但在漫长

1 埃莉诺·德怀尔《守灯人：为美国灯塔服务业效力的男人与女人们》（佛罗里达州萨拉索塔，1953）。

的冬夜里，就必须在晚上 10 点左右和凌晨 2 点左右各修剪一次灯芯了。信号灯还必须在日出时分被熄灭。而女性看守人在确保信号灯正常运作方面显得尤为自觉。艾达·刘易斯就曾把她的床放在适当的位置上以便能看到信号灯，她还训练自己每隔半小时醒来一次，以检查它是否在燃烧。

白天时，看守人们则一直忙于一轮打扫和清洁工作。棱镜必须保持一尘不染和光洁如新；灯油燃烧所产生的积炭则必须从反射镜上被清除掉。而且所有移动的部件都必须常常上油和清洁。无论何时，只要灯塔附近的海面上出现了雾或薄雾，看守人就必须拉响必要的雾警直至它消散。19 世纪的灯塔很少配有任何式样的自动雾警，于是在许多情况下，看守人就被要求拉响雾警。缅因州奥尔角信号灯的看守人克拉拉·马多克斯曾报告说，不论哪一年，她都要花上将近 2 000 个小时来敲响警钟。旧金山天使岛灯塔上的朱丽叶·尼科尔斯则在她的日志中写道，有次她在大雾消散前，手动敲响了 20 小时 35 分钟的警钟。

美国首位有记录的被正式任命为灯塔看守人的女性是汉娜·托马斯。她和丈夫曾负责照看 1769 年建在位于马萨诸塞州普利茅斯他们院子里的一对信号灯。托马斯女士一开始只是在协助丈夫，可等他去世后，她就独自接管了这项任务。除了照管信号灯以外，她还得养活一家人，而当她于 1790 年左右退休时，她的小儿子又顶替了她的职位。这种安排是相当有代表性的，因为经营一座灯塔通常会被视为一种家族职业，而在某些方面，它也确实挺像经营一家农场或家族店铺。每个人都轮流做些家务活，以及确保信号灯是亮着的并状况良好，这便是常规的看守工作。而要对灯塔协会负责的政府，显然也意识到了这一机制的优势，因为它曾不停任命那些有足够经验的看守人之妻。到 1851 年以前，就有不少于 30 名妻子在丈夫去世时继任为了看守人。

美国首批灯塔上的女英雄之一，阿比·伯吉斯，就出生在一个灯塔看守人之家。她父亲塞缪尔·伯吉斯于 1853 年被任命为缅因州马提尼克斯岩礁上一对信号灯的守望者。由于妻子患有一种需要持续医疗的慢性疾病，因此塞缪尔还额外做了一份龙虾捕捞者的工作，以支付药费和医生的诊费。阿比从 14 岁起就开始帮助父亲看管信号灯，这也让她父亲有更多时间来抓捕龙虾。很快她便证明自己在照管信号灯上和照管她的妹妹们和宠物鸡上一样有能力。

1856 年 1 月，一场猛烈的冬季巨风横扫过佩诺布斯科特湾，其威力是如此之大，以致都动摇了位于马提尼克斯岩礁上的看守人家老房子的地基。这时塞缪尔·伯吉斯还在 20 英里外的主岛上准备给养，并且因为狂烈的风暴而无法返回灯塔。于是现年 16 岁的阿比便发现自己不仅得照顾生病的母亲和被吓坏了的妹妹们，还得让两座塔上的灯都保持燃烧。随着潮水上涨，大海开始漫过这座岩礁岛，并冲走了一切可移动的物体。看守人家的老房子也发生了开裂，显示出随时都会倒掉的样子。于是阿比让母亲和妹妹们搬到了更能避风的北边的塔上，然后又冲入鸡笼去拯救她的宠物母鸡。后来她是这样说明自己拯救它们的重要性的：

> 你要知道这些母鸡是我们唯一的伙伴。由于巨风变得更猛烈了，而我又确信如果不将它们带进屋里就会失去它们，因此便对我母亲说："我必须试着去救救它们。"她则建议我别想这么做。然而，一想到都不努力一次就得跟它们分开实在令人难以忍受，于是我便抓起一只篮子，在海浪打过以及海水稍退一点后跑出去好几码远，还淌过及膝深的积水到达鸡笼，救出了除一只以外的所有母鸡。[1]

现在，海浪正向看守人家房子的低矮部分袭来，而随着风暴刮到最强，那所房子便发生了坍塌并坠入海中。在接下来的 4 周里，严酷的天气更阻止了任何一条小船出海并在这座小岛上停靠。那段时间，阿比则一直都在照看着信号灯和她的家人。供给已变得如此匮乏，以至于她们主要就靠救下来的母鸡所生的鸡蛋维生。"尽管有时工作让我精疲力尽，但信号灯却从未熄灭。上帝保佑，让我能像父亲一样做好我所熟悉的工作。"

1　玛丽·路易丝·克利福德和 J. 坎达丝·克利福德《看守信号灯的女人：女性灯塔看守人的插图史》（弗吉尼亚州威廉斯堡，1993）。

然而 1860 年，当共和党人经选举在林肯治下执政时，阿比的父亲就丢了这份工作。由于灯塔看守人的任命大多与政治息息相关，而塞缪尔·伯吉斯并不具有能为其所用的政治关系，因此便被坚定的共和党人约翰·格兰特所取代。但阿比仍被允许多待上一阵子，以便向新任看守人展示灯塔上的工作和解释必要的规矩。格兰特还带着他的儿子艾萨克，他则被任命为了助理看守人。阿比现已 22 岁，并且给艾萨克留下了如此深刻的印象，以至于艾萨克在跟她一起工作了几周后就向她求了婚。他们在第二年结婚，阿比也被任命为第二助理看守人。既然她曾令人钦佩地履行了多年正式看守人的全部职责，她一定会感觉到这其中的不公，但至少她便不必放弃灯塔上的生活了。她在岩礁上养大了 4 个孩子，而且他们也像她和她妹妹们一样继续生活在那里，直到她丈夫于 1872 年被调往缅因州斯普鲁斯黑德附近的怀特黑德灯塔。1875 年，当她丈夫去世时，她便继任为了正式看守人，而且根据记载，她在去世前一年左右都一直在做看守人，而 1892 年她去世时年仅 52 岁。在一些晚年的信件中，她回顾了自己 30 多年照管信号灯的生涯并写道："我很好奇在我的灵魂离开这副残躯后，对于灯塔的关切是否还会跟随着它！如果我能有块墓碑的话，我希望它是灯塔或信号塔的样子。"后来她被葬入了斯普鲁斯黑德公墓，而在她去世 50 年后，她的愿望也实现了，一座小型灯塔被放在了她的墓地上。

凯蒂·沃克虽然并非来自于一个灯塔看守人之家，而且还曾被终其一生所待过的那座灯塔的荒凉状况给吓坏了，但像许多其他灯塔上的妇女一样，她还是对照看信号灯表现出了非凡的忠诚。她是个德国移民，她是在寄宿公寓的桌边等餐时遇见了雅各布·沃克的，当时他就在那里吃饭。雅各布是新泽西州桑迪胡克信号灯的看守人。他教她讲英语并爱上了她，还说服她嫁给了自己。桑迪胡克信号灯坐落于一个风景如画的海岬上，有条很好的马路通往镇上，因此走邻访友甚是方便。但不幸的是，在19世纪70年代，雅各布又被派往了另一座灯塔，这座灯塔则位于一个完全不同的地方。它就是罗宾斯暗礁信号灯，即坐落于纽约湾主海峡西边混凝土平台上的一座蹲式塔。那里的住处极为狭窄。厨房和餐厅都挤在塔基的圆形延伸建筑里，塔内的上层还有两间卧室。斯塔滕岛和布鲁克林的景色并不能弥补已开始享受桑迪胡克乡村生活的凯蒂心中的那份遗憾。他们刚到那儿时她很是不高兴，甚至认为自己不可能待得下去；她后来回忆道："当我第一次来到罗宾斯暗礁时，无论从哪个角度所看到的海景都让我觉得孤独。一开始我甚至拒绝打开我的行李箱，但渐渐地，我却每次都打开一点。不久以后，它们就全被打开了，而我也一直待了下来。"[1]

1 《看守信号灯的女人：女性灯塔看守人的插图史》。

跟许多处于类似情况的妇女所做的一样，她决定尽力让一切变得好一些。于是她开始把这地方弄得尽可能舒适一些。她不仅帮丈夫做好灯塔上的工作，还带大了他们的两个孩子。当孩子们到了上学的年纪，她便在每天清晨划船把他们送去斯塔滕岛，又在下午把他们接回家来。1886 年时，等孩子们都长大了离开了他们，雅各布却生了病，然后死于肺炎，并被葬在斯塔滕岛的公墓上。他留给妻子的遗言是："注意信号灯，凯蒂。"她曾为是否离开罗宾斯暗礁内心斗争了好几周时间，但还是继续照管着灯塔，并在不久以后决定去申请看守人的职位。由于她身高不足 5 英尺，因此灯塔委员会对她是否能胜任这项工作提出了质疑。然而，她却明显能够使用灯塔的小船，并表现出自己还能独力照管信号灯及其机械装置，因此他们便同意了对她的任命。而因为她又继续照管了 35 年的信号灯，并于其间负责了纽约港里的 50 多次救援，所以他们也因付出的信任而得到了很好的回报。

但令人好奇的是，究竟有多少美国的女灯塔看守人曾看似奇怪地爱上了这种在大海中央的岩礁和小岛上所过的孤独却吃力的生活。当父亲或丈夫去世后，她们并不是充满感激地前往主岛或是乡间小屋，而是常常在深思熟虑后选择继续去照管信号灯，观察过往船只，以及救助遇难的人们。不过，却没有人比艾达·刘易斯表现得更加忠实于这项任务了，她是美国所有的女性灯塔看守人中最著名的一位。[1] 跟格雷丝·达林一样，她也是在二十几岁就成了女英雄，但跟格雷丝·达林不同的是，艾达·刘易斯却一直活到了69岁，并在50多年时间里实施了一系列救援活动。她于1842年出生在罗得岛的纽波特，是沿海引航员霍齐亚·刘易斯船长的女儿。1853年，他被任命为莱姆岩礁信号灯的看守人，这盏信号灯就位于纽波特港一座离岸不足半英里的小岛上。由于莱姆岩礁上的第一盏信号灯不过是座旁边有顶起临时遮避作用的小棚的信号塔，因此刘易斯船长和他的家人便继续在纽波特生活了几年。但1857年，一座有着缓斜屋顶的牢固四方形建筑在岛上被建造起来，于是这家人便搬上了岛。

新英格兰地区的传统灯塔曾激发爱德华·霍珀创作了一些令人难忘的绘画作品，并曾是数千张照片的主题。它们的形状、规模和材质各异，并显得比大多数英国的灯塔要别致许多。但令人不太愉悦的是，莱姆岩礁信号灯看上去却跟我们中的多数人所看到的寻常灯塔的照片完全不一样。那里根本没有高塔，而且信号灯也只是简单地嵌在看守人的房屋一侧。即在朝海的那一侧有根窄窄的方形柱从屋里微微伸出，柱顶有扇3面窗包围着那盏灯。

---

1 艾达·刘易斯生平介绍的资料来自：一份问世于1907年7月的不知名出版物上署名为吉尔森·威利茨的文章《海上女英雄五十年》，收藏于弗吉尼亚州的航海家博物馆；埃莉诺·德怀尔《守灯人：为美国灯塔服务业效力的男人和女人们》；玛丽·克利福德和J. 克利福德《看守信号灯的女人：女性灯塔看守人的插图史》。

灯塔的内部就像它白色的外墙一样朴素。纽波特的一名记者在艾达·刘易斯出名时到访过这里，并详细描述了其内部陈设。底楼有一间客厅、一条走廊、一间餐厅和一间厨房。上面一层则有 3 间卧室和一条通往灯笼式天窗的通道。墙上光秃秃的，而且“艾达自己的私人卧室里全是些造价低廉的村舍用具，唯一值得一提的便是挂在她床头板上方的一幅描绘失事船只下沉的粗鄙画作”。[1] 他还注意到一台缝纫机“和一些女性的小装饰品就是里面的全部东西了”。而这所房子最好的地方就在于它楼上窗外的风景。朝镇子的方向看去，艾达的房间则拥有极好的海港风景。

但在这家人搬进莱姆岩礁上的房子里几个月之内，刘易斯船长便中了风，这使他瘫痪在床，以致再也不能履行其职责了。于是他的妻子继任成为正式的灯塔看守人，但除了残疾的丈夫以外，她还有 4 个孩子要照顾。因此她便渐渐倚靠起最大的孩子艾达来照看灯塔。当时艾达只有 15 岁，而在随后几年里，她还得负责划船把小妹妹和两个弟弟送去上学。尽管这座小岛离岸只有半英里，但一场强劲的或巨风级别的大风却能迅速将港口平静的海水变为大量又短又陡的波浪。等到了孩子们坐船回来的时间，刘易斯船长就会不停从他的窗口向外望去，而每当他们在恶劣的天气里划船回来时，他也总是担心他们的安全。他曾告诉一名新

1　这位记者名叫乔治·布鲁尔顿。引文见于《看守信号灯的女人》中。

闻记者：

> 我就一直看着他们，直至再也无法多看一眼，因为我总想着会在某时看见他们被淹没，以及一船人都被海浪所控制，然后我就转过身去对我妻子说，如果他们安全进来了一定要让我知道，因为我不能忍受看着他们消失却意识到我们根本没有能力去拯救他们。

艾达早年在灯塔小船上的经验给她带来了许多年的好处。她第一次有记录的救援行动发生在 1859 年 9 月，当时她才 18 岁。4 名大学生在天黑以后开着一艘独桅船驶过港口。他们闹作了一团，其中一个还爬上桅杆，并开始猛摇起这艘小船，以至于都把它弄翻了。虽然 4 人当中没人会游泳，但他们还是成功攀上了翻掉的船体。艾达听见了他们的呼喊，于是马上放下小船，动身朝他们划去。后来她说在自己划到他们身边以前，这 4 个人已经“快死了三分之二了——极度虚弱且面色苍白，几乎已经断气”。她设法从船尾把他们拉上了自己的小船并带回灯塔，让家人帮忙救醒了他们。

随后一次营救发生在 1866 年 2 月的一个大冷天里。3 名士兵匆忙决定乘坐一艘老旧的小型帆船返回亚当斯堡。可当他们成功驶入海港一段距离后，其中一个人却用脚踩破了船底一块腐烂的木板，小船很快便进水了，水一直漫到了船舷上缘。幸而艾达·刘易斯发现了他们遇难，并划船过去施以援手。但其中两个人却放弃了对这艘老帆船的控制，转而试图向她游去，可最终还是没敌过严寒，而是在游到她身边以前就沉入大海淹死了。当艾达划到帆船边时，她发现那第3个人已经冷到失去了知觉，甚至都不能挪动半分，于是她只得在没人帮忙的情况下将他的身体扔进她的小船并救了他一命。

第二年她又救了3个遇难的牧人，同年11月还救起两名士兵，而那次上了新闻头条的救援则发生在1869年3月29日。那天夜里，风力已上升到巨风级别，而当艾达的母亲在清晨醒来时，她却惊恐地看见一条倾覆了的小船正在泡沫般的浪花中飘浮，还有两个人正紧紧抓着翻了个底朝天的船体。根据一份报道，艾达甚至都没停下来穿好鞋或外套就匆匆出门了，身上只穿着单薄的棕色府绸裙和长袜，另外在肩头裹了条白围巾。天气非常恶劣，强风、大雪和冰雹正横扫着港口的灰色海面。由于一阵怒吼的海浪拍打着小岛，它导致艾达花了15分钟时间才把小船放下水并离开岸边。刚等她靠近遇难的小船，据说有个人就绝望地喊道“只是个小姑娘”，便松手没入了海浪之下。不久后当他再次出现时，艾达却抓住他的头发，并设法将他拖到她那条小船的尾部，然后把他拉上了船。第二个人则几乎冻到全身麻痹，他也被扔上了船。由于船底躺着的两个人几乎已经不醒人事了，艾达便往回穿过碎浪向莱姆岩礁划去。回到灯塔后，她和母亲又花了好几个小时来救醒那两个人，她们后来发现，这两个又是来自于亚当斯堡的士兵。他们显然想在假期结束之前匆忙赶回堡垒，并雇了一个当地的男孩划船带他们穿过海岬。那孩子则在小船翻掉时就淹死了。

这一整段情节令人好奇之处还在于多半记述都表明艾达·刘易斯是独自开展救援的，但后来由美国海岸警卫队委托完成的一幅油画却表明她的小弟弟鲁道夫也在那条小船上。这名艺术家曾接到过关于艾达所穿衣服和她是如何划船的指点，也很可能曾被告知是否有人在营救过程中帮助过艾达。然而她弟弟的出现却根本无损她在那个冬日清晨所展现出的勇气和决心，它反而有助于解释一个年轻女子如何能将两个男人拉上她的小船，何况那两人都已冻到失去了知觉，而身上那浸湿的衣服更让他们变得沉重不堪。

这起救援的新闻在公众那里引起的反响丝毫不逊于 32 年前格雷丝·达林所受到过的称扬。1869 年独立日那天，当地群众以一场特殊的游行来褒奖艾达·刘易斯，并赠给了她一条用桃花心木制成的新船，船上配有红色的天鹅绒垫子和镀金的桨架。纽约的救生慈善协会也将他们的银质奖章和 100 美金的支票授予了她。描写她救援行为的文章更出现在了《纽约论坛报》等主要报纸上，而她的画像还登上了《哈珀周刊》的封面，所配标题便是“纽波特的女英雄”。

HARPER'S WEEKLY
A JOURNAL OF CIVILIZATION
Vol. XIII.—No. 657.] NEW YORK, SATURDAY, JULY 31, 1869. [SINGLE COPIES, TEN CENTS. $4.00 PER YEAR IN ADVANCE.
MISS IDA LEWIS, THE HEROINE OF NEWPORT.—Phot. by Manchester Brothers, Providence, R. I.—[See Page 484.]

《哈珀周刊》封面上的艾达·刘易斯

另外，莱姆岩礁灯塔也经受了跟朗斯通灯塔一样的命运，成了一个朝圣地。刘易斯船长就坐在他的轮椅上清点游客数量，他算出曾有 9 000 人在某个夏天来到岛上，希望跟艾达·刘易斯见上一面。1869 年最著名的客人便是总统尤利西斯·S. 格兰特将军。他和副总统科尔法克斯一起被人划上了灯塔所在的礁岛。据当地传闻所说，总统一上岸就弄湿了脚。“我是来见艾达·刘易斯的，”他说，“如果必要的话，我愿意为了见到她而一直湿到腋窝。”

紧随营救新闻之后的除了数不清的信件和礼物以外，还有许多人的求婚。人们劝服艾达·刘易斯接受了其中一个人，于是在 1870 年时，她嫁给了来自于康涅狄格州布莱克岩礁的威廉·威尔森船长。但我们并不清楚到底是威尔森船长无法适应艾达的名声和生活方式，还是艾达不愿改变自己在岛上的日常生活，又或者他们只是单纯地不合适，反正不到两年时间他们就分开了。她保留了刘易斯-威尔森夫人的称呼，但实际上却回到了单身状态且并未再婚。而无论如何，她都有太多事情要忙了。她父亲于 1872 年去世，然后她母亲就被正式指派顶替他成为看守人，可她也生病了，不久后便成了一个无助的病人。艾达发现自己不仅要完成灯塔上的日常工作，同时还得照顾她的母亲。等人们最终意识到艾达作为非正式看守人已工作多年以后，她终于在 1879 年被任命为了看守人，并得到了一年 750 美金的工资。

1881年，她又完成了一次跟1869年3月时她在风暴中的壮举几乎一样危险的救援任务。它也发生在一个寒冷的冬天，而且牵涉其中的又是亚当斯堡卫戍部队里的人员。当时港口的大部分海面都结了冰，但在2月4日傍晚时分，当两名士兵正走过冰面时，脚下却突然发生了开裂，于是他们便发现自己脖子以下的身体都在冰冷的海水之中。艾达在听见他们疯狂的呼叫后，马上带着绳子穿过冰面朝他们跑去。她把绳子扔给了他们，而且在帮助其中一人从水里爬出来以前，她弟弟也赶来帮忙了，他又帮她让第二个人脱了险。这次美国救生协会对她的勇敢留下了如此深刻的印象，以至于为其"毋庸置疑的勇气、展现出的镇定和十足的胆量"授予了最高奖项。它指出当时的冰面正处在非常危险的情况之下，并说明就在不久后，又有两个人掉进了冰里，随后马上淹死在救援地附近。

于是艾达·刘易斯作为国民女英雄的地位就更加稳固了。她因"在不同时期救起至少13名溺水者"而被授予国会金质奖章，并且又从马萨诸塞人道协会那里收到了一枚银质奖章。还有一大波社交名媛纷纷走出纽波特的豪宅来与她握手，其中就包括阿斯特夫人、贝尔蒙特夫人和范德比尔特夫人。舍曼将军也来看望了她。据艾达自己所说，将军"在岩礁上坐了将近一个小时，询问着关于我生活的问题，还说他很高兴来到这么平静的地方"。

而她似乎早已能泰然自若地对待赞扬和名声了。她从未在生活方式上做出任何改变，反而继续过着修道士般的生活，白天一直观察，晚上则不停醒来照看着信号灯。她弟弟也始终给她以帮助，尤其是在维修灯塔方面，但等她到了六十几岁时，参观的人潮却渐渐消失了，甚至有传言说莱姆岩礁信号灯将要被附近山羊岛上的一座小型信号塔所取代。但艾达·刘易斯却在这样的事发生之前就去世了。1911 年的一天清晨，她弟弟在进门时发现她已昏倒在灯室的地板上。当天晚些时候她便去世了。这消息随即传遍了整个码头，当晚纽波特港的所有船只都为纪念她而敲响了丧钟。后来她被葬入当地的公墓。因为她而名声大噪的灯塔最终变成了一家游艇俱乐部，而她那座小岛的名字却由莱姆岩礁变成了艾达·刘易斯岩礁。

水手的归来

在一位自信的船长的指挥下，一艘满载着训练有素的船员的大型船只进港是非常壮观的景象。它将在船头两侧呲呲的浪花声中满帆驶向锚地，船上的舰旗和三角旗都在风中猎猎飞扬。当船驶到与港口要塞平行的位置时，便会向驻守该港口的将官鸣炮致意。而等火炮的烟云飘过海港以后，船就会依风入港，放下船锚，由那些爬在高高的桁端的人收起她的船帆。不多久之后，船便静静地停泊在了港中，而船上的小船也被放入了水中。

而紧随这套井然有序的进程之后的却是所能想象的最无序的场景。一小队划艇和驳船从码头上的各个点驶离，向停泊的大船划来。它们中的大多数都是“小贩船”，这些小船因为常常向离岸有段距离的船只售卖给养而得名。小贩船一般为当地妇女所有，它们像流动的市场货摊那样满载着一堆堆的水果和蔬菜、一篮篮的面包和肉类、奶制品、烟草、烈酒，以及水手们会买的其他一切物品。另外一些船只则是船舷上坐满了女人的划艇。其中一些妇女是水手的妻子，她们可能从老远的地方赶来只为遇上进港的船只。但大多数都是些希望通过向船上的男人出卖色相以赚上几个先令的妓女。将这些女人划向大船的船夫把这项活动当成了一次赚外快的好机会。但直到小船在大船巨大的木制船体下挤成一排时才会发生金钱交易；接着，根据船上军官的态度，船员们便能或是爬进小船里，或是倚在大船的船舷上挑选女人。然后水手会为她支付渡资，而她也获得了爬上船舷的许可。可以想象，这无数场交易所引发的喧哗与骚动就包含着小贩船上的女人为她们的货物讨价还价，妓女们大声嚷嚷以引起水手的注意，以及水手们自己咒骂、叫喊着下流的话语。

约摸一个小时以内，船上便挤满了人。船上有多少男人就会有多少女人上船并不是件稀罕事，因此一艘拥有五、六百名船员的 74 炮船将会发现她 170 英尺的长度上满塞着超过 1 000 名男女和孩子。他们中的大多数都去了甲板下面的水手区。而军官们则拥有由帆布屏风搭建起来的临时船舱，这便为他们提供了一定的私密性，但普通水手却只能将他们的吊床悬挂在屋顶低垂如洞穴般的空间里，毫无隐私之类可言。这里，就在火炮和水手们的箱子之间，妻子与丈夫重聚，妓女则四下与拿到了工资的男人们做着生意。这一局促的空间里很快便充满了人们的谈笑声、叫喊声与咒骂声。当一些女人偷运上船的烈酒开始发挥作用时，噪音就更大了，还有人相互扭打起来。但随处也可见水手用提琴和长笛奏起小调，人们开始成对地舞蹈。另外有些人则赌光了他们的工资。遍布所有地方的都是没洗澡的人所散发的臭气，其中还混杂着舱底污水的恶臭，以及稍微健康些的焦油、麻绳、湿木头和因未被吃掉而在回航过程中幸存下来的牲畜的味道。

年长的水手曾在回忆录中满心羞愧地回想起了一些发生过的场景。在国王马其顿人号上充当侍者，并见证了美国 1812 年战争，还于晚些时候加入美国双桅横帆船天鹅号的塞缪尔·利奇，认为几乎没有比一艘战船更不利于年轻人道德发展的地方了，在那里“亵渎以其最反叛的外貌出现；放纵以其最羞耻和最野蛮的装束出现；罪恶则以其最坏的普罗透斯[1]般的形象出现”。他曾如此回忆起一船船在朴次茅斯和普利茅斯上船的妇女：“这许多失足的不幸造物都还青春年少，她们中的有些人甚至不乏美丽的外貌。”1809 年曾在无畏号上担任一级水手的塞缪尔·斯托克斯则认为：“这艘船上的罪恶跟索多玛之罪都不相上下，尤其在我们发工资那天，上船的女人比船上的成员还多出 13 个来，其中有不下 50 个是未婚妇女。”[2]

霍金斯将军曾如此关注允许妇女登上停泊战船所带来的影响，以至于曾在 1822 年出版了一本手册，题为《关于国王陛下的战船上某些不道德行为的声明》——他将所发生之事描述得甚为详细，因此它被广泛传播开来，还发行了第二个版本。他认

1　普罗透斯：形象多变的希腊海神。

2　亨利·贝纳姆《来自下甲板：1780—1840 年的老海军》（伦敦，1969）。

为船员像对待牲畜一样对待女人，并用“恶心的谈话，下流的、野蛮的行为和可怖的情景，渎神的语言和咒骂”来吓唬她们。[1]他描述了男男女女如何挤入彼此相距仅数英寸的吊床里，因此都能看到对方在做些什么。据他所说，他们沉迷于“人性最粗野的激情所能导致的种种无节制的放荡行为”。而尽管曾在皇家海军中服役32年的格里菲思上校无法回想起任何此类情景，但他却同意它们可能发生在水手和准尉并不处于同一层面的大船上。他的确也承认允许放荡的女人上船是件邪恶的事情，它不仅冒犯了船上受人尊敬的已婚女性，还对船员中的年轻人产生了不道德的影响。[2]

对那些必须优先考虑其船只和船员福祉的将军和上校而言，他们也许不可避免地很少去同情那些不得不承受着公众的羞辱和贬低对待的女人。他们中的大多数人都曾为所发生的事情谴责过女人。霍金斯将军将她们形容为“最卑鄙的女人”，而利奇则称她们为“被玷污和玷污人的女人”。当一艘战船在港口停泊了一阵子以后，常常发生的性病数量的激增无疑将使这些女人遭到谴责。

国王柏勒洛丰号上的军医亚历山大·怀特曾在日记中写道，

1 克里斯托弗·劳埃德《英国水手，1200—1860》（伦敦，1968）。

2 安塞尔姆·约翰·格里菲思上校《对于水手生活某些方面的评论》（切尔滕纳姆，1824）。

1804 年 11 月 19 日的斯皮特黑德，“大雨——船上很潮湿，且因这么多女人上船而极度肮脏”。这些女人的到访致使 4 名船员染上了被送往哈斯拉尔海军医院治疗的最严重的性病。尽管列在军医患病清单上的通常都是些得了热病、流感、溃疡和鼻黏膜炎的人，但怀特却记录了在斯皮特黑德待过的那段时间里，总共 287 名病患中就有 67 人染上了性病，远比患有热症、溃疡、外伤和其他疾病的人还多。国王上校号上的军医詹姆斯·法夸尔曾在一篇日记中毫不掩饰地说明了这些放荡的女人对年轻船员所产生的影响。1798 年 10 月 1 日，他替那位在官方文件中被描述为 15 岁三等侍者的威廉·法利进行了诊治，但这名军医却注意到，“尽管他自称已 15 岁，但我却有理由相信他还不到这么大，因为他根本没有到达青春期时所至少要有的外观特征”。从考桑德湾启航的前夜，这男孩曾跟水手们的一个姑娘睡了一觉，并由此染上恶性淋病；其腹股沟周围肿胀得如此厉害，以致他几乎都无法行走了。

一般说来，水手从海上的归来都会在流行画上被绘成一派欢乐的场景：水手们回到了其心上人的怀抱，或在码头上的一家小酒馆里与当地女人畅饮。

我们要快乐地消费，

待我们从海上回归；

人人都手握一杯酒

膝头再坐个漂亮妞。

而更为恶作剧的漫画则表现了天真的水手被一个漂亮小姑娘和一个干瘪老太婆骗光了工资，或者在归来时却发现他的姑娘已经在他出海时跟别的男人好上了。而且在每个繁忙的港口都能找到无数关于水手在结束了一段漫长的航行后回到岸上的记载，他们总是欢呼雀跃着在妓院、舞厅和酒馆里挥霍钱财。但水手回家时也并不总是一个醉酒狂欢的机会。在牛津的阿什莫林博物馆里，有一幅题为《从海上回家》的令人难忘的画作。这幅油画一丝不苟地描绘了一块乡下的教堂墓地。画面是夏天里，一个身着黑衣的女孩正跪在草地上，而就在她身边的兄弟则悲伤地躺倒在他们的母亲新近被埋葬的地点。那男孩穿着一身水手服，紧挨在他边上的还有一顶水手草帽和一捆用大手帕包裹起来的他的随身物品。一些年深日远的墓碑就位于这两个人物身后的背景里，而在墓碑前面的还有被紫杉木包围起来的这座乡村小教堂的断壁残垣。一只绵羊和一只羊羔已从远处的田野里踱进了教堂墓地，这幅油画是如此生动，以致几乎都能让我们听见头顶树叶的沙沙作响以及远方寒鸦的高声鸣叫。

这幅油画由阿瑟·休斯于 1862 年创作完成。其背景是位于埃塞克斯的老钦福德教堂，为那名水手的姐妹做模特的正是休斯

阿瑟·休斯《从海上回家》

的年轻妻子，但就我们所知，这幅画并不基于艺术家所熟知的任何特殊事件或场景。然而，许多从海上归来的年轻水手都曾发现他的某位家人已经去世了。威廉·理查森的回忆录中就有一段感人的文字。他曾作为商船侍者而出海，从一次去波罗的海的航行中归来时，他的船只因为大风和恶劣天气而被延误，但最终还是抵达了希尔兹港，并停泊在一座码头边卸下了所运送的焦油桶。理查森在多年后回想起了这一场景。

> 我从不记得曾如此焦急地想要上岸再次看到我的妈妈，就像这次一样。我也从未遭受过更大的打击。我一进家门就感觉到全家人都在哀悼，于是我问究竟出了什么事，却被告知我可怜的妈妈已在6周前离开了这个世界。我觉得这根本不可能，便上楼走进她的卧室；但她真的不在那里了。我几乎是心烦意乱地再次下了楼，然后坐下来痛苦地哭泣，但我却不能停止——跑出去，然后上了船，泣不成声，并觉得自己再也不会知道什么是幸福了。[1]

对那些已经为丈夫的消息等待了好几个月的水手的妻子而

---

1 威廉·理查森《一位英国海员：威廉·理查森从商船舱室服务生到皇家海军准尉的生涯自述》（伦敦，1908）。

言，水手的归来具有十分重要的意义，因为水手们回不来是太常见的事了。导致水手死亡的罪魁祸首既不是对敌作战，也不是船只失事，而是疾病。现在就让数据说话吧。在 1793 至 1815 年对法战争期间，曾有将近 10 万名英国水手丧生。在这一数字中，约有 12% 死于对敌作战、船只失事或类似的灾难；20% 死于意外；还有不少于 65% 死于疾病。[1] 最使水手深受其害的疾病便是坏血病、斑疹伤寒和黄热病。坏血病是由饮食中缺乏维生素 C 所引起的，在海军军医詹姆斯·林德医生提出治疗建议，并于 18 世纪末付诸实践以前，它曾在长途航行中害死过大批船员。斑疹伤寒通常则是由被强征入伍的人带上船的，因为他们曾在极度拥挤和不卫生的环境里被拘禁过数周时间。由于好几百人蜂拥上船，它便能迅速传播开来，而人们一旦染上了这一疾病，便会在两三周之内悲惨地死去。

更为水手和士兵们所畏惧的则是热带热病，它们使得被派驻到西印度群岛或非洲的热带沿海显得就像是一场死亡判决。在 1726 年前往加勒比的远征中，由霍西尔中将指挥的 4 750 人的舰队里就有超过 4 000 人死亡。这一比例高得异乎寻常。但恶性黄热病仍然肆虐于停留在西印度港口的船员当中。威廉·特恩布尔于 1826 年出版了《海军军医》，这厚厚一大卷书便来自于他担任

1　尼古拉斯·布莱克和理查德·劳伦斯《纳尔逊海军配图指南》（伦敦，2000）。

海军军医的实践经验。他警告说，在所有驻地中，西印度群岛是最不卫生的，并建议船员们尽可能停泊在远离陆地的地方。关于黄热病，他则写道："最初的症状是突发的眼花和失明，甚至可以让人毫无知觉地倒下。"到末期时，症状就变成了"口吐白沫；眼珠乱转；极端时还会抽搐，即以迅猛的交替次序伸缩四肢"。[1]

许多从疾病中幸存下来的水手在回家时都会带有船上事故造成的重伤或战争遗留的创伤。纳尔逊就曾在1794年围攻卡尔维时导致一只眼睛失明；并在对特内里费的灾难性袭击中致使右手被截肢。残疾水手拿着小碗在伦敦、朴次茅斯和其他港口沿街乞讨的景象很是常见，海军医院里也满是各色正遭受着可怕创伤的人们。

威廉·斯帕文斯曾在其回忆录的一段话里描述过排队等在查塔姆基金会前的人的状态，那是残疾水手的抚恤金委员会。斯帕文斯曾在海军中和东印度商船上服役过很长一段时间，某次正当他处理船只附载的小船上的木桶时，右腿却受了重伤，因此便不得不将之截断。他在查塔姆有很多人陪伴在侧。许多挥舞着双拐

1　转引自达德利·波普《纳尔逊麾下海军军士的生活》（初版于1981年的伦敦，作者所引为1999年版），其书中有一章专门讨论了海军中的各种疾病，还大量引述了特恩布尔的文字。关于海员的疾病讨论，另可参看劳埃德《英国水手，1200—1860》及杰克·库尔特《海军与医药，1200—1900》（爱丁堡、伦敦，1961）。

的人都在膝盖以下或以上装了条木制假腿，甚至有些人连双腿都不见了。有人的鼻子被打没了，或者脸颊被扯去了几片，或者没有了颚骨或下巴。有个人的头骨曾因碎裂而被钻开，于是一块银片就代替了失去的骨头。有许多人都失去了一只手或手臂甚至双臂。有些人因受伤而导致四肢永久萎缩："有人没了一只手和一只眼；另一个人则没了一只眼，面部还被战场上的火药颗粒打穿了孔，这些伤留下了永难磨灭的印记，就好像某位意大利艺术家所绘制的作品一样。"[1] 这些都是船上事故和拿破仑时代海战的受害者。例如，在 1797 年的坎珀当战役中，单是英国舰队一方就有 244 人遇害，以及 796 人受伤。而在特拉法尔加战役中，英国战船上共有 1 700 人遇害和受伤，法国和西班牙战船上的伤亡人数则是其 3 倍。

其实海军早在 18 世纪时就已有相关举措，理论上能够为水手的遗孀提供一些生活补助。但实际上，这些方法却都很随意，并在某些情况下完全不能令人满意。当船员们在航行结束后领到工资时，水手的遗孀是有资格得到她丈夫的欠付工资的，但这却并不像看上去的那么简单。这些女人将不得不首先设法前往正在结付船只工钱的那个港口（它可能距离她的居住地有数百英里远，需要一笔昂贵的旅费）。然后她还必须得提供她是死者遗孀

1 《查塔姆抚恤金领取者威廉·斯帕文斯的自述》（劳斯，1796）。

的书面证明。就算是已经到达了斯皮特黑德或普利茅斯或诺尔，并找到了她丈夫的船只，她还可能发现由于船员工资被拖欠而造成了发放延误，因为付清工资需要花上几个月甚至几年的时间。然而，在一项国会法案于1792年被通过以后，情况就得到了改善。该法案规定，水手、海员和准尉们在抵达英国或爱尔兰时就能得到他们全部累加起来的工资，哪怕这时他们的船只都还没被付清工资。同一法案还允许他们在船上时就能将工资通过一个当地机构或代理人送给家人。从1797年起，水手们在受伤时还能领取全额工资，直到他们或者恢复，或者被送入格林尼治医院，或者收到了由查塔姆基金会发放的一笔抚恤金。

对于那些在船上事故或战斗中死于海上的水手，确定下来的传统做法是，死者的衣服和随身物品将被拍卖给船员，所得收益则将被送给他的遗孀。水手们在出价时一般都很慷慨，但这却只能提供一时的安慰。海军所发明的最具创造性的方法便是在每条服役船只的船员花名册上列入“遗孀丈夫”的做法。这一方法可追溯至亨利八世统治时期，原先是为军官和准尉们的遗孀所准备的；但从1733年起，它开始适用于死在船上的所有水手。每一百名船员中就有两名遗孀丈夫被列在花名册上：他们被评定为一级水手，但实际上却根本不存在。这些虚拟人物的工资将变成死于航行过程中的水手遗孀的抚恤金。可正如苏珊·斯塔克指出的那样，这一方法的讽刺性却在于，海军会为列在船员花名册上的不存在的遗孀丈夫发放工资，却并不准备将准尉的妻子列入花名册，也不为她们提供食物或支付食物的费用，而她们才真正活跃于并出现在舰队的大量船只上。

直至1732年8月，最令人满意的方法才被引入，目的是"为安抚皇家海军军官和准尉们的可怜遗孀"。军官全薪和半薪中的每镑收入都得减去3便士，它们与慈善人士的一切捐赠都将被纳入由一个委员会管理的基金当中。委员会需负责将这些钱分发给能提供足够证明以支持其申请的海军军官之妻。其管理者的地位十分显赫（1750年时，桑威奇爵士是委员会主席，与他一起的则是安森爵士、巴林顿爵士和汤森上将），但记录却显示他们公平且满怀同情地处理了所有呈递给他们的申请。1733年7月，《公报和每日新闻》上刊登过一则广告，它公布了这一方法的规定以及遗孀们究竟该如何申请。在委员会于1733年7月3日召开的最初一场会议中，共有542英镑1先令9便士被分发给了6名水手长的遗孀、两名炮手的遗孀、两名木匠的遗孀、两名乘务长的遗孀、两名军医的遗孀、3名大副的遗孀，以及"一位苏珊·佩里，她是由海军委员会所指派的一艘船上的大副的遗孀"。

如果她们的丈夫死于一场俘获了公众想象力，并在家乡被当作一场光荣胜利来庆祝的海战，海军遗孀们就能享受最好的待遇。紧随这样一场战役而来的将不免是一波公众致谢和慷慨捐赠的热潮。1794年，在豪爵士所领导的“光荣六一”对法作战胜利以后，据舰队医师托马斯·特罗特医生推算，伦敦人民为战死者的遗孀和遗孤所捐赠礼物的总价值在2万至3万英镑之间。[1]德鲁里巷皇家剧院所做的演出又募集了1 800英镑，而豪爵士自己也将他的那一部分奖金捐献给了伤员。而在1797年的坎珀当战役后，伦敦的劳埃德集团则设立了一个爱国基金，并从王国各阶层为受伤的水手和战死者的遗孀募集了52 609英镑10先令10便士。[2]

对于那些幸存于热病、坏血病、船上事故、海战、船只失事和溺亡的水手之妻，以及那些未受重伤便回到家乡的水手之妻而言，生活仍然十分艰难。18世纪中期时，一名普通水手的工资是一个太阴月19先令（即一个日历月20先令7便士），这一数目自克伦威尔以降就从未发生过改变。另外还得从这笔钱中扣除给查塔姆基金会的1先令，以及给格林尼治医院的6便士。而且大部分水手还欠着乘务长置装费和烟草钱。余下的数目虽并不比陆地上那些毫无技术含量的体力劳动之所得逊色，可问题却在于工资发放日之间的超长间隔。一艘船在尚未结束其任务前是不会将工资付清的，而出一趟船的时间有可能从水手上船之日起持续

1 奥利弗·沃纳《光荣六一之战》（伦敦，1961）。

2 克里斯托弗·劳埃德《圣文森特与坎珀当战役》（伦敦，1963）。

6 个月到 3 年。为防止水手们弃船逃跑，工资一般都会在船只执行下一次航行任务前不久被发放下来，而且这时船只仍然停泊在正好远离岸边的海港外缘。如果一名水手的妻子想要确保能拿到她丈夫的那份工资，她就不得不在船厂管理人及其书记员拿出现金来为船员们发放工资时待在船上。因为如果当时她没有出现，许多水手就会在他们不得不被赶上岸去的第一时间内想法把钱全都挥霍掉。

长期拖欠工资的丑闻得到了 1758 年的《海军法》的承认，于是它要求所有本土水域上的船只都得每隔 18 个月付清一年的工资，这便回应了水手们的问题。1758 年的法案同时也意识到水手家人所遭遇的困难，于是它又提供了让水手们通过官方渠道免费给亲人送钱的机制。然而，似乎却很少有水手曾利用过此条法规。这也许是因为这一方法的官僚主义太过令人沮丧，或者它又只是简单地反映了普通水手中只有相对很小一部分人结了婚的事实。而英国海军中的大部分已婚男士都是军官或准尉，并且他们中的大多数人都会通过律师或船厂代理人做出各自的资金安排。

尽管海军军官的工资比其手下人的要高，但他们也不会更加频繁地领到工资，而且他们还比普通水手的花费更大。一名青年海军军官最主要的开销就是他的制服：指挥官的全套制服要花费 16 到 20 个畿尼；其带肩章的便装外套要 8 个畿尼；有金色蕾丝的帽子要 5 个畿尼；剑和肩饰还要 6 个畿尼。这些总共就可能花掉他第一个季度的工资还多。[1] 紧接着，他还得为自己的航海用具和书籍付钱。一名年轻的中尉甚至还得花费 11 先令 6 便士来购买一张其职务任命所需的羊皮纸。直到 1795 年，军官们才在被任命时就能得到他们全部的半薪和提前支付的 3 个月全薪来为花销买单，并在船上就能收到他们的部分工资。相当常见的情况是，依靠工资生活的军官即使在受雇之后依然将面临不小的困窘——这便意味着他们的妻子和孩子就更是如此了。

因在战争时期俘获敌舰而得到最大奖金份额的上将们则能赚到总数可观的金钱，一些人甚至能为自己买下豪宅和乡村产业。然而这本身对上将的妻子而言却是个负担，尤其如果她丈夫还要出门去服一段时间现役的话。当博斯科恩上将长年累月在海上时，他的妻子范妮不仅负责带大了他们的 5 个孩子，还管理着他们靠近吉尔福德的乡村别墅，并照看着它边上的大量田产。在 1755 年 6 月 9 日写给丈夫的信件中，她描述了具有代表性的一天。

她在六点半起床，第一项任务便是给她养在洗衣房窗户下面的 40 只鸡鸭喂食。然后她去拜访了管家法尔夫人，以布置用餐事宜并讨论些家务活。“顺道提一句，牛肉是每磅 4 便士，可他们却威胁我要 4½便士。当我第一次来时，还让我用那个价格买

1 达德利 · 波普《纳尔逊麾下海军军士的生活》。

了一条牛里脊。”她的两个女儿在早上6点钟时就被汉弗莱斯保姆叫醒了，在她们的陪伴下，她又到农场去问了问马匹的情况，还与产业管理人伍德罗夫展开过一场讨论。然后她们就步行去了村里，并在9点钟时回来坐在上将的更衣室里吃了早饭。之后，当她在写信时，姑娘们便做了一个上午的活。1点钟左右，她们又去了步道上的小树林里，而午饭的钟声则在两点钟准时响起，“因为法尔夫人非常守时，但我却认为她并不是个好厨师”。[1]

下午时，她们又给鸡鸭喂了一次食，并出去再走了一圈，然后便坐定在更衣室里，范妮在那儿做活，而皮特小姐则在朗读。这一直要持续到将近8点钟姑娘们睡觉的时候。晚上在庄园里散完步后，跟伍德罗夫的会晤便接踵而至。晚饭则从9点开始，而不到11点范妮是不会睡觉的。表面看来，它是一种令人愉悦的无忧无虑的生活，让人联想起50年后简·奥斯汀笔下许多女性的生活。但有人却推测，范妮这是不愿让更多的担心成为丈夫的重担，而且证据也显示她曾非常认真地经营着产业，是一名一流的管理者。在几周后的通信中，范妮则汇报了她管理下的产业呈现出一派欣欣向荣的景象：干草已被收进并堆放了起来；芜菁也播了种；庄园里的两块草场都被辗轧过了；马匹很繁盛；而她的大麦不仅是教区里长得最好的，还提前了两周成熟，并完全不长

1 《上将之妻：爱德华·博斯科恩夫人1719至1761年间的生活与信件》。

杂草。

但皇家海军普通水手的妻子们却没有庞大的产业可供经营。18和19世纪早期时，关于这些女人所处困境的详细情形现已很难得到，但从许多资料中我们都能瞥见她们为养活自己和家人而苦苦挣扎的情形，有时她们甚至不得不为此而采取一些铤而走险的方式。从纽盖特监狱牧师的记述中，我们得知了那些因走上偷盗之途而被绞死的水手之妻。丈夫在卡塔赫纳遇难的水手遗孀玛丽·达顿因在皮卡迪利大街上偷了一块手表，而于1742年1月13日被绞死在泰伯恩刑场。水手之妻伊丽莎白·福克斯则因从一所住宅里偷窃了9英镑和5个葡萄牙金币，而在1741年3月18日被绞死。[1] 而她也曾被称为伦敦最臭名昭著的扒手。如罗兰森和克鲁克香克之类的艺术家和漫画家的绘画和版画就经常把目光投向为贫困所扰的水手之妻；流行歌谣有时也是如此。比如，曾有一首题为“海上牺牲者；又或，水手对其忠诚服务、糟糕工资和残酷惯例的悲伤嗟叹”的歌谣便是在国王萨福克号上的一群水手因抗议没发工资而遭到处决的事件刺激之下而产生的。这首歌谣满怀同情地论说了这一事件，它包含着如下歌词：

他们的亲人在家中饥肠辘辘，

1 彼得·莱恩博《绞死的伦敦：18世纪的罪案与平民阶层》（伦敦，1991）。

期盼能快些拿到他们的收入；
但傲慢的委员会却不理此事，
到春天他们也没有一个便士；
饿上一整个夏天还远远不够，
他们还有一个冬天要去忍受。

他们可怜的妻子正饱受煎熬，
他们的孩子也哭着想要面包，
他们债台高筑，却无人愿意再
多借一些，或让他们继续借债。
这样一来，他们又能做些什么
除了去向那些欠钱之人问责？[1]

在朴次茅斯，当地的教会委员们曾被迫向海军部申请过财政支持，因为他们已经支付不起为“每天都待在那里的水手和士兵、他们的妻子和家人以及其他人”所提供的救济了。1821 年的人口调查显示，该城中的此类人员共有 2 881 名男性和 4 388 名女性，而在城里的一些地方，多数年轻女子都依靠卖淫来养活自己。无疑，许多水手的妻子都接纳过寄宿者、干过家政服务、

1 由 C. H. 弗恩编订的《海军军歌与歌谣》。

洗过衣服以及做过其他卑微的工作来维持生计。有些人也因经营小酒馆和出租屋而为人所知。但除了必须做完所有这些以外，她们还不得不养活一大家人。

对许多女人来说，嫁给水手或深海渔夫的最大坏处便是与丈夫长时间的分离了。她们被留在一个由男性占绝对主导地位的社会里维持自己的生活，还忍受着孤独，以及担心她们的丈夫是否会在海上失踪的持续焦虑。而无论她们嫁的是上将或一级水手或渔夫，情况都是这样。“哦，我的罗德尼，你的离去给我造成了多大的痛苦和焦虑啊”，1756 年，珍妮曾这样对丈夫乔治·罗德尼上校写道。[1] 而水手的女人及其家人还是以某种方式活了下来，部分是通过他们自己的努力，部分则是通过亲友们的帮助。他们心知肚明，其丈夫、儿子或兄弟可能再也不能从海上归来了，这一点将始终萦绕在他们心头。

分离的痛苦和对所爱之人平安归来的担心影响了每个时代和每个沿海国家的水手的女人。再没有什么能比纽约的萨拉·阿特朗德写给她出海的弟弟亨利的信件表达得更加深刻了。他的离开使她十分震惊，并且不仅为她自己而担心，更为她的哥哥约翰和他们年迈的父母而担心，因为她害怕他们在他回来时就已经不在了。这封写于 1845 年 5 月 28 日的信很能引发共鸣，因此值得被

---

1 戴维·斯平尼《罗德尼》（伦敦，1969）。

大段引用：

我曾长时间坐在窗边看着人们经过，并听着门那边的动静，想象就要看见我最亲爱的弟弟。哦，亨利，教我如何能忍受听见小西丝在回来时口齿不清地喊着你的名字，她会这样做的，因为她是如此深爱着你。你离开那天下午，约翰过去看你了，请想象一下在被告知你已离去时他的感受吧，他很晚才心情沉重地回到家里说你已经离开了。哦，亨利，你怎能把我们全都抛下，尤其约翰还为你做了那么多事，他甚至会为你用尽最后一丝气力……约翰现在的情况不是很好，我认为你可能再也见不到他了。他正准备去看医生，可他生来就多病，而你的离去又对他打击最大。

她告诉了他家人的消息，并总结道：

请记住上帝统驭着所有人，而我们全都得在审判日那天向他汇报。我没有更多时间了，但还是得说全家人都希望你活得好好的，并想要看见你再次回家。现在我必须给你一个美好的告别，亲爱的亨利，虽然当我必须再次告别时，眼泪正顺着我的脸颊流淌下来，因为我永远害怕大海将会是你的葬身之地。如果你有空的话，请马上写一封回信，并寄给你亲爱的姐姐。她只想跟你要一绺发丝留作纪念，若是可以就寄给我吧。我不能再写下去了，因为你年迈且病痛缠身的父亲想把这个拿给约翰。

你亲爱且充满深情的姐姐，

萨拉

愿上帝能认可你成为他的一名随从，并宽宥你再次回到朋友的怀抱之中，它将永远大敞着准备接纳你。再见，亨利。[1]

而最容易被人遗忘的还是那些近海的渔夫。他们整年都乘着相当小的敞篷船出海。有时他们得穿过开阔海滩以外的波涛把小船放下水去，有时则要从总是在改变泥滩和浅滩的河口出发：只有幸运些的渔夫才能从天然良港出发；而不那么幸运的就只能从沿着岩礁海滩入口而建的小型港口出发了，要知道，在刮起向岸风的情况下进入那些小港口既困难又危险。许多世代以来，不同大小和形状的渔船被发明出来以应对当地的自然条件，其中多数在通常情况下都因适于航海而闻名。但所有的渔船，尤其是那些

1　该信收藏于楠塔基特历史学会。

敞篷或半甲板式的，却很容易被海上的风暴所倾覆或弄沉。在科学的天气预报出现以前，即便是最精明的渔夫都有可能陷入一场意想不到的风暴或急速形成的风暴级别的大风。

1881 年秋天，一场似乎不知来自于何处的风暴袭击了从奥克尼到英吉利海峡的英国东海岸。在 10 月 14 日周五的时候，由 279 个男人和男孩所操控的 45 条渔船纷纷从贝里克郡沿海的各大渔村出海，向渔场驶去。在离开岸边约 8 英里的地方，他们开始吹起牛来。海面很平静，天气也适合捕鱼。可岸上的有些人却注意到气压表上出现了不祥的骤降，而且浓厚的雷雨云也在将近中午时分开始聚集起来。风力上升至飓风级别，并很快使大海变得波涛汹涌。小船们纷纷向庇护点逃蹿，但只有 26 条成功返回了海港，许多失踪的人都被冲下船去；有几条小船还被抛上了海滩，并在岸上人的众目睽睽下摔得粉碎；共有 189 个男人和男孩被淹死。艾茅斯渔村折损了 129 人，伯恩茅斯折损了 24 人，其他人则来自于贝里克和洛锡安的沿海渔村。跟今天我们所一直听到的无数灾难相比，这一数字也许显得不那么庞大，但它对邻近渔村造成的影响却令人震惊：263 名儿童从此失去了父亲。在艾茅斯，则没有一个家庭不曾失去过一个父亲、丈夫或儿子，而且之前的繁华社区也都成了废墟。

美国的大艺术家温斯洛·霍默也亲身经历过这场巨风。他在几个月前住进了位于约克郡的卡勒科茨渔村，并在好几本写生簿上画下了泰恩茅斯的救生船被放出海滩并划去营救三桅帆船铁王冠号上的船员的情形，这艘船则在试图前往泰恩茅斯港寻求庇护时被迫搁浅了。但比他的救生船和失事帆船图更加令人难忘却是他为卡勒科茨的渔妇和姑娘们所作的色彩鲜艳的水彩画。画中的她们或修补渔网、编织袜子，或将装鱼的篮子带往海滩。其中还有几幅描绘了年轻女子正与男人一起待在渔船上面的情景。但最能引起共鸣的却是那些表现等待中的女人的画作。她们中的有些人正挤在救生船的停靠站；另外一些则站在海风吹拂的岸边向海上眺望，希望并祈祷她们的男人能安全归来。

类似的主题也被纽林画派的英国艺术家们所采用过，这一团体是19世纪80年代时由30名住在科尼什渔村的艺术家组成的。其非正式领导者为斯坦诺普·福布斯，而其画中首要的主题事件便是当地人的日常生活。这些艺术家画下了他们的婚礼与葬礼、他们的房屋、海港和渔船。而他们还特别画下了渔夫的妻子和孩子，并通过这种方式为我们展现了一幅19世纪末时，在一座典型渔村的家庭内外所发生事件的异常生动的图景。它们是对女性在维持当地经济运转过程中所起关键作用的有益提醒。女性确实承担了一切令人称道的工作，如养育孩子、购物、备餐以及清洗衣物。然而她们也会为渔夫准备出海的工具，并为他们编织线衫和袜子、缝纫油布雨衣以及制作法兰绒衬衫。她们还会修补渔网、帮助男人把渔船放下水和用木桶装鱼。她们的工作虽然艰

温斯洛・霍默《补渔网》

辛，但与同时代工业化城镇中许多妇女的生活相比，却似乎仍是一种田园诗般的生活。纽林画派艺术家的作品展现了孩子们在海边摆弄着玩具小船，或在果园里拾捡着苹果。阳光在港口的海面上闪闪发亮。一位漂亮的年轻母亲正坐在一篮洋葱旁边，并试图将它们串到一起，同时她的小儿子也坐在一边，兴奋地向她展示着自己刚刚抓到的小蟹。

然而艺术家们也捕捉到了纽林生活的阴暗面。由于他们在村里住了足够长的时间，因此才能直接观察到在渔船回不来时所发生的悲剧。有幅画尤其将生活在这一社区中的危险本质表现得淋漓尽致。它叫做《绝望的黎明》，是由弗兰克·布拉姆利于 1888 年创作的。艺术家在纽林待了近 10 年，就住在一名渔夫家的两室小屋里，而这幅油画一经在皇家艺术学院里展出，便确立了他的声望。纽林画派的其他艺术家也毫不吝惜地给予赞誉。斯坦诺普·福布斯便于后来写道："布拉姆利的画比以往更能打动我心。我已经无法形容它有多美了。"而劳拉·奈特夫人则说："泪水盈满了我的眼眶，因为我觉得它是如此美妙。"

这幅画展现了黎明时分一间渔家小屋的内部景象。餐桌已经摆好就等着渔夫归来了。透过窗户可以瞥见冰冷的灰色天空和狂怒的灰色大海。年轻的渔夫妻子正跪在地上，并将头部埋进她母亲的膝盖里，因为她已经得知自己的丈夫将永远也回不来了。一本大大的家庭《圣经》在渔夫母亲的身边敞开着，显然她正试

弗兰克·布拉姆利《绝望的黎明》

图通过诵读经文来安慰她的女儿。那位女儿的面容被隐藏了起来，而她母亲的面容同样几不可见。但她们的姿势却揭示了一切。这幅画作比任何语言都更加清楚地提醒着我们众多水手的女人那命定的悲伤。

图书在版编目（CIP）数据

海上英雌／（英）科丁利（Cordingly，D.）著；徐艳译.
--上海：上海书店出版社，2016.5
（海盗与大航海时代）
书名原文：Heroines and Harlots：women at sea in the great age of sail
ISBN 978－7－5458－1257－2

Ⅰ.①海…　Ⅱ.①科…②徐…　Ⅲ.①航海一交通运输史一世界一通俗读物
②海盗一历史一世界一通俗读物　Ⅳ.①F551.9－49②D59－49

中国版本图书馆 CIP 数据核字（2016）第 070345 号

海上英雌
Heroines and Harlots：women at sea
in the great age of sail

David Cordingly
戴维·科丁利　著
徐　艳　译

技术编辑　吴　放
责任编辑　顾　佳
装帧设计　郦书径

上海世纪出版股份有限公司
上海书店出版社出版
上海世纪出版股份有限公司发行中心发行
200001　上海福建中路 193 号　www. ewen. co
上海叶大印务发展有限公司印刷

开本 890×1240　1/32　印张 12.625　字数 237,000
2016 年 5 月第 1 版　2016 年 5 月第 1 次印刷

ISBN 978－7－5458－1257－2/F·32
定价：36.00 元